高等职业教育
人才培养环境生态重构研究

仝婷婷　邵李理 ◎ 著

吉林出版集团股份有限公司

版权所有　侵权必究

图书在版编目（CIP）数据

高等职业教育人才培养环境生态重构研究 / 仝婷婷，邵李理著. — 长春：吉林出版集团股份有限公司，2023.6

ISBN 978-7-5731-3522-3

Ⅰ．①高… Ⅱ．①仝… ②邵… Ⅲ．①高等职业教育－人才培养－研究－中国 Ⅳ．①G718.5

中国国家版本馆CIP数据核字（2023）第112038号

高等职业教育人才培养环境生态重构研究
GAODENG ZHIYE JIAOYU RENCAI PEIYANG HUANJING SHENGTAI CHONGGOU YANJIU

著　　者	仝婷婷　邵李理
出版策划	崔文辉
责任编辑	刘　洋
助理编辑	邓晓溪
封面设计	文　一
出　　版	吉林出版集团股份有限公司
	（长春市福祉大路5788号，邮政编码：130118）
发　　行	吉林出版集团译文图书经营有限公司
	(http://shop34896900.taobao.com)
电　　话	总编办：0431-81629909　营销部：0431-81629880/81629900
印　　刷	廊坊市广阳区九洲印刷厂
开　　本	710mm×1000mm　1/16
字　　数	294千字
印　　张	13.75
版　　次	2023年6月第1版
印　　次	2023年6月第1次印刷
书　　号	ISBN 978-7-5731-3522-3
定　　价	78.00元

如发现印装质量问题，影响阅读，请与印刷厂联系调换。电话15901289808

前　言

高等职业教育的迅速发展，一方面缓解了各地经济建设迫切需要人才的矛盾，另一方面促进了我国高等教育的结构改革，但同时也暴露出一些与社会需求不相适应的问题，特别是人才培养模式还存在着诸多缺陷。一方面，大中型企业迫切需要大量智能型的高级实用技术人才；另一方面，高职院校培养的一定比例的人才得不到社会的认同。因而，近几年来，社会大众对高职教育多持批评态度，高职教育人才培养模式改革呼声高涨。人才培养模式改革成为高等职业教育改革面临的迫切问题。

高等职业教育是我国高等教育的重要组成部分，为培养社会主义事业建设者和接班人发挥了重大作用。这些年来，办学规模的扩大满足了数以百万计的青年人接受高等教育的需要，为提升社会劳动力教育水平，促进高水平就业和经济持续增长，维护社会稳定，发挥了重大作用。

我国高等职业教育体系发展快、增长幅度大是其显著特点。增长动力主要源于我国经济社会发展的实际需要，在拉动经济增长、促进民众消费的政策引导下，高等职业教育成为撬动经济增长的一根重要杠杆。高等职业教育规模的扩大带来了直接的教育消费，从高校基础设施建设到大学生的生活所需，消费量之大足以带动相关经济产业的扩大生产。不仅如此，高等职业教育周期较短，大学生只需3年就能毕业进入就业市场，参与社会经济生产活动。高等职业学校的毕业生经过一个较短时期的适应，成为各行各业的高级技术型人才，对提升产业部门的生产水平有重要影响。

本书主要研究高等职业教育人才培养环境生态重构方面的问题，涉及丰富的高职教育知识。主要内容包括高等职业教育人才培养理念、高等职业教育人才培养目标、高等职业教育人才培养政策、高等职业教育人才培养制度、高等职业教育人才的知识能力、高等职业教育人才培养方案的设计、高等职业教育双师型教师队伍的构建、高职国际化人才培养环境生态重构策略等。本书是笔者长期从事高等职业教育教学和实践的结晶，在内容选取上兼顾知识的系统性和可接受性。本书旨在向读者介绍高职教育人才培养的基本概念、原理和应用，使读者能系统地理解高职教育基础知识，可供相关教育工作者参考和借鉴。

  由于笔者水平有限，本书难免存在不妥甚至谬误之处，敬请广大学界同人与读者朋友批评指正。

目　录

第一章　高等职业教育人才培养的理念 ... 1

第一节　高等职业教育理念的内涵 ... 1

第二节　高等职业教育的人才观、教学观和质量观 ... 8

第三节　现代知识观与高等职业教育理想 ... 16

第四节　素质本位：高等职业教育人才培养新理念 ... 21

第五节　国家战略下高职教育的重要性 ... 30

第二章　高等职业教育人才培养的目标 ... 36

第一节　国际高等职业教育人才培养目标 ... 36

第二节　我国高等职业教育人才培养目标 ... 39

第三节　我国高等职业教育人才培养目标的确定 ... 44

第四节　高等职业教育人才培养目标的理性思考 ... 50

第三章　高等职业教育人才培养的政策 ... 61

第一节　高等职业教育人才培养政策内涵 ... 61

第二节　高等职业教育人才培养政策演变 ... 66

第三节　高等职业教育人才培养政策困境 ... 74

第四节　高等职业教育人才培养政策创新 ... 81

第四章 高等职业教育人才培养的制度 88

第一节 高职教育产教融合制度的内容 89
第二节 高职教育产教融合制度的形式 95
第三节 高职教育产教融合制度的机制 101
第四节 高职教育产教融合制度评价 104

第五章 高等职业教育人才的知识能力 113

第一节 高等职业技术人才的知识结构 113
第二节 高等职业技术人才的能力结构 115
第三节 高等职业技术人才的素质结构 123

第六章 高等职业教育人才培养方案的设计 133

第一节 高等职业教育人才培养方案设计的原则 133
第二节 高等职业教育人才培养方案设计的方法 138
第三节 高等职业教育人才培养方案设计的内容 139
第四节 高等职业教育人才培养方案设计的案例 142

第七章 高等职业教育双师型教师队伍的构建 153

第一节 高等职业教育的必然要求 153
第二节 双师型教师的素质结构 158
第三节 构建双师型教师队伍的困难及对策 163
第四节 双师型教师队伍管理制度的构建 167

第八章 高职国际化人才培养环境生态重构策略 171

第一节 国外高等职业教育教学模式及启示 171
第二节 学校的定位策略 178

第三节　完善国际化人才培养环境生态顶层设计..................181

第四节　创新教育共享发展模式..................196

第五节　基于素质本位的高等职业教育教学模式..................197

参考文献..................210

第一章 高等职业教育人才培养的理念

马克思主义认为,教育与生产劳动相结合的综合劳动技术教育是实现人的全面发展的唯一途径,据此可以认为以综合劳动技术教育为主要特征的职业教育是十分重要的教育。可是,我国目前的高等职业教育却处于一种十分尴尬的境地。原因纵然很多,然而一个重要的原因是对高等职业教育理念缺乏成熟的认知。因此,对高等职业教育理念进行系统探讨,旨在帮助人们确立高等职业教育新理念,促进我国高等职业教育的人才培养模式成熟发展。

第一节 高等职业教育理念的内涵

一、高等职业教育理念的内涵

在理解高等职业教育理念内涵之前,有必要弄清什么是"理念"和"教育理念"。何谓"理念"?理念是一个具有能反映一类事物每个个体或一类现象每种个别现象共性之能力的普遍概念,具体说它是诸理性认识及成果的集大成。它既包含了认识、思想、价值观、信念、意识、理论、理性、理智,又涵盖了上述思维产品的表现物,如目的、目标、宗旨、原则、规范、追求等,而后者使理念这一抽象的概念具有了直观的形象。何谓"教育理念"?教育理念是教育主体在教学实践及教育思维活动中形成的对"教育应然"的理性认识和主观要求。教育理念既可以是系统的亦可以是非系统的、单一或彼此独立的理性概念或观念,这取决于教育主体对"教育应然"即教育现实的了解和研究程度,以及他们指导教育实践的需要。无论是系统的还是非系统的教育理念,均会对教育主体的教育实践产生影响。根据上述对"理念"和"教育理念"的理解，我们认为高等职业教育理念应是指人们对高等职业教育的理性认识、理想追求及其所持的高等职业教育思想观念。

随着高等职业教育的发展，对高等职业教育理念内涵的认识便成为近几年学术界见仁见智地论争的热门话题。代表性的观点有以下几种：

一是主体论。这种观点认为职业教育是现代教育的主体，其理由是"本来教育是为了职业而设的"，也就是说人类先有职业而后有教育。持这种观点的学者认为，世界上的一切问题的中心是人类，人类的中心问题是生活，有什么样的生活就有什么样的教育。既然职业是人类生活的主体，那么职业教育就理所当然地成为教育的主体了，高等职业教育亦然。二是过程论。有的学者认为，高等职业教育是大工业生产发展的必然产物，它是一个历史发展过程。其要义是，高等职业教育是伴随着大机器生产而产生的，职业所需要的知识和技能是随着社会经济的发展而不断变化的。三是终身论。有学者强调应树立大教育观和终身教育观，认为随着终身教育思想的深入人心，高等职业教育成了贯穿于个人职业发展全过程的一种教育：高等职业准备教育→就业培训→岗位培训→晋级／转业／再就业培训。与之观点相同的学者也认为，职业教育和培训是社会终身教育、终身学习的主要内容，所以，它是一种终身性的教育。四是系统论。这种观点认为，高等职业教育是国家教育事业的重要组成部分，是一种教育的类型，是为获得某种职业资格而组织的教育系统。这种系统完全可以摆脱学历和学术课程的困扰，可以按不同职业资格需要招收不同学历或学术、文化水平的人给以职业资格培训。五是适应论。高等职业教育是为适应职业需要而进行的教育，包括就业准备、在职提高和转换职业所需要的教育。同类观点强调职业教育是为适应经济社会发展的需要和个人就业的要求。六是针对论。持这种观点的学者认为，狭义的高等职业教育指在普通高中的基础上对部分劳动者给予的一定水平的专业技能教育，培养能够掌握特定劳动部门的基础知识、实用知识和技术的教育。换句话说，高等职业教育就是针对某种职业（特定劳动部门）或职业群的理论知识和实践能力的特殊要求所进行的一种专门教育，即是一种"职业针对性"的教育。

上述诸论从不同层面阐述了高等职业教育的理念，使我们对此有了进一步的认识和理解，综合起来看：

第一，高等职业教育是一种主体教育的理念。传统高等职业教育追求的是对受教育者进行某种技能教育，使之成为某种会劳动的工具，强调受教育者对教师、学校和社会的机械服从和顺应，忽视了受教育者的个性差异和主体性,这种"见物不见人"(把受教育者当作教育的客体加以塑造,而不是当成教育的主体来加以培养)的教育方式,其塑造出来的人,"人"味很淡,"物"性十足,满身"机油味",既缺乏主体意识和创新精神,也缺少必要的职业道德。因而,高等职业教育也要和其他教育一样,必须全面贯彻党的教育方针,面向全体学生,注意学生个体差异,促进人的个性在职业领域里全面发展。

第二,高等职业教育是一种全民教育的理念。由于高等职业教育是一种就业教育,所以它同时也是一种大众化的教育。高等职业教育是在满足社会上个人的需要和开发个人潜能的同时,为所有人提供技能的教育,对包括穷人、被遗忘的人和未曾想到过的人、在职人员和失业者的培训、再培训,并使正规与非正规经济界中处于"边缘化"的群体获得均等机会。高等职业教育的普及与其提供的学习技能,将会促进全社会所有公民接受教育。

第三,高等职业教育是一种文化教育的理念。这里指的是一种理念文化,包括价值观念、道德观念和思维方式。实施职业准备教育阶段,在传授一定文化知识和技能的同时,加强职业道德教育,培养学生学会做人,使其日后上岗就业能够热爱本职工作,无私奉献,为个人服务社会从而为社会做出贡献奠定基础;实施职业继续教育阶段,由于树立了劳动的价值观,懂得作为社会人应与社会及其他社会人和谐相处,并依靠自己的双手创造财富,学会生存,所以,当遇到就业难和上岗转岗、失业等挫折时,能够"笑傲江湖",战胜自我,勇于创业,积淀的唯物主义思维方式使自己能够立于不败之地。

第四,高等职业教育是一种终身教育的理念。正如《学会生存》这篇报告中所说的,教育的目的,就其同就业和经济发展的关系而言,不应该培养青年人和成人从事一种特定的、终生不变的职业,而应培养他们有能力在各种专业中尽可能多地流动并永远刺激他们自我学习和培训自己的欲望。随着生产力的发展和社会的进步,人的职业、岗位、职业能力会经常变动、更新,这就需要经常不断地参加这样或那样的职业、技术学习,接受继续教育或培训。因此,职业教育包括高等职业教育是一种终身教育。

二、高等职业教育理念的形态

全面把握职业教育理念,还需深入研究职业教育理念的表现形态。职业教育理念的表现形态可分为高等职业教育的观念、高等职业教育的精神、高等职业教育的使命等三个方面。

关于高等职业教育的观念。高等职业教育观念就是人们对高等职业教育的总的态度和看法，高等职业教育观念具有如下内涵：

一是高等职业教育的目标由单纯针对职业岗位扩展到着眼于整个职业生涯。在现代社会中，社会就业人员的利益导向和价值走势，常使其就业经常变更，一个人一辈子固定在一种行业或一个岗位上的时代即将消失。我国自改革开放以来，人才流动已逐渐成为一种常见的社会现象，社会成员正由"单位人"逐渐走向"社会人"，社会人员的这种就业需求必然对职教的目标和内涵产生影响。

二是高等职业能力内涵已由单纯满足上岗要求走向适应社会发展。这里的职业能力不仅指操作技能或动手能力，而且是指综合的、称职的就业能力，包括知识、技能、经验、态度等为完成职业任务所需的全部内容。在职业能力的内涵中，应十分注重合作能力、公关能力、解决矛盾的能力、心理承受能力和竞争能力等非技术的职业素质。同时，随着技术的迅猛发展，社会职业岗位的内涵与外延处于不断变动中。因而，职业教育的教学计划不能仅着眼于当前上岗能力的需要，还应十分注重学生对职业岗位变动的良好适应性和就业弹性的需要。

三是高等职业教育功能由单纯的学历教育功能扩张为复合功能。职教体系总体上分为学历教育、非学历教育与培训两大部分。学历教育主要是以较长的连续时间，系统地培养基层一线的技术型人才，有中等职业教育和高等职业教育两个层次。非学历教育与培训中，一部分是资格证书教育、工人技术等级培训，另一部分是岗位培训、在职进修培训和短期就业培训。随着我国加入世贸组织，实施"走出去"的战略，职业教育功能又将由培养国内人才扩展为培养国际人才。

关于高等职业教育的精神。精神是自然的真理性和终极目的，是理念的真正现实。高等职业教育的精神即高等职业教育的内容实质，我们认为高等职业教育的精神最为突出的是笃实。

第一，知识实用。高等职业教育的课程是按职业岗位群的需求确定的，专业课可根据市场变化而调整设置，基础课按专业的需要以必需、够用为度，有些高职院校还为企业"量体裁衣"，"定制"特殊岗位的人才，培养立足本地并服务于市场的职业人才，受到了人才市场的欢迎。

第二，注重实践。社会对人才的需求是多元化的，任何时候需要量最大的都是具有良好职业技能的操作型人才，高等职业教育培养的实用人才，既

第一章　高等职业教育人才培养的理念

有一门过硬的实用技术，同时熟悉英语、电脑等知识，适应生产一线的需要。目前人才市场已出现了企业争抢机电加工类的车、钳、焊、电、铣等技术高级工的局面。

第三，岗位实在。我国自加入世贸组织以来，催生了大量的新职业、新机遇，促进了我国国民生产总值的增长和就业机会的增加。给食品加工业、纺织业、服装业、建筑业尤其是第三产业带来了良好的发展机遇。接受高等职业教育的学员若具备较高的职业素养，有一定的分析、解决问题的能力和适应岗位的能力，专业对口，面向基层第一线，会管理，懂操作，达到"一专多能"，将拥有更多的就业机会和更好的创业机遇。

第四，目标实际。由于高职院校自入校起就对学生加强了职业道德教育，使之牢记"为人民服务"是职业道德教育的核心，"顾客是上帝"是行业服务的宗旨，树立正确的择业观，要求学生做到目光现实、脚步踏实、技术扎实、为人诚实，就业期望值切合实际。

关于高等职业教育的使命。高等职业教育的根本使命在于以新的实践人才和成果开发人力资源，促进职业资格证书制度的推广，优化职业教育结构，缓解就业压力，维护社会稳定。

有效开发人力资源，为未来社会培养素质结构更为合理的准劳动力是高等职业教育的使命之一。与普通教育以基础研究型人才为主的培养目标不同，高等职业教育旨在培养大量动手能力、实践操作能力比较强的高级实用技术型人才，学生在毕业后基本上就能顶岗工作。

促进职业资格证书制度的推广是高等职业教育的使命之二。由于国内的、跨国的区域经济集团之间的劳动力流动日益增长，证书制度作为能力的认证起到了一种特殊的作用。当前，由于劳动力市场的限制即实行就业准入制度，使职业资格证逐步具有与普通高等职业教育学历文凭类似的"硬通货"性质，从而使高等职业教育得到强大驱动。21世纪的高等职业教育将进一步完善对学生职业技能的标准化考核，证书制度转向"双证"，即学历证书和职业资格证书。根据劳动部门统计，全国有职业技能鉴定机构6 797个，报名参加鉴定的人数达到320万人，获得各类等级证书的有180万人。职业资格证书将同学历资格证书一样，逐渐在高等职业教育质量鉴定和求职过程中发挥主要的作用。

优化和完善教育的类型结构体系是高等职业教育的使命之三。从我国现有的教育体制结构来看，普通高等教育始终占据着主体地位，而定位于普通高等教育有效补充的高等职业教育，其招生条件的要求相对降低，光从录取分数线上来说，就比同等程度普通高等教育低若干分。这无疑为那些处于职业边缘的学生开通了一条谋生与成才的新航线，把原本狭窄拥挤的升学"独木桥"拓宽成四通八达的"立交桥"，为进一步提高国民的整体素质做出了贡献。

三、高等职业教育理念的趋势

高等职业教育在整个社会发展中起着至关重要的作用，它使国家的资源利用者、开发者、管理者的技能不断更新，它使整个社会的技术含量、智能含量和精神价值的含量不断提高，它使一个国家的整体民族素质不断获益和增强。随着高等职业教育的发展，其理念也得以不断创新。

模式上，从学校模式走向混合模式。高等职业教育中的学校模式，是传统意义上的以学校教育为主的封闭办学模式，它是一种"供应"模式，以"供应"为目的，不问社会需求，呈现出封闭的、不适应变化的时代特点，它是计划经济的遗留产物。这种模式培养的人才或者有基本知识无动手能力，或者有动手能力又缺乏适应市场的应变能力等，高等职业教育的"产品"被社会拒绝。这就要求用一种全新的混合模式取而代之。职业教育中的混合模式是现代意义上的学校、企事业单位、公民个人等多元化开放办学，并以企事业单位和公民个人办学为主的一种新的办学模式。它是一种"适应"模式，它追求职业需求以社会需求为动力，主张职业教育适应社会：社会有什么样的人才要求，学校就培养什么样的人才，使职业教育培养的学生有良好的教育基础和文化素质，有较高的思维、判断和理解能力，成为"可培训的人"，而不仅仅是"培训过的人"。混合办学模式已经成为职业教育发展的必然。

目标上，从就业教育走向创业教育。就业教育与创业教育既是两种不同的人才培养目的，也是两种不同的教育质量观，前者以填补现有的显见的就业岗位为价值取向，后者以创造性就业和创造新的就业岗位为目的。我们所处的是一个知识经济初露端倪的时代，仅在某一特定领域受过培训的人是不可能适应新工作的，而且我们不能担保有哪一个领域可以保持不变，最根本的问题在于21世纪的大部分就业机会还有待创造。因而要帮助受教育者培养创造意识和创业能力，这是一种全新的"自我就业"的能力，这种能力能实现与市场行为的结合，它使受教育者有更广阔的发展空间。从就业教育到创业教育，既是世界职业教育的总趋势，也是中国高等职业教育改革和发展的必然选择。

内容上，从能力本位走向素质本位。所谓能力本位教育（competence based education），它根植于英国而推广于英联邦国家，其重心放在能力上，它是知识本位教育（knowledge based education）失败的产物，主要用于职业教育的构建。它试图通过选择高文化知识——科学知识作为课程，培养出具有超凡能力的科学主体。大量的事实已说明这是不可能的。有的发展理论专家提出：发展最重要的不是经济，而是人的全面素质。因此，作为直接作用于经济社会生活的职业教育中的人的素质教育应引起重视。所谓素质本位，指的是以职业素质为基础、以职业能力为核心、以职业技能为重点的全面素质教育或素质培养。这种教育在注重受教育者能力培养的同时，也重视他们的精神、道德、文化和身心等素质修炼，要求高等职业学校的学生通过一定时期的培养，学会做人，即做一个会做事、会学习、会生活的人，从而达到在社会中随心所欲而不逾矩的境界。因而，从能力本位走向素质本位，将成为高等职业教育现代化的重要内容。

过程上，从终结学习走向终身学习。终结学习是一种"静态"的教育观念，它把社会当作一个不变的系统，人作为其中的一员，拥有某一种技能，从事某一职业将是一生不变的，它奉行的是"学一阵子，用一辈子"的一次性学习观。当今社会飞速发展，新的技术、新的行业不断被创造，人的一生将面临多次职业变更，美国和德国的未来学家预计，人类的职业大约每过15年就将更换20%；而50年后，现存的大部分职业都将寿终正寝，取而代之的是我们现在无法想象的职业。岗位竞争日益激烈，只有终生不断地学习，才不至于被工作岗位所抛弃。因此，高等职业教育不应培养青年人和成年人从事一种特殊的、终生不变的职业，而应培养他们有能力在各种专业中尽可能地流动，并永远刺激他们自我学习和培训自己的欲望。也就是说，现代社会需要现代的人，只有终生学习的人才能成为这种人。这种学习要求破除过去一次性学习的传统：在时间上，不局限在青少年时代，抑或职前的培训，而是贯穿于人的一生；在空间上，使劳动者学习与工作二者合一，工作过程就是学习过程，让学习和生存两个主题伴随人的一生。终生学习是当今社会的教育思潮，也是高等职业教育改革和发展的总体趋势。

综上所述，高等职业教育理念是一种主体教育理念、一种素质教育理念、一种文化教育理念，同时也是一种终生教育理念，其表现形态主要有高等职业教育的观念、精神和使命。随着社会的发展，高等职业教育的理念也不断创新，它将不再是单纯的学校模式，而是混合模式；不再是终结教育，而是贯穿人的一生的终生教育；不再仅仅是为了谋生，而是将不同个性、兴趣、爱好者用以充实自我、恰悦人生的一种多姿多彩的职业生活教育。

第二节 高等职业教育的人才观、教学观和质量观

20世纪90年代末以来，我国高等教育正从精英教育阶段走向大众化教育阶段，在这一过程中，明确高等教育的人才观、教学观、质量观尤为重要。而高等职业教育是高等教育的重要组成部分，同样也是如此。因此，确立什么样的高等职业教育人才观、教学观、质量观，是高等职业教育人才培养过程中当前亟待探讨和解决的重大课题。

一、高等职业教育的人才观

人才观是学校教育思想的基础，是学校教育重要的理论和实践问题，决定着教育的教学观和质量观。一个国家或民族的人才观正确与否，不但直接影响着学校教育的质量，也影响着民族的强弱、国家的兴衰。因此，我们有必要探讨高等职业教育的人才观，以促进高等职业教育的蓬勃发展。

1. 高等职业教育人才观的内涵

何谓人才？人才是指德才兼备，并有某种特长的人。他们的创造性劳动，为人们认识自然改造自然、认识社会改造社会以及人类进步做出了较大贡献。人才的特点：第一，杰出性。这是人才最本质的特征，指的是人的杰出表现，或在再现型劳动中做出超量贡献，或在创造型劳动中做出成绩。第二，相对性。指人才总是在相对于一定的历史时代和劳动领域而言的。第三，广泛性。指人才是多类型、多层次的，不限于少数天才。第四，社会性。指人才具有社会属性，在阶级社会中具有阶级性，每个阶段都有自己阶段的人才。第五，

第一章　高等职业教育人才培养的理念

动态性。指人才不是天生的，而是通过实践不断提高、成长，从非人才向人才转化而成的，人才素质是不断发展变化的，不是静止不动的。

至于人才观，《教育大辞典》中对其的解释是：关于人才现象和问题的基本观念体系，诸如对人才的本质、标准、成长过程和开发使用等每一方面的基本看法，它受一定的政治经济制度、生产力水平的制约，并受意识形态、伦理观念、文化传统和科学技术发展的影响，具有历史性和时代性，在阶级社会中常带有阶级性，对教育的目的、目标、制度、内容和方法等均会产生影响。

因此，高等职业教育人才观是指人们根据社会发展的需要，提出的关于高等职业教育人才培养的内涵、标准、质量等一系列问题的基本观点。

2. 高等职业教育人才观的误区

由于长久以来，社会意识形态对高等职业教育的歧视，以及高等职业教育本身的生源素质（大部分是三校生及部分普通高考落榜生）、教育的内容（主要注重动手操作）、教育的层次（有且仅有大专学历）、教育的目标（培养生产一线的技术工人）等问题，人们对高等职业教育人才观有很多错误的看法。

（1）高等职业教育排在普通高等教育之后，培养的是二等人才。人们认为，高等职业教育落后于普通高等教育，是普通高等教育的附属品，是二等教育，所以，培养出来的人才是二等人才。实际不然，我国高等教育体系是由普通高等教育和高等职业教育两部分组成的，他们的社会地位是平等的，而非"普"高"职"低。普通高等教育培养的人才主要偏重原理性知识，而高等职业教育培养的人才主要偏重操作性知识，他们之间只是偏重点不同，而无"一等""二等"之分。

（2）高等职业教育只强调实用技术，培养的是技术性人才。关于高等职业教育只强调使用技术，而缺乏人文，的确是一个事实性问题。高等职业教育创建之初的目的就是：培养经济建设过程中需要的大批懂文化、懂技术的高级应用型工人。所以，其在课程设置方面不免厚此薄彼，重技术轻人文。殊不知，高等职业教育也是教育的一部分，它首先应教会学生怎样做"人"，然后才是对社会有用的人才。

（3）高等职业教育的培养目标只限于专科，培养的是低层次人才。目前，我国高等职业教育培养目标还仅局限于专科，这必然阻碍了挖掘其继续发展的潜力。随着社会的发展，职业流动率的增高，高等职业教育应该在学历上有所延伸，使职业教育在学历上形成一个体系，一个真正与普通教育相媲美的教育体系。

3. 现代高等职业教育人才观

由以上论述可知，人们对高等职业教育人才观存有很大的误解，阻碍了高等职业教育的发展，所以我们要构建全新的高等职业教育人才观，即现代高等职业教育人才观。

现代高等职业教育人才观的主要观点是：高等职业教育的人才培养不仅要使人学到知识，掌握技能，继承传统道德，最重要的是要培养人的创新精神和实践、创造能力，注重知识、能力、素质的协调发展。这就给高等职业教育的人才培养提出了新的要求：

（1）兼容性

兼容性这个概念是比尔·盖茨在他的一本著作里提出的，他指出以他为首的微软公司的成功，正是在于其所生产的电脑软件具有兼容性。软件兼容性的强弱，往往在于它在不同硬件和不同操作环境所能显现的功能。若将这个概念应用于高等职业教育的人才培养方面，则人才的兼容性是高等职业教育急需关注的一种素质，即高等职业教育培养出的人才要在不同的工作环境均能发挥其功能，不断学习适应新的工作要求，有效地解决由不同情境引发的问题。这就需要培养人才的"通用技能"——基本的读写、运算和生活技能，复杂的推理技能及与工作有关的合作、思考、工作动机等技能。因为掌握通用技能是人才兼容性的基础。

（2）倾向性

倾向性是指高等职业教育人才的培养受到高等职业教育内在规律和专业人才成长规律以及学生学习时间的限制，只能按社会需求培养学生具备某种类型倾向而不能完全定型。也就是说，高等职业教育培养的只是人才的"毛坯"，只有经过现实社会的"锤打锻压"后，才能最终成为合格的"产品"。这是因为：其一，高等职业学校在培养高级应用型人才时，既要满足社会对人才需求的多样性和变动性，又要保证学校教育的相对稳定性以及所培养的人才具有一定的通用性。其二，高等职业教育人才的成长具有社会性，实践出真知，实践出人才，他们只有在毕业前从事必要的社会实践，才能形成对应岗位所具备的一些素质和能力。其三，实际工作中，某个具体的人才究竟属于何种类型，并非固定不变的，往往会因工作的需要从一个行业到另一个行业，从一个岗位到另一个岗位。因此，试图在高等职业学校将人才定型，将不利于他们适应职业的变更。

（3）伸缩性

伸缩性即弹性，是人才适应市场、职业、岗位、工种变化的一种可伸缩性的综合能力和可持续学习的基础。高等职业教育培养的人才就是要具有这种弹性素质，这样才能适应社会需求的变化。这种弹性素质的主要特征表现为：其一，普通性。即牢固掌握自然科学和人文科学的基础知识，以及一类职业岗位共同的专业理论知识，为现实的专门技术训练和适应未来快速变化的经济形势以及掌握高新技术奠定坚实的文化知识基础。其二，变通性。学生要"以一技之长为主、兼顾多种能力"，既掌握一类职业岗位共同的专业理论，又能在此基础上，在相近职业岗位范围内发生能力迁移，实现上岗不需要过渡期，转岗亦不需要过多的再培训。其三，融通性。即学生既具备职业领域的方法和能力，又具有社会活动能力，且能将这两种能力运用自如。其四，潜通性。即学生应具备今后多次创业和广泛就业的潜在素质，包括创新精神、良好的个性品质、善于学习以及广泛的兴趣和爱好。从现实情况来看，一个人职业角色的变换，得益于每个人的潜在资质和相当的潜通基础。

二、高等职业教育的教学观

高等职业教育的教学观直接影响着它的质量观，进而影响着整个高等职业教育的发展，因此我们有必要对高等职业教育的教学观进行分析，树立正确的教学观，为高等职业教育的发展服务。

1. 高等职业教育教学观内涵

教学就是指教的人指导学的人进行学习的活动。进一步说，指的是教和学相结合或相统一的活动。教的人不限于教师，但主要指的是教师。学的人不限于学生，但主要指学生。教学观是指教师对教学的本质和过程的基本看法。教师的教学观一经形成，就会在他们的头脑中形成一个框架，影响到他们对教学过程中的具体事物和现象的看法，影响到他们在教学中的决策和实际表现，进而影响到学生的学习。因此，高等职业教育教学观是指高等职业学校教师对高等职业教育中教学本质和过程的基本看法。

2. 传统教学观对高等职业教育的影响

半个世纪以来，我国教育界一直是在苏联教育学家凯洛夫教学观的指导下组织和实施教学活动的，高等职业教育自然也不例外。这种教学观可称为传统教学观。

传统教学观认为，教学就是教师以预先编定的教材为工具，把知识传授给学生的活动。教师的职责是"传授"（传道、授业）和"训练"，学生的职责是"接受"和"掌握"。知识和技能是预先选择和设定的，是客观的、外在的、固定不变的东西，好比是水，学生好比是一个空桶。教师的教就是把知识、技能之水一点点地灌进这些空桶里去（当然也讲究灌水的方法），学生的学习过程就是等待教师把知识、技能之水装进自己的桶里来（至多是跟教师积极配合）。传统教学观的特点是：其一，教、学二分，由此引出谁是主体的长期争论。其二，三个中心，即教师中心、教材中心、课堂中心，由此导致学生等待教师来灌输、塑造，处于完全被动的地位。其三，把教学等同于知识传授和技能训练，忽视学生综合能力的培养、素质的养成和个性的发展。其四，教师对学生的关系是单向的、居高临下的关系，教师是塑造者，学生是被塑造者。

在传统教学观的支配下，高等职业教育教学表现出诸多弊端：其一，对教学价值缺乏全面的认识。在现实教学中，许多教师的教学价值体系典型地表现为知识中心的价值倾向，不重视实践，偏离了高等职业教育的根本宗旨。其二，教学效率、效益观念淡薄。许多教师在思想上存在着只问产出、不问投入的偏误，他们常常不去反思怎样通过合理利用教学手段、改进教学设计、优化课堂教学结构等途径提高教学效率和质量，而是一味强调增加学习时间和刻苦用功的重要性，从而使许多学生的学习长期处于投入大、负担重、效率低、质量差的被动境地。其三，教学创新意识淡薄。在许多教师的头脑中，创新意识并没有真正成为指导教学实践的思想观念。

3. 现代高等职业教育教学观的构建

通过对传统教学观进行分析，笔者认为，随着社会的发展，它已不适应现代教育的需要，更多地体现出其弊端，必须探索新的高等职业教育教学观。现代高等职业教育教学观应该具有这样一些特征：其一，教学着眼于学生的发展，包括知识和能力的发展，更包括态度、价值观、情操、审美观念和生活品位的健康发展与个性的健康发展。其二，教和学合一，成为教师和学生通过相互交往而共同营造、共同参与的活动。换言之，教学是一个包括认识和交往实践两个方面的活动过程，是一个认识和交往实践统一的过程。其三，教师与学生的关系是一种新型的、双向的关系。其四，要重视学生个人经历和体验在教学中的重要作用。

因此，现代高等职业教育教学观的主要观点为：其一，教学内容突出技术性。高等职业教育的根本任务在于培养高等技术应用型专门人才，只有教学内容突出技术性，才能体现其职业性。一方面，教学内容的组织要以解决问题为中心，打破学科界限，使内容的组织服从于所要解决的职业领域的问题；另一方面，增加实践性教学内容，使学生有充足的机会将专业知识与职业实践结合起来，获得隐性经验，增加学生的职业适应性，使学生获得相应的技能。其二，教学过程突出实践性。高等职业教育的培养目标决定其学生应具备和掌握从事专业领域实际工作的基本能力和基本技能。因此，高等职业教育教学要让学生形成与其所学专业相关的个人经验，其过程就要体现出强烈的实践性。高等职业教育应采取学校与企业合作的形式，让企业参与教学计划的制订，承担义务为学生提供实训和实践的机会。学校在精选教育和培训内容的基础上，可适当延长实训时间。其三，教学环境情境性。高等职业教育的教学环境包括实训基地、模拟职业活动情境和问题情境等。在专业课学习中，为了增长学生的职业经验，应该设置教学环境来组织教学内容和活动，使专业课学习立足于解决职业实践中的问题，这就要求其教学环境逼真、可信，突出情境性。学校应以实训基地为基础，通过设置问题情境和模拟职业活动情境，使学生在真实或仿真的环境中，通过自身的体验，从中获得隐性职业经验，掌握专业技能。

三、高等职业教育的质量观

高等职业教育的质量观是高等职业教育发展的根本保障，只有高等职业教育的质量得到保证，才会有高等职业教育的健康发展。因此，确立什么样的高等职业教育质量观，是高等职业教育工作者当前亟待探讨和解决的重大问题。

何谓质量？现代管理科学将其定义为反映实体满足明确和隐含所需的能力的特性总和，即产品要符合规定性和具有适应性。教育质量借鉴了质量的内涵，即教育质量是指"教育水平高低的效果和优劣程度"。何为高等教育质量观？1998年,联合国教科文组织在巴黎召开的首届世界高等教育大会上对高等教育质量观做出新的界定,各国也普遍认同这个界定,即"高等职业教育的质量是一个多层面的概念,应包括高等教育的所有功能和活动:各种教学计划与学术计划、研究与学术成就、教学人员、学生、校舍、设施、设备、社区服务和学术环境等""应建立独立的国家评估机构和确定国际公认的可比较的质量标准。但对学校、国家和地区的具体情况应予以应有的重视,以考虑多样性和避免用一个统一的尺度来衡量"。

综上所述,高等职业教育质量观是对高等职业教育质量的基本看法,即应包括教学工作、学校管理、学生、教师以及高等职业学校的各种软硬件设施等多元因素,但其核心是人才培养的质量。高等职业教育兴办时间虽然不长,但正由传统的质量观向现代质量观渐进。

传统高等职业教育质量观是随着高等职业教育不断发展壮大而不断发展的,根据人们对高等职业教育功能和价值的不同看法,主要形成以下三种看法:

(一)知识质量观

传统的教育质量观是一种知识质量观,以学生掌握知识的多寡、深浅、宽窄来评价教育质量的高低。不能为了达到迅速上岗的目的,而挤掉文化知识的教学课时,要保证学生在校期间掌握一定深度和广度的文化基础知识,要注意各科教学内容的系统性和完整性。这种观点还认为目前人才市场化,学生毕业后又不可能终身从事一个职业,所以必须加强文化知识的学习,为其今后能适应终身教育打下基础。

(二)能力质量观

这种观点认为高等职业教育的质量应体现在毕业生的职业能力上,毕业生在实际工作中能迅速上岗,做出好成绩,就是质量高。应该强调高等职业教育的特点,根据就业市场要求学生能迅速上岗的目标,及时调整教学计划,确定教学内容,安排各种相应的技能,较大地提高学生的各种能力,并指导学生运用于实践之中。

(三)素质质量观

高等职业教育根据全面推进素质教育这一战略,采取了切实可行的措施,不仅要求学生学会学习、学会做事，更强调学会做人，将非智力因素的发展纳入培养高级专门人才的教育过程中，注重培养学生的思想道德素质、人文科学素质、业务素质和身心健康素质，努力把大学生培养成为具有良好综合素质和较强实践能力及创新精神的人才。在这样的历史背景下，人们就形成了以素质为标准来评判教育质量的质量观。

由上文可知，传统高等职业教育质量观有其存在的价值，但随着社会的不断发展，更多地体现出它们的不足。知识质量观强调以知识标准评判高等职业教育的质量，这是很片面的。因为受教育者是要获得全面发展的，而知识只是其中的一个重要方面，它不足以用来全面检验高等职业教育质量；能力质量观比知识质量观前进了一步，但它仍然没有超出智育范畴，有它的不足；素质质量观虽然给人们提供了评判高等职业教育质量的一般原则标准，可是它不够具体，只是一般意义上的质量观，我们应该更具体地研究符合高等职业教育发展的质量观。因此，通过总结传统观点的肯定因素和不足因素，根据高等职业教育的实际情况，笔者认为，现代高等职业教育质量观是三位一体的质量观，即以知识、能力、素质三者融为一体作为评价标准的教育质量观。它侧重强调以下方面：第一，这种质量观认为掌握知识、培养能力、提高素质三者是绝对不能分开的。因为知识是基础，是发展能力的基础，也是提高人的整体素质的基础；能力是知识和素质的外在表现；素质是知识和能力转化而形成的内在品质。三者相互联系、相互依存、相互作用，不可分割。第二，它强调以知识、能力、素质三者融为一体为高等职业教育质量观的评价标准，符合高等职业教育发展规律。因为高等职业教育是为社会培养高级应用型、技能型人才，这就决定了高等职业教育的特征，即既具有高等性，又具有职业性。因此，它的教育质量必须以全面的标准来衡量，而以知识、能力、素质三者融为一体这个标准完全与其相符。

综上所述，高等职业教育的人才观、教学观和质量观等问题是现阶段高等职业教育需要探讨的重大问题。本节主要论述了高等职业教育人才观、教学观和质量观的内涵，并对传统的观点进行分析，提出了现代高等职业教育的人才观、教学观和质量观。当然，这只是高等职业教育的一部分，还有价值观、学生观以及发展观等没有具体阐述，都有待于高等职业教育工作者进一步探讨。

第三节 现代知识观与高等职业教育理想

一、现代知识观与高等职业教育的思想基础

1. 现代知识观与现代高等教育思想

现代知识观以理性主义、经验主义和实用主义为哲学基础，产生和兴盛于工业社会，带有明显的体现西方现代文化的科学主义、工具主义和客观主义色彩。现代知识观的产生，使人们从形而上学与宗教神学的桎梏中解放出来，促进了人类文明的进步。在现代知识观的影响下，20世纪的高等教育哲学主要分成两种流派，一种以认识论为基础，另一种则以政治论为基础。认识论教育哲学认为，高深学问唯一的坚实基础是严格的客观性，因此必须摆脱价值影响；而政治论教育哲学则认为，高等教育必须考虑价值问题。反映在大学理念上，前者表现为理性主义的大学思想，后者的实质则是带有浓厚功利主义色彩的、强调知识的经济功能和社会功能的实用主义大学思想。在这两种思想的影响下，近代实施高等教育的大学在确立自身地位的过程中，产生了两种模式，其主要特征表现在：

（1）教育的目的

前者受理性主义的影响，认为知识是通过特定的概念和命题进行描述的，具有确定性和实证性，故而把科学与知识等同起来，将科学看作唯一的知识，认为知识的产生和增长是纯粹的个人劳动，是天才和智慧的结晶，从而将大学教育的目的定位于培养掌握理性特权的社会精英和纯学术人才；后者受实用主义影响，强调大学的工具性功能，认为"认识或解决问题的最终目的是适应环境、利用环境"，从而使高等教育成为提升政治地位、取得政治资本、提高经济地位和获取丰厚薪俸的手段，受教育者的精神需要、兴趣爱好、人文关怀等被工具性的需要所替代。

（2）高等教育与社会的关系

前者受理性主义的影响，认为知识是超越社会和个体条件限制的，是价值无涉和文化无涉，知识的产生靠一定的先验形式，靠天赋观念，个人在知

识生产过程中不能也不应该受社会文化的影响，因而将实施高等教育的大学视为独立于社会的、为知识精英探求知识和真理的科学城堡。在这一城堡中，重知识轻实践，重理论学科轻实用学科，认为学科教育与高等职业教育、理论教育与实用教育有明显的高低、贵贱之分；而受实用主义影响的威斯康辛模式虽然表面上视大学的功能是为社会服务，但大学内部仍然是一个独立的"教育工厂"。

（3）教育和教学管理

现代知识观认为，知识的增长是不断积累和分化的过程，其中分化是知识发展的主要特征。受这一观点影响，现代高等教育推行高度专业化的教育管理，推行严格的科层管理模式，以学科为大学分支管理模式，系科之间各自为政、相互隔离，每一个系科都是一个小社会。在教学和研究方法上，前者受理性主义的影响，推崇思辨推理、理性自觉和演绎，把理性训练看得比一些知识的传授更为重要，认为"为知识而知识的教育才是最有价值的教育"；后者受经验主义的影响，反对先验的理性，坚持实证主义方法论，奉行实验、观察和归纳，甚至用经验分析和行为指导的方法来规范人文科学，其结果只能是对人文科学的鄙视。两者的一个共同后果，是对自然科学的顶礼膜拜和对人类精神产品的淡漠，导致社会生活中人生意义缺失、自由意志和人格尊严被践踏、个人主体价值迷茫、社会道德水平下降等精神和社会问题。

2. 高等职业教育的功利主义思想基础

高等职业教育反映的是现代知识观的实用主义和功利主义思想。虽然在早期，由于社会阶层的等级分化而带来的"劳心者治人，劳力者治于人"的意识形态使得高等职业教育仅仅是一种实践，在教育理论体系中并没有地位。然而，随着科学技术的发展，以理工科和技术课程为核心的高等职业教育逐步在教育体系中确立了自身的地位，形成了与理性的博雅教育相抗衡的功利主义教育思想。

从教育史的角度看，存在两种不同的高等职业教育概念。一种与体力、谋生紧密联系，常常是实用而又机械的高等职业教育。最早可以追溯到古希腊斯巴达为增强国家的军事实力和防御外敌而进行的训练优秀武士的实践。另一种是与造就社会所需要的政治、军事、法律等方面专门人才密切相关的专业意义上的高等职业教育。例如，公元前5世纪智者派旨在教授演讲术、辩论术以及政治生活上的成功之道和以培养军事上的领袖人物为己任的修辞学校。今天的高等职业教育概念，可以说是以上两种概念的混合。从一般的意义上说，今天的高等职业教育的特征有如下几方面：

（1）高等职业教育的特征在很大程度上取决于它所服务的外在目的，即个人或社会物质、经济福利方面的目的。这种教育与"工作世界"（the world of work）相联系，与实际事物和谋生关系紧密。

（2）在教育目的中，"理解"（understanding）与"欣赏"（appreciation）被"技能"（skills）和"胜任能力"（competencies）所取代，"会话"和"沉思"被"适应"和"做"所取代。

（3）在课程设置上，常常是根据有用且能清晰地加以界定、易于测量的具体目标进行规划。这种目标往往不是产生于学科本身，而是产生于对经济或某种职业需求的职业技能的分析。

（4）在评价准则上，质量建立在符合来自外界"行为指标"（performance indicators）的基础上，关键在于成功地完成工作。

（5）以功利主义为导向，关注结果的效用大小或效益的高低，关注达到某种结果的方法和手段的有效性，关注知识的具体应用。

从教育与生产劳动相结合的角度看，高等职业教育基于一种功利主义的结合观。这种功利主义的结合观承认生产劳动的教育价值，但更强调教育与生产劳动相结合的必然性和实效性，把它视为有利于个人更好地进入社会和就业的有效形式。其基本观点是：

一是教育不仅应与社会生产相结合，还必须与社会生活相联系。教育是社会生产中的一部分，现代科学技术的飞速发展，要求教育为社会生产培养适应社会发展的劳动者，而不像以前那样，只是为统治阶级的政治统治服务。同时，接受教育也是人们改善生活的需要。因此，教育同社会生产和社会生活的紧密联系，是教育发展的必然。

二是应该注重实用的知识和技能的传授。随着现代社会的发展，人们越来越关注劳动世界或劳动力市场的发展，越来越注重对社会生产、社会生活和个人发展有用的知识的学习。面对这种现实主义倾向，学校不应再在纯粹知识与实用知识的区别上纠缠不清，而应更多地将出发点放在日常生活的经验和需要解决的问题上。

三是使受教育者为将来进入社会做好准备是十分合理的。在现代社会中，职业选择难度加大，使受教育者掌握技能、学会生存与工作，是现代学校教育面临的主要问题。因此，帮助学生获得就业的实用技能，甚至选择一种职业，找到一份工作，便是学校分内的事。

四是教育与生产劳动相结合应该与受教育者的实际需求结合起来。教育与生产劳动相结合的目标，就是更有效地使学生为就业和自我教育做好准备，使他们顺利地走向社会，完成向生产行业的过渡，并通过生产劳动获得经济效益。

二、现代知识观转型与高等职业教育的发展

1. 现代高等教育思想的两种极端

从以上的分析中可以看出，现代知识观影响下的高等教育思想走的是两个极端：一是以理性主义为基础的博雅教育，二是以功利主义为定向的高等职业教育。前者认为，教育是追求知识本身的价值，应由知识本身决定范围与内容，并由此与心智发展相关联。20世纪60年代的英国教育哲学家赫斯特对博雅教育做如下解释："这种教育的定义以及对这种教育之合理性的证明是以知识本身的性质和重要性为依据，而不是以学生的偏爱、社会的需求或政治家的各种奇怪的念头为基础的。"显然，博雅教育是一种为了知识而学习知识的教育，是一种为了心智的完善、解放和自由，发展人的理解和判断力的教育，与职业或功利的目的无关，与实际事物关系不大。后者认为，教育的最终目的是获得物质与经济方面的成功，满足个人或社会经济与物质方面的需要。博雅教育追求的目标固然十分崇高，但没有一种价值可以崇高得不依赖经济的支持。美国教育哲学家布劳迪在他的著作中写道："如果博雅教育仅仅是为了自我修养，而不是出于经济和社会的必要，那就很清楚，现代的青年没有时间学习博雅学科。有钱的退休人员似乎是学习这类学科最为合适的人选。"

显然，两种高等教育思想相距甚远，各自走到了极端。理性主义的博雅教育脱离经济的需要，不能为年轻人进入工作世界提供充分的准备，因此在为国家提高经济竞争实力上显得软弱无力；功利主义的高等职业教育依据社会急需程度来定义价值的高低，将物质或经济方面的利益作为终极目的，注重现实而忽视了未来。

2. 知识观转型

从教学理论的历史发展来看，各种教学思想流派之间的纷争往往是以知

识是什么、什么知识最有价值、通过什么方式获取知识等一系列关于知识观的问题展开的。理性主义的博雅教育和功利主义的高等职业教育之争也莫过于此。理性主义认为，知识的价值在于其本身，知识是以认知的方式获取的；功利主义认为，知识是满足个体生活幸福或社会需要的工具，具有功利性价值，知识是在经验中取得的。尽管两者在知识的价值上观点不同，但在知识的性质这一问题上却大同小异，同属于现代知识观。按照西方社会对思想发展史的分期，知识观可相应划分为前现代知识观、现代知识观和后现代知识观三类。工业革命是划分前现代知识观与现代知识观的标志，后现代知识观则兴起于20世纪60年代。现代知识观向后现代知识观转变。前现代知识观认为，知识具有客观性和绝对价值，其认识是直观反映式过程；后现代知识观作为一种新的知识观，是对传统知识观的批判、反思与超越。这种知识观认为，知识具有不确定性，知识具有理解性，知识有多种类型，科学只是知识的一种，认知是个体主动建构的过程，是同化与顺应相互作用的过程。上述知识观的转型，促使理性主义的博雅教育与功利主义的高等职业教育之间应逐步寻找统一性，即目的和价值方面的统一，知识内容和知识结构方面的统一。

3. 知识观转型对高等职业教育的启示

不难看出，后现代知识观是对以现代知识观为基础的两种高等教育思想的共同冲击。面对这一冲击，两者似乎都应有所警醒。也就是说，随着社会和经济的不断发展，理性主义的博雅教育和功利主义的高等职业教育之间应逐步寻找统一性，以符合人们对知识的重新认识。

首先是目的和价值的统一。理性主义教育应该接受对经济活动的理解，更多地关心知识的效用和应用。满足个人和社会经济与物质方面的需要，面对现实，使学生学会生存、学会谋生，在如今充满竞争的社会中应该是十分合理的事情。没有生存这一前提，一切价值都无从谈起。而功利主义教育则应该认识到，在科学和人文高度发展的今天，就连木工技能的获得，也有可能要引入科学的因素和审美的鉴赏，从而使心灵面向进一步的探究。科学的发展使如今的职业与过去相比，对理智和文化修养的要求高出了许多。职业再也不是仅限于物质和体力劳动之中，而是与精神和脑力劳动有着密切的关系。因此，高等职业教育离不开博雅内容的学习。把高等职业教育局限于技术教育（technical education），仅仅传授技能和追求技术效率，排除理智和审美的因素，不考虑职业的全部理智背景和社会意义，这种狭隘的职业概念显然将被时代所淘汰。

其次是知识内容和知识结构方面的统一。理性主义教育不应仅仅与理论的和命题性质的知识相联系，也应与熟练的行为要求相联系。不能仅仅把理智的完善作为受教育的标志，也应将获得有用的知识作为标准之一。而功利主义教育则应该认识到，实践活动本身也渗透着理解。明智的实践包含着雏形的理论（embryonic theory），它一旦在实践中被明确和系统地阐述出来，就成为供人检验、反思和批判的理论。"想"与"做"、理论与实践之间有一种逻辑关系经常被忽视，从而损害了对道德生活和工作世界来说至关重要的理智的实践（intelligent practice）。也就是说，要在实践的同时进行思考，将镶嵌在实践中的观念明确化，挖掘植根于其中的科学与学术的内涵。因此，理想的高等职业教育既要鼓励学生"做"（doing）与"制作"（making），也要强调理论教育，使学生学会思考，从而使职业兴趣接近科学和学术的观念世界。

第四节　素质本位：高等职业教育人才培养新理念

出发点问题是我们探讨高等职业教育人才培养模式最基本的问题之一。这里说的出发点的含义主要是指观察、研究高等职业教育问题的理论起点。教育的出发点是人，这个命题自20世纪80年代以来几乎成为共识。但是，高等职业教育的出发点是什么？如果说高等职业教育的出发点也是人的话，那么又是人的什么？是人的能力，还是人的人格，抑或是人的素质？种种疑问因为人的含义丰富而模糊，不同的时代、不同的国家、不同的文化背景对此都有不同的理解。当前人们关注高等职业教育出发点问题，主要集中在三个基本问题，即高等职业教育是能力本位，还是人格本位，抑或素质本位？对这三个问题的探讨，有助于人们进一步认识高等职业教育本质，或者说用一种合乎逻辑的理念观察和研究高等职业教育。

一、能力本位理念

当前主张能力本位的高等职业教育理念很是"时兴",这类主张频频出现在教育刊物上。有的学者主张"能力改变命运",提出能力本位是当代中国发展的核心文化理念,有的学者指出:"能力本位是职教本质的必然选择,能力本位是社会对高等职业教育的本质要求。"国家教育行政部门在《面向二十一世纪深化高等职业教育教学改革的原则意见》中明确提出:"高等职业教育应确立以能力为本位的教育指导思想,把增强学生的职业技术能力和就业能力放在突出位置,使高等职业教育的教育教学更好地适应经济发展和劳动就业需要。"能力本位是否真是高等职业教育的灵丹妙药?

能力本位教育是过去二三十年代中在欧美国家兴起的一种高等职业教育本位观,又称CBVE(Competence Based Vocational Education),也有称CBT(Competence Based Training),即能力本位培训,其中以能力本位高等职业教育居多。国外许多国家通常把这样的一种教学模式称为CBE(Competence Based Education),译为能力本位教育或以能力为基础的教育。能力本位职业教育的产生与能力本位(或称操作本位)师范教育联系在一起,是60年代典型的"美国式"产物。能力本位是指以胜任一种岗位的技能或能力为中心,也就是依照胜任一种岗位的能力分解来建立课程的一种教学模式。即是把每一个具体的职业或岗位的全部工作分解成相对独立的工作职责,每项工作职责又可看作从事该职业应具备的一项综合能力;然后,再根据履行每项工作职责的需要,把每项工作分解成若干工作任务,每项任务又可看作从事该项职业应具备的一项专项能力;最后,根据职业分析确定该职业应具备的各种综合能力和专项能力,开发教学大纲并组织教学。这种教学模式的依据是一种分工理论,最好的诠释是英国古典经济学家亚当·斯密的《国民财富的性质和原因的研究》。在他的著名的"扣针工厂"例子中,斯密谈到"十八种操作,分由十八个专门工人担任",其中,"一个人抽铁线,一个人拉直,一个人切截,一个人削尖线的一端,一个人磨另一端……"这种分工把生产过程分割成许多不同的工序,从调查、研制、开发、生产的不同工序,到产品调试、维修等,均分别由不同的专门人员担任,每个员工固定在一个岗位上,形成流线型的分工体系,其目的是"以批量生产"来提高效率。由于这样的胜任一种岗位的能力是较易量化的,课程的设计也就比较易于操作。然而,随着科学技术的发展和信息时代的到来，这种分工体制的局限性就明显地表现出来了。在《学会生存》一书中，提到当今世界的科学技术革命的意义："18世纪的产业革命是用机器代替和加强人类的肌体功能。"可与这种产业革命最初的机器相比的是，科学与技术同时还征服了人类的精神世界，即在任何距离之间都可以传递信息，而且发明了日益完善的理性化的计算机，由于知识的不断更新、技术的不断进步，产品日益复杂精巧，而其市场则日益短暂，旧的产品尚未销售完毕，新的产品便已设计出来，并投入生产。相应的，人们的职业周期变得短促，工作和学习将交替进行，显然这种本位观在过去几十年中，对高等职业教育的改革与发展起到了主要指导作用，但发展到今天已凸显出不适应时代要求。

从高等职业教育的外部来看，能力本位高等职业教育不适应劳动力流动市场。科技的飞速发展和经济的全球化，带来职业和知识技能的不断更新，使得世界上每三个月就产生一个新的行业，传统的职业岗位在不断萎缩，而代之以高技术含量为主的新的职业岗位。马克思早就预言，劳动的变换、职能的更动又必然使劳动分工不断发生变化，造成工人的大量流动，使得工人不断地从一种生产劳动职能转入另一种劳动职能，从一个生产部门流入另一个生产部门。据美国劳工部的一项研究预测，现在20岁的青年人在今后一生的工作时间内，职业的变换和工作的变更将会达6~7次之多。改革开放以来，中国人更换职业岗位的频率也由80年代的15年缩为90年代的5年。而不同的职业岗位对知识和技能的要求各不相同，即使在相同的职业岗位上，由于知识技能更新速度的加快，也需要不断学习才能适应工作需要。那么，这种以岗位为中心的高等职业教育所培养的人，一旦在社会需求即社会分工出现变化与波动时，工人便只能失业了。因而，从培养目标到专业和课程内容都围绕着狭义的职业岗位的"能力本位"高等职业教育，渐渐不能适应劳动力流动加剧的变化，职业学校毕业生就业的专业对口率连年下降已成为不争的事实。所以，美国经济发展委员会称："一般而论，工商界对狭隘的职业主义并不感兴趣。"

从高等职业教育内部来看，能力本位高等职业教育培养不了健全人格的人。能力本位论从分工理论出发构建它的课程体系，把每一种工艺分成各种精细的程序，每种工序分给每个工人，作为终生的职业，使工人终生束缚于一定的局部操作和一定的工具之上。马克思把这种分工称为"旧的分工"，并说："把一种手艺分成各种精细的工序，把每种工序分给个别工人，作为终生的职业,从而使他一生束缚于一定的操作和一定的工具之上。"这样一来,"每一个人都只能发展自己能力的一个方面而偏废了其他各方面,只熟悉整个生产中的某一个部门或者某一部分的一部分,其结果是工人的发展更加畸形化、片面化"。由于学生过早拘泥于专业知识的细节就像只窥见了一棵枝繁叶茂大树上的一个小枝或几片树叶,因此,难以明了大树扑朔迷离的内在联系。基础教育(通识教育)薄弱和专业教育狭隘,使高职学生在几年大学课堂中所学到的专业知识少得可怜。一旦他们走入劳动力市场,面对迅速变化的世界,其适应性下降的悲剧结局就不可避免。高职学生乃至整个大学毕业生和整个社会都将品尝"过度教育"(over education)的恶果,"过度教育"在教育经济学中有三层含义:一为对历史上较高水平者而言,指受过教育者其经济地位的下降;二指受过教育者未能实现其对事业成就之期望;三指工人拥有比其工作要求较高的工作技能。其恶果是不仅使毕业生个人所用非所学,所得非所求,而且对企业和整个社会的生产率也有极大的负面影响。20世纪的西方文明表明,推崇只重视物而忽视人的精神和价值的能力本位,倘若没有高于能力之上的力量制约它,就必然引起社会和自我的迷失。就社会而言,当能力成为核心而急剧膨胀却没有其他力量制约它,便会引起人类不择手段地利用自己的能力去征服自然而创造财富,并"最终将威胁到整个人类的生存"。就个人而言,能力本位必然导致"丰饶中的纵欲无度",无休止地追求物质的欲望引起普遍的精神空虚、世风日下。正如俄罗斯科学院院士诺维科夫所说:"如果我们把高等职业教育仅仅与具体生产、具体技术与具体工艺挂上钩……我们具有的残缺不全的人性被狭隘的高等职业教育和因循守旧的片面活动所歪曲。"

二、人格本位理念

人格本位理念可以追溯到19世纪末20世纪初,产生于欧洲(尤其在德国)的人格主义教育学(personlichkeits-padagogik),这种教育理论主张以教师或教育者的人格为教育的主要手段,达到养成学生人格的教育目的,强调独立人格的价值和人格的自由发展,认为培养学生的人格应成为整个教育过程的中心。至今,这种教育理念还在日本占主导地位。日本近代著名的教育家小原国芳是人格本位的突出代表。他提出的全人教育"是指塑造健全的人格,亦即塑造和谐的人格"。日本教育基本法还规定:"教育首先以必须培养健全的人格为目标。"人格本位职教理念认为，职业教育所培养的学生不仅应具有必备的知识和技能，还必须具有健康的职业心理，能把市场经济条件的失业视为常态，面对新知识、新技术含量的急剧增加与变化，用终身化的教育思想积极生存、发展向上的精神和自己创业的意识，去对待和迎接现实的未来的职业生涯。早在20世纪30年代，我国的黄炎培先生就主张把"培养健全之人格"作为职业教育的三大目标之一。

把"人格"作为"本位"，形成一种人格本位高等职业教育理念，在我国鲜为人知。较为详尽地提出这个问题的是邓志伟先生，他在《21世纪世界职业教育的方向——兼对能力本位的职教体系的质疑》一文中预言："从能力本位论走向人格本位论是历史发展的必然。"与之呼应的是另一学者马庆发，他指出，"知识社会"概念的出现和人才观的更新，已促使无论是普通教育或是高等职业教育培养目标的重心都发生转移，即转向人格本位。

为了进一步理解人格本位，我们有必要对"人格"的词义进行分析。"人格"（personality）一词来源于拉丁文 persona，学术界基本认同其原意是指面具（mask）。公元前1世纪，在古罗马政论家西塞罗的著作中最早出现人格的引申意义，它包含四方面的内容：（1）一个人给他人的印象；（2）人的社会身份或角色；（3）特指有优异品质的人；（4）人的尊严和声望。中国原无"人格"一词，它是在近代首先从西方传入日本，然后再从日本传至中国。查近年统纂的《辞源》《辞海》《中国大百科全书·哲学卷》等权威工具书，也均未列出"人格"词条，唯《现代汉语词典》罗列出人格的三种意义：一是人的性格、气质、能力等特征的总和；二是个人的道德品质；其三是人的能作为权利、义务的主体的资格。这是分别从心理学、社会伦理学和法学角度予以理解的。姑且不论法学上的人格意义，下面仅从心理学和社会伦理学两个角度对人格本位提出质疑。

先从心理学视角来推导。心理学上的人格近似于个性。朱智贤先生主编的《心理学大辞典》在解释"个性"时这样界定："个性（personality）也可称人格。指一个人的整体精神面貌，即具有一定倾向性的心理特征的总和。"从这种意义上说，人格教育也即个性教育。按照这个解释，人格本位似乎是个性本位，其实质就是以人为本。"所谓'以人为本'就是在自然、社会和人的关系上，'人'高于自然和社会，一切为了'人'自身；在国家、群体、个人的关系上，'个人'高于国家、群体，个人至上，自我本位，自我自由，自我尊严至上。"这与我国目前提倡的育人为本又是相悖的，育人实际是对教育对象发展方向和发展水平的价值限定，教育的本体价值是使受教育者的身心按照教育者的设计得以发展，实际是一种"社会为本"。显然，按以上心理学上对人格的解释，这样的人格本位在我国现阶段是不切合实际的。

再从社会伦理学角度去审视。尽管中国没有西方人格心理学等学科的现代人格含义，但中国关于人的本性与人伦的理论比较丰富，所以很快就吸收了"人格"这个专有名词，用来指人的道德水准与道德理想境界。比如，近年有的学者列出14项人格特质：仁爱、气节、侠义、中庸、忠孝、理智、私德、功利、勤俭、进取、实用、嫉妒、屈从、欺瞒等。正因为中国一直是以人的道德水准与道德理想境界作为人之所以为人的规定，因此"人格"被赋予了中国人自己理解的含义，成了"人品"的替代词，即个人的道德品质。由此推导出，人格本位就成了道德本位。不可否认，道德教育特别是职业道德教育是高等职业教育十分重要的内容，但并不是高等职业教育的全部内容。以此作为起点，似乎有以偏概全之嫌。

总之，人格本位高等职业教育概念比较含混，其内涵和外延边界模糊。人格本位到底能否涵盖人的全面发展，或者说能否作为高等职业教育的一种主流理念，从理论到实践都有待于探讨。

三、素质本位理念

什么是素质本位高等职业教育？笔者认为，广义上的素质本位高等职业教育应该是以联合国教科文组织提出的教育四大支柱为核心内容，培养学生学会认知、学会做事、学会共同生活和学会生存等综合素质的一种高等职业教育模式；狭义的素质本位高等职业教育就是加强学生弹性素质的培养，培养目标由针对狭隘的职业岗位拓展到职业群、职业生涯，着眼于职业适应能力的提高以及职业情商的养成，包括职业品德、职业知识、职业能力和从事某种职业所必需的健康的心理和体质，着眼于个人的可持续发展的一种高等职业教育模式。

关于素质本位高等职业教育的研究并不多见。最早提出"素质本位职业教育"这一概念的是解延年，其定义为："我们所谓的素质本位的职业教育，指的是以职业素质为基础，以职业能力为核心，以职业技能为重点的全面素质教育或素质培养。"接着有学者对素质本位职业教育的构成做了比较详细的阐述，指出：职业教育的素质由三大部分构成，一是基础性素质，二是专业性素质，三是创业、创造性素质。基础性素质包括：科学文化基础知识、基本技能、基本能力、基本职业道德品质、基本职业个性倾向、基本爱好等；专业性素质包括：与某一专业工作密切相关的理论知识和方法知识、这一专业工作所需要的实践操作能力和技能、这一专业工作所必备的职业道德品质和兴趣爱好以及个性特点等；创业、创造性素质主要包括：终生学习的能力、适应不断更新变化的专业工作的态度和能力、在专业工作中敢于创业的精神与个性、创造性思维品质和人格品质等。这三部分素质之间相互依存和影响，构成一个完整的素质结构。明确提出高等职业教育"素质本位"人才培养模式的是冯晋祥等学者。他们认为，"素质本位"是社会进步、经济发展的必然要求，是提高学生素质和能力、激活创新思维、激发创造能力、实现人生价值的关键。

素质本位高等职业教育的提出与构建并非空穴来风，而是有着深厚的理论基础和国内外高等职业教育改革背景。首先，从马克思主义关于人的全面发展观来看，人的全面发展理论在肯定大工业进步性的同时，也谴责大工业对人的"异化"，并认为解决这一矛盾的有效方法是使受教育者接受"工艺学校教育"和"综合技术教育"，走教育与生产劳动相结合之路。因此，马克思说："生产劳动同智育和体育相结合，它不仅是提高社会生产的一种方法，而且是造就全面发展人的唯一方法。"为实现综合技术教育的思想，即"在文化教育和科学教育的基础上传授一般技术知识和技能"，列宁认为，职业学校不宜过早专业化，并要扩大其普通教育比重，实施综合技术教育。

其次，从教育改革大政方针来看，我国正在由过去单纯的能力教育向综合素质教育转变。《高等职业教育法》第4条规定："实施高等职业教育必须贯彻国家教育方针，对受教育者进行思想政治教育和职业道德教育，传授职业知识，培养职业技能，进行职业指导，全面提高受教育者的素质。"1999年，第三次全国教育工作会议决定："实施素质教育应当贯穿于幼儿教育、中小学教育、高等职业教育、成人教育、高等教育等各级各类教育。"可见，我国高等职业教育的根本宗旨在于全面提高劳动者的素质。

最后，从高等职业教育发展国际背景来看，世界发达国家也深感针对岗位工种的能力本位缺陷，美国、日本及联合国教科文组织纷纷从不同角度提出了"素质本位"理念。以美国人文主义教育家阿德勒为首的佩代亚小组，在1982年提出了将普通教育与高等职业教育融为一体的佩代亚计划。根据这个计划，学校教育既不是单纯的普通教育，也不是专门化的高等职业教育，它致力于三个目标：(1)为学生自我发现做准备，即促进学生的个性发展；(2)为学生将来履行在民主社会中的公民责任做准备；(3)为学生将来就业做准备。日本在1994年的第三次教育改革中，在综合高中设立普通+职业综合科，其目标是："在向终生学习社会过渡中，把学生培养成具有丰富的内心世界，具有主动、创造性的生存素质和能力，在社会生活中能灵活地适应周围的环境，能扩大自我实现可能的人。"早在1972年，联合国教科文组织国际教育发展委员会就在《学会生存》这篇报告中指出："为人们投入工作和实际生活做准备的教育，其目的应该较多注意到把青年人培养成能够适应多种多样的职务，不断地发展他的能力，使他跟得上不断改进的生产方式和工作条件而较少注意到训练专门从事某一项手艺或某一种专业实践。"到2001年，联合国教科文组织把技术与高等职业教育设计为："成为每一个人的普通基础教育的一个组成部分，为了解科学技术、职业领域和人的价值以及做一个有责任心的公民打下基础""允许个性和性格的和谐发展，培养精神价值和人的价值，培养理解、判断、鉴别和自我表达能力"。科学技术的发展和现代社会的进步，使人们对高等职业教育人才观又有了新的认识。我们所造就的跨世纪人才，除了应当具有扎实、系统的知识和较强的能力之外，更要有全面的、优良的素质。澳大利亚学者在20世纪80年代末曾提出要让未来的高校毕业生掌握三张"教育通行证"，即"学术性通行证""职业性通行证"和"事业性通行证"。《学会关心：21世纪的教育》一文还强调："归根到底，21世纪最成功的劳动者将是最全面发展的人，是对新思想的新的机遇开放的人。"由此看来，人类迈入21世纪，在全球化背景和终身学习思潮的影响下，世界各国出现了普教与职教结合，工具主义与人文主义相融合以培养学生综合素质为本位的高等职业教育发展趋势。

综上所述，我们可以得出下列结论：第一，能力本位、人格本位和素质本位是三种不同的高等职业教育理念和高等职业教育的出发点，是三种不同的价值取向。能力本位、人格本位是人的发展中的个别属性、某个方面，素质本位是人的整体内在的身心组织结构及其质量水平。第二，能力本位高等职业教育理念在世界职教发展史上享有一定声誉，现在仍是高等职业教育发展的主流。但是，随着科学技术的迅速发展和数字化生存时代的出现，那种只重视物，而忽略了人的品质、内在精神的培养能力本位的高等职业教育，越来越暴露出诸多缺陷。第三，人格本位的概念由于它的含义的多重性而使其本来面貌显得十分含混，基于本土概念，不论是从心理学向度，还是社会伦理学向度，推导出的结果具有明显的片面性。第四，无论是基于人的全面发展理论的人文理性思考，还是受人力资本理论的工具理性的驱使，高等职业教育人才培养都不可避免地同时涉及人本主义和工具主义两方面，二者的融合是世界高等职业教育的共同取向。因而，我国高等职业教育从能力本位向素质本位转变将成为人类交流理性的必然。

高等职业教育理念是人们对未来高等职业教育前景的理想期望，包括人们对高等职业教育的理性认识、理想追求及其所持的高等职业教育思想观念。高等职业教育理念是一种主体教育理念、一种素质教育理念、一种文化教育理念，同时也是一种终身教育理念，其表现形态主要有高等职业教育的观念、精神和使命。随着社会的发展，高等职业教育的理念也不断创新，它将不再是单纯的学校模式，而是混合模式；不再是终结教育，而是一种把知识转化为智慧，把文明积淀成人格，把兴趣提升为能力，把特长发展成职业的终身教育；不再仅仅是为了谋生，而将是不同个性、兴趣、爱好者以充实自我、怡悦人生的一种多姿多彩的高雅的职业生活教育。

高等职业教育人才观、教学观和质量观是高等教育人才培养的基本观念。在人才观方面，传统的观念认为，高等职业教育培养的人才是"二等人才""技术性人才"和"低层次人才"；现代高等职业人才观认为，高等职业教育人才是兼容性、倾向性和伸缩性人才。在教学观方面，现代高等职业教育教学观认为，教学是通过教师与学生共同参与的认识活动，学生增长知识、发展能力，通过教师与学生之间、学生与学生之间的交往活动，学生在态度、价值观、审美观、生活品位和个性方面获得发展的一个统一过程。在质量观方面，现代高等职业教育质量观是三位一体质量观，即以知识、能力、素质三者融为一体作为评价标准的教育质量观。它侧重强调以下方面：第一，这种质量观认为掌握知识、培养能力、提高素质三者是绝对不能分开的。第二，它强调以知识、能力、素质三者融为一体为高等职业教育质量的评价标准。它的教育质量必须以全面的标准来衡量，而以知识、能力、素质三者融为一体这个标准完全与其相符。

现代知识观对高等职业教育产生很大影响。现代知识观认为，知识具有不确定性，知识具有理解性，知识有多种类型，科学只是知识的一种，认知是个体主动建构过程，是同化与顺应相互作用的过程。上述知识观转型，促使理性主义的博雅教育与功利主义的高等职业教育之间应逐步寻找统一性，即目的和价值方面的统一、知识内容和知识结构方面的统一。

在全球化背景和终身学习热潮的影响下，世界各国出现了普教与职教结合，工具主义与人文主义相融合的，以培养学生综合素质为本位的高等职业教育发展趋势。我们可以得出下列结论：第一，能力本位、人格本位和素质本位是三种不同的高等职业教育理念和高等职业教育的出发点，是三种不同的价值取向。能力本位、人格本位是人的发展中的个别属性、某个方面，素质本位是人的整体内在的身心组织结构及其质量水平。第二，能力本位高等职业教育理念在世界职教发展史上享有一定声誉，现在仍是高等职业教育发展的主流。但是，随着科学技术的迅速发展和数字化生存时代的出现，那种只重视物，而忽略了人的品质、内在精神培养的能力本位高等职业教育，越来越暴露出诸多缺陷。第三，人格本位的概念由于它的含义多重性而使其本来面貌显得十分含混，基于本土概念，不论是从心理学向度，还是社会伦理学向度，推导出的结果具有明显的片面性。第四，无论是基于人的全面发展理论的人文理性思考，还是受人力资本理论的工具理性的驱使，高等职业教育人才培养都不可避免地同时涉及人本主义和工具主义两方面，二者的融合是世界高等职业教育的共同取向。因而，我国高等职业教育从能力本位向素质本位转变将成为我国教育发展的必然。

第五节　国家战略下高职教育的重要性

"政策沟通，设施联通，贸易畅通，资金融通，民心相通"是"一带一路"倡议的精髓。推进这一要旨的实现和发展，最低限度是要保证语言的沟通，这就对高职外语教育提出了现实要求。"一带一路"涉及面广、系统性强、辐射区大、周期性长，要实现"开放包容，互利共赢"的目标，不仅需要语言人才，更需要大量在精通外语的基础上兼具专业知识、职业技能、国际视野、创新思维等素养的复合型人才。然而我国现阶段对国际化职业人才的培养并不尽如人意，存在着外语语种单一、教学方式单调、师资力量匮乏等问题。"人才供需"的不匹配将会对倡议建设的推进和效果产生深远的影响。对接"一带一路"倡议，政府、企业、行业、学校等多方努力、相互协作，重构国际化职业人才培养的环境生态，为战略发展贡献人才保障。

一、研究意义和价值

学术价值。有助于在理论上弥补"一带一路"倡议下国际化职业技术人才培养环境生态研究的缺失，深度挖掘与系统考察当下国际化职业人才的深刻内涵、供需现状、培养模式，切实回应对高职院校培养人才"政策缺失""资源缺乏"的种种困惑，推进国际化职业技术人才"契合战略"与"制度建设""模式选择"研究的统一和深化。

应用价值。有助于各高职院校聚焦自身优势，精准特色定位，形成错位发展的人才培养格局；有助于推动教育资源共享，增加文化互认，促进民心相通；有助于进一步优化教育资源的有效供给，指明人才培养方向，提升人才培养的质量；实现我国对"一带一路"沿线各国输出和引入优质教育资源和人才的引领，推进倡议建设。

二、国内外研究现状及趋势

（一）国内研究

在高等教育国际化发展进程的研究方面，学者们对照一定的标准从时间上进行划分，认为发展可分为五个阶段：一是清末民初至中华人民共和国成立；二是1949年至1966年；三是1966年至党的十一届三中全会召开前夕；四是党的十一届三中全会至2001年；五是加入世界贸易组织后至今（郭勤，2003）。从发展动因和发展目标来考察，可分为20世纪前后两个阶段（史贵全，1996）。20世纪90年代前后，大学国际化的形式从片段式、个体式的非组织策略性活动逐渐转变为国家和大学两个层面的有组织的行政与市场行为，我们可以20世纪90年代作为分水岭来认识高等教育国际化的发展历程（戴晓霞，2004）。

在研究内容上，林金辉（2010）、周满生（2008）、李岩松（2009）等许多学者着重关注职业人才的国际化培养模式，他们认为我国高等教育国际化合作交流与经济全球化相吻合；朱懿心（2004）、许海东（2008）指出，中外合作办学是我国教育的重要补充形式，可以改变教育资源不足的状况，可以提升我国人才国际化就业的能力；张慧波（2011）、张民选（2010）、曾涛（2010）、杨若凡（2003）等学者认为高职院校应紧密与就业市场结合，拓展国际合作办学途径，调整国际合作办学方式；万金保（2005）指出高职教育在坚持本土特色的同时还要突破为地方建设服务的圈子，实现人才培养模式的国际化；刘建湘（2003）强调树立现代教育观念，深化教学改革，培养现代化、国际化技术应用型人才；王玉香（2009）认为随着社会经济结构的调整与高等职业教育的均衡发展，高等职业教育的国际化发展就成为一种必然的趋势。

（二）国外研究

在高等教育全球化标准方面，影响高等教育全球化的重要因素有：第一，信息和通信技术的发展；第二，知识社会的发展；第三，经济全球化；第四，当今世界在地理结构和治理制度上的改变；第五，市场经济的发展。美国教育委员会以四个指标衡量大学国际化标准：制度支持、员工政策、机遇、国际学生。有日本学者指出，通用性、交流性、开放性是当代大学国际化的标准。

国外学者倾向于对国际交流合作的研究，温蒂·陈于2004年在《高等职业教育的国际合作：理论与实践》一文中表示，在教育竞争环境日益激烈的背景之下，加强高等职业教育彼此间的合作和交流是高等职业教育未来可持续发展的必然趋势；珀斯·豪氏威马和玛丽克·范德文德于2004年发表《竞争与合作：国家与欧盟的高等教育国际化政策》，强调世界的高等职业院校在面对经济全球化和教育国际化的影响，需要做出回应和采取措施，特别是需要在高职院校内进行多边的国际化合作交流活动；特里斯坦布·努艾尔于2006年发表的《日益规范化的教育国际化联合培养》一文中指出西方各国的高等学院开展了学院联盟培养，并逐渐发展成为一种办学趋势。

总体上看，目前国内外研究存在着以下几个问题：

（1）对高职国际化人才培养的校内外政策、制度环境未有涉及，或者不全面，而解决这一问题是推动高职培养人才的前提和基础。

（2）在"一带一路"倡议下，国际化职业人才的培养方向一定要与之契合，而不仅仅是迎合就业市场，这一点需要纠正。

（3）以往的研究受到条件限制，大多从人才培养模式、国际化交流合作等方面进行阐述，未能从培养环境生态的深度来探究优化教育供给策略，这样的研究成果缺少创新元素、缺乏指导实践作用，这需要运用中国特色社会主义政治经济学的供需理论来探讨，推动高职国际化人才培养研究的深入。

三、高职就业质量情况分析

就业质量是衡量一个院校、一个地区、一个国家在某一个层级学历教育的成果，是育才模式、教学理念、课程设置、需求对接、人才交流等要素的综合反映。其优劣程度在一定范围内就等同于高职院校在"一带一路"建设中的贡献大小。评判就业质量的指标众多，根据不同的需要选择相应的指标，本节采用就业率、月收入、母校满意度、雇主满意度等七项指标，以江苏省为例进行分析。2020年与2019年"计分卡"数据对比显示，江苏高等职业院校七项就业指标均稳中有升，月收入、母校满意度、雇主满意度、毕业三年职位晋升比例等指标增幅显著。

（一）就业率

在全国高职毕业生平均就业率持续下降的背景下，江苏高职近三届毕业生就业率稳定在95%以上，并保持小幅增长，比全国高职平均就业率分别高出8.23、11.57、16.62个百分点，领先幅度逐年上升。

（二）月收入

江苏高职近三届毕业生月收入持续增长。2020届毕业生月收入为3480.77元，比2019届提高251.83元，增幅达7.80%。

（三）满意度

江苏高职近三届毕业生雇主满意度均数超过95%，2020届毕业生雇主满意度比2019届提高了2.15个百分点。近三届毕业生母校满意度持续增长，2020届毕业生母校满意度比2019届提高了1.05个百分点。

（四）职业发展

江苏高职2020届毕业生毕业三年职位晋升比例达59.25%，近六成毕业生毕业三年内实现了职位晋升，比2019届上升4.01个百分点，呈现较强的职业发展能力。

四、国际化职业人才培养重要性概述

(一)国际化职业人才界定

国际化职业人才,简单来说是具备专业技术技能、国际化视野和国际化背景知识的复合型人才,即兼具外语特长、"既专又宽"的专业知识和职业技能以及适应性强的综合素质。具体来说,可以分为以下五个指标:①扎实的语言功底——这是国际化的首要条件;②"既专又宽"的专业知识结构——过硬的专业知识,丰富的背景知识,"T"形知识架构;③过强的实践应用能力——高职教育本身就定位了一线技能应用工作的性质,因此很强的职业、语言应用能力是高职人才必备的素质;④创新思维——"一带一路"诸国内部及相互之间发生新情况屡见不鲜,传统手段的作用已捉襟见肘,需要新思维、新方法去攻坚克难,处理新问题;⑤国际化视野——国际化竞争需要跨文化的交际和谈判能力,才能稳妥应对各种复杂情况、提升自身和所在单位的综合竞争力。

(二)人才培养途径

国际化高技能型人才的培养对高职院校人才培养模式提出了更高、更具体的要求。面对"一带一路"带来的机遇和挑战,路径选择至关重要:一是更新教学理念——吸收国内外先进的教育理念,结合学校实际,形成自身特色鲜明、适应新时代、可持续发展的教学理念;二是科学制定教学模式——除常规的专业课程、外语教学外,增加实训、国际化实践的学时占比,将通晓地区语言和熟悉当地政治环境、文化风俗、地理人文的职业人才作为培养方向和目标;三是充沛的师资配备——通过本校教师的深造和人才引进以及"双师型"教师体制的建立等措施,强化、优化教师队伍;四是把脉"一带一路"发展,精准布局——依据倡议发展蓝图,高职院校制定与"一带一路"高匹配度的人才培养规划,满足就业和企业发展的需求。

(三)民心相通目标的实现

"一带一路"的推进过程也是多元文化从碰撞到认同、融合的过程。实现互联互通的关键在于民心相通,而民心相通的关键在于文化认同。作为综合国力的重要组成部分，文化软实力是沿线各国相互友好合作的心理桥梁，能促进民众相互认知和协作。通过讲好中国故事、教育输出和引进等方式来传播文化思想，有利于促进中外相互间的文化认同，以古海陆丝绸之路为基础，彼此历史交融、现实辉映，缔结民众情感纽带，形成推进人类社会共同理想和美好追求目标实现的合力。以"包容互助，寻求共识，互惠共赢"的合作基调，助力各国培养相互了解、认可、友好的国际化高技能型人才，夯实人类命运共同体、责任共同体实现的基础。

第二章 高等职业教育人才培养的目标

如前所述，我们确定了"素质本位高等职业教育"理念。那么，在这一理念影响下怎样构建高等职业教育人才培养目标？换句话说，高等职业教育要向社会输送什么样的人才？它和研究型高等教育培养出来的本科生有什么区别？这些问题涉及高等职业教育的培养目标定位问题。以下从国际和国内高等职业教育人才培养目标的比较、我国高等职业教育人才培养目标的确定、高等职业教育人才培养目标的构建等方面予以讨论。

第一节 国际高等职业教育人才培养目标

一、高等职业教育人才培养目标国际透视

世界发达国家的高等职业教育既是教育发展的共同规律的体现，又具有本国文化、制度、经济等社会背景所形成的特征。所以，认真研究他们高等职业教育人才培养的目标对结合我国国情确定高等职业教育人才培养目标是十分有益的。

从美国来看，美国的高职学历教育分两个层次，一个是2年学制，一个为4年学制。2年学制的高等职业教育可得副学士学位，主要由社区学院（初级学院）和技术学院承担。美国《国防教育法》在谈到初级学院与技术学院时指出，这类学校属于"主要提供一项2年的教学计划而办理的高等学校"，"这项教育计划的目的在于培养学生将来在需要懂得并运用工程、科学或数学的基本原理和知识的工程、科学或其他的技术领域中当技术员或从事半职业性工作"。例如，美国俄亥俄州欧文斯技术学院（Owens Technical College）规定的电子工程专业培养目标为："使学生达到生产、研制、仪器使用、试验、

安装及维修等技术人员水平,既具有专业工程师,也具有熟练技工的某些知识和技能。"4年学制的高等职业教育可得学士学位,由工业大学中的技术学院承担。前2年完成副学士学位课程,此时也可参加工作。如果要继续深造,那么再续读2年,获学士学位。2年学制毕业生一般担任技术员工作;4年学制毕业生担任技术师工作。例如美国普渡大学的机械工艺专业副学士学位的培养目标为:"培养生产工艺程序、机器安装、维护和解决一般工程技术问题等方面的产品制造专门人才。本专业毕业生可胜任如实验室技术员、工程师助手、工厂维修人员、产品设计助手和工艺人员工作。随着经验的增加,可能提升到诸如工业生产管理者、工艺设备设计者、技术采购员、生产调度员和成本预算员的位置。""顺利完成本专业的学习后,学生将自动取得学习机械技术学士学位的入学资格。"

从英国来看,英国主要承担高职教育的办学机构是多科性技术学院(polytechnic),它的培养目标是技术工程师(technician engineer)。技术工程师的职务要求如下:"技术工程师将特许工程师的意图转化为实际工作,他们是工程技术人员群体活动的计划者。他们常常负责作出每日的工作安排,对日常的技术问题要找出切实的解决办法。有的技术工程师要进入管理和监督岗位。"学生毕业后,可获得英国教育科学部"商业和技术教育委员会"(The Business Technician Education Council)所颁发的高级国家证书或文凭(Higher National Certificate or Diploma,简写为H.N.C/D)。H.N.C/D的学制为2年。入学条件为已获得英国"A"水平普通教育证书的学生(相当于我国高中毕业生)或已获得技术员证书的人员。在英国,职业技术教育内部是可以衔接的,技术工人经过2年培训,在获得普通国家证书(Ordinary National Certificate)以后可以成为技术员。技术员再经过2年培训,获得高级国家证书(H.N.)后,也可成为技术工程师。

从法国来看,法国的短期技术学院是高职教育的主要承办学校。根据法国国民教育部1966年1月7日法令,短期技术学院的培养目标为"为工业、商业以及应用科学部门培养既有一定理论基础,又有较强实践能力的高级技术员""这些人的任务是将抽象的设计或理论研究的结果具体化""造就直接协同经济、管理和工业尖端力量工作,协助工程师进行研究、计划、发展和生产的较高级的技术人才和中间领导人"。因此,他们在技术方面应当受到比工程师更深入、更具体的培养,在对事物的一般认识上应该比普通技术员眼界更开阔。学生毕业后,大部分担任国家部门和私人企业的中层干部和技术人员，如机械专业毕业生可以任机械师，也可参与企业管理，对机械设计、安装、运转、生产组织与监督、产品检验、产品销售等各个环节的业务均能胜任。再如物理测量专业，主要为企业和实验室培养高级理化检验技术员。学生既具有一定的理论知识，又掌握各种检验手段，有较高的实际操作能力。毕业生可以到各企业部门和多种实验室工作。

从日本来看，日本的高职教育有三种学制：第一种是高等专科学校，招收初中生学习5年；第二种为短期大学，招收高中毕业生，学制为2～3年；第三种为技术科学大学，招收高等专科学校毕业生，进行本科与研究生院的连续性课程教学。据日本《学校教育法》，高等专科学校的培养目标是："深入教授专门的学艺、培养职业所必需的能力。"学生毕业后，一般能获得主任技术员的证书，如第二种或第三种电气主任技术员证书，第一种或第二种水利工程主任技术员证书。短期大学的培养目标在《学校教育法》中写为："在教育的基础上，对学生进行高深的专门知识教育，培养职业上或实际生活中所必需的能力。"技术科学大学为适应新技术革命的要求，以实践的技术开发为培养目的，进行教育和研究。它在以高等专科毕业生为主要招生对象的同时，也为在后期中等教育阶段实施实际技术教育的工业高中毕业生提供适当的升学机会。这种大学是高专学制基础上的提高，是技术教育的进一步发展。日本已有长冈和丰桥两所技术科学大学，它们是20世纪70年代以来，日本大学教育制度进行改革的产物。

从德国来看，德国高等专科学校的培养目标为：能将设计变成现实产品，长于实践，能动手解决实际问题的桥梁型工程师和善于管理的企业型工程师。学生毕业后，可获得"文凭工程师"（专科）称号，在生产部门从事制造、施工、安装调试、市场经济营销、维修、运行、设计和管理等工作。北莱茵-威斯特巴伐利亚高等专科学校法规定：高等专科学校通过应用型教学为学生就业做准备，这些职业要求学生必须具备应用科学知识和方法的能力或艺术的塑造能力。在这些范围内，高等专科学校还要考虑到科学或艺术基础理论和继续发展教学所必需的研究和发展任务及艺术的塑造任务。

二、国际高等职业教育人才培养目标的启示

从以上比较研究中可得出以下几点：（1）从世界范围看，高职培养目标的人才类型都是技术型人才，即将设计、规划等转化为现实产品或其他物质

形态的人才,是为生产一线或工作现场服务的人才。(2)从世界范围看,高职培养目标的教育层次可以有大学专科、大学本科和研究生三个层次。但是当前大多数国家的高职教育层次仍然是大学专科层次,就是具有大学本科和研究生层次的国家和地区中,高职培养目标大部分也仍然是大学专科层次。(3)世界各国和地区在论及高职培养目标时,大都从人才特征、知能构成、工作范围以及职务教育层次来阐述。前三项内容基本一致,在职务教育层次上有所差异。其差异主要表现在技术员职务上。美国和日本都是大学专科层次培养技术员,大学本科层次培养技术师和高级技术员。而英国与法国是中等专科层次培养技术员,大学专科层次培养技术工程师和高级技术员。

第二节 我国高等职业教育人才培养目标

我国(包括台湾地区)的高等职业教育虽然起步较晚,但受世界发达国家高等职业教育影响而形成的人才培养目标,既有值得肯定和继承的特色,也有需要避免的误区。

一、我国高等职业教育人才培养目标的变迁

1. 新中国成立前的高等职业(专科)教育培养目标

清朝末年的《高等农工商实业学堂章程》已对各类高等实业学堂的培养目标做了规定:高等农业学堂以传授高等农业学艺,使将来能经理公私农务产业,并可充当各农业学堂之教员管理员为宗旨。高等工业学堂以授高等工业的学理技术,使将来能经理公私工业事务,及各局厂工师并可充各工业学堂之管理员教员为宗旨。高等商业学堂以施高等商业教育,使通知本国、外国之商事商情及关于商业之学术法律,将来可经理公私商务及会计,并可充各商业学堂之教员为宗旨。高等商船学堂以授高等航海机关之学术、技艺,使可充高等管驾船舶管理员,并可充各商船学堂之教员管理员为宗旨。1929年中国国民政府颁布的《专科学校组织法》和1948年颁布的《专科学校法》规定专科学校"以教授应用科学,养成技术人才"为宗旨。

2. 新中国成立后我国高等职业（专科）教育培养目标

新中国成立初期的高等职业教育（专科）的培养目标为"培养高等专门人才"。如 1950 年新中国成立后颁布的《专科学校暂行规程》中提出专科教育"为适应国家建设的急需，进行教学工作，培养通晓基本理论并能实际应用的专门技术人才，如工业技师、农业技师、药剂师、财政经济干部、文艺工作人员"。1952 年，高教部颁布《关于制定高等学校工科专修科各专业教学计划的规定（草案）》，提出："专修科是适应国家建设对技术人才的迫切需要而采取的培养干部的一种速成办法，其任务为培养高级技术员。"1983 年，教育部制定的《关于高等工程教育层次、规格和学习年限调整改革问题的初步意见》中指出，高等工程专科教育的培养目标为："应当德、智、体全面发展，具有社会主义觉悟的高级工程技术应用人才""3 年制专科生在业务上的基本规格是获得助理工程师的基本训练""2 年制专科生在业务上的要求应当降低，只能获得助理工程师的初步训练"。

1987 年，国务院批转《国家教育委员会关于改革和发展成人教育的决定》文件指出："职工大学、职工业余大学、管理干部学院应当利用自己同企业、行业关系紧密的有利条件，结合需要，举办高等职业技术教育，为企业、事业单位培养生产、经营管理方面的专业技术人才。"

1991 年，国家教委颁布的《关于加强普通高等专科教育工作的意见》（教高〔1991〕73 号）中指出：普通高等专科教育应"培养能够坚持社会主义道路、适应基层部门和企事业单位生产工作第一线需要的，德、智、体诸方面都得到发展的高等应用型专门人才"。国家教委高教司颁布的教学文件《普通高等学校工程专科教育的培养目标和毕业生基本要求（试行）》中提出："普通高等工程专科教育培养能够坚持社会主义道路的、德智体诸方面全面发展的、获得工程师初步训练的高等工程技术应用人才。""学生毕业后主要去工业、工程第一线，从事制造、施工、运行、维修、测试等方面的工艺、技术和管理工作及一般设计工作。"

1995 年，国家教委《关于推动职业大学改革与建设的几点意见》（教职〔1995〕12 号）指出："职业大学直接面向地方经济建设、面向基层、面向中小企业和乡镇企业，担负着为地方经济建设和社会发展培养高级（部分中级）实用技术、管理人才的任务。"1995 年 8 月，国家教委在北京召开全国高等职业技术教育研讨会，会议提出："高等职业教育的培养目标是在生产服务第一线工作的高层次实用人才。这类人才的主要作用是将已经成熟的技术和管理规范变成现实的生产和服务,在第一线从事管理和运用工作,这类人才一般可称高级职业技术人才。"1999年,党中央、国务院在第三次全国教育工作会议上发布的《关于深化教育改革,全面推进素质教育的决定》(以下简称《决定》)明确指出:"高等职业教育是高等教育的重要组成部分。要大力发展高等职业教育,培养一大批具有必要的理论知识和较强实践能力,生产、建设、管理、服务第一线和农村急需的专门人才。"《决定》对我国高等职业教育的培养目标进行了明确的定位。2000年,《教育部关于加强高职高专教育人才培养工作的意见》(教高〔2000〕2号)强调培养"高等技术应用性专门人才"。上述文件反映了我国高等职业教育培养目标在政策上的沿革。在不少论著中,高职教育的培养目标也有多种表述。1995年,原国家教委副主任王明达指出:"短学制的高等教育一般培养的是各行各业第一线的实用人才。"由杨金土等专家组成的课题组则认为:"高等职业教育的培养目标是技术应用型人才和技能型人才。"郭静主持的北京市教委课题组提出,高等职业教育的主要培养目标是"技术应用性人才和技能性人才"。这些表述反映了人们的一种认识轨迹。在国家教育行政部门和专家学者的规范和指导下,不少高等职业院校摸索出了具有校本特色的素质本位型人才培养目标。比如,天津职业技术师范学院"本科+技师"的"双证书"特色,天津渤海职业技术学院提出的"以素质为基础,以能力为中心"的人才培养目标,长沙航空职业技术学院提出的"知识复合、能力本位"的人才培养目标。由此可见,高等职业教育的培养目标具有较宽泛的范围,其上限为技术型人才,下限为技能操作型人才,而主体则为高等技术应用型人才。

3. 我国台湾地区高等职业教育培养目标

我国台湾地区的高职教育有三个层次的培养目标:①大专层次:台湾学制中,初中毕业生读5年的专科学制以及职业中学毕业生读2年、高中毕业生读3年的专科学制。课程内容以操作技术与科学应用知识相提并重,培养技术员、领班、工程师助理、技术师助理等。②本科层次:台湾学制中的工业技术学院,招收上述专科毕业生,学习工业或商业的课程2年;或招收职业中学毕业生,学习1年课程,毕业后授予技术学士学位。在医学教育体系中,授予护理学士学位与医疗技术学士学位。培养学生成为各行各业的技术师层次的人员。课程内容是传授高深的科学知识与数学,以从事操作复杂精密的机器、设备、仪器或者控制复杂的生产程序等工作。③研究生层次：在台湾的工业技术学院中设立工业技术硕士班，招收技术学院毕业生，授以2年课程，毕业时授技术硕士学位。这一层次的教育在科学与数学方面的要求较技术师教育更深一层。其操作的机器，多半与电脑、自动控制、激光等新技术有关。此外，尚有部分的管理课程。培养学生成为各行各业中的技术师长、正技术师等层次人才。

综观我国大陆和台湾地区高等职业教育人才培养目标，与上述世界各国的高职培养目标并无本质差别。这是由于我国社会的经济发展与科技进步的水平已发展到一定程度，人才结构与世界发达国家已基本相同，发展高职的经济与科技的动因在我国社会中也同样存在。差别只在于兴起的时间，世界是20世纪60年代，我国是20世纪80年代。我国大陆各个历史时期和台湾地区对高等职业技术教育培养目标的阐述，虽然培养目标的内涵在不断丰富日益明确，但是从总体上看是基本一致的。可将它归结为人才类型是应用型、实用型和职业型，人才层次是高级专门人才（如比技术员高一层次的高级技术员），工作场合是基层部门、生产一线和工作现场，工作内涵是将成熟的技术和管理规范转变为现实的生产服务。

二、当前高等职业教育人才培养目标的误区

近年来，高等职业教育虽然有了长足发展，然而，由于对高等职业教育培养目标的定位不明确，高等职业教育的发展存在以下误区：

（一）重学历教育，轻职业培训

《中华人民共和国职业教育法》规定，职业学校具有从事职业学校教育和职业培训双重职能，对接受职业学校教育和职业培训的学生颁发学历证书和培训证书，高等职业教育显然有着同样的职能。《面向21世纪教育振兴行动计划》也指出，要"发展非学历高等职业教育，主要进行职业资格证书教育"。然而，高等职业教育发展现状表明，大多数高等职业院校只注重了职业学校教育而轻视了职业培训。无论是在专业建设、设施建设、设备投入，还是在学生比例上，职业培训所占比重均微乎其微，有时甚至几乎没有职业培训的份额。

（二）重正规院校，轻社区角色

高等职业教育具有根据社会需求设置专业，面向基层，面向生产、服务、管理第一线培养人才的特点，它在经济建设和社区建设发展中具有不可替代的重要作用。然而，在浏览新成立或新改制升格的高职院校的发展规划以及一些准备改制为高职院校的中等职业学校奋斗目标时不难发现，大多数院校都注重向"正规院校"发展而轻视自己的"社区角色"。这些院校不是以"本科高职院校"为目标，就是以"一流的高等职业技术学院"为目标，极少有以"社区学院"为发展目标的。

（三）重专业数量，轻课程开发

高等职业院校在建设发展中，为了"学历教育""正规院校"的目标，往往盲目追求专业数量的增多，而忽视课程的建设开发。有的规定一年必须新上几个专业，有的院校新开设的专业一无经验、二无教师、三无设施，成为名副其实的"三无"专业，而真正结合现有专业积极加强课程建设和深入开发的却很少。表面上看，学校专业数不断增多，规模不断扩大，背后却隐藏着基础薄弱、底气不足、没有特色、竞争乏力的致命弱点。

（四）重学校本位，轻企业参与

现在高等职业教育人才培养目标绝大多数是在上级教育行政部门指导下或规范下，关门造车而定的，严重脱离社会特别是企业需要，受到排斥。实践证明，高等职业教育人才培养目标是由学校和企事业单位共同确定的。企业既是高等职业教育的需求主体，又是高等职业教育重要的办学主体，高职教育能否办出特色取决于企业参与的程度，其根本标志是毕业生是否受企业欢迎。高职教育在日本被称为"企业眼里的高等教育"，在德国已成为"企业手中的高等教育"。这与本科教育有着重大区别。

总之，由于受传统高等教育培养目标定式的影响，人们对高等职业教育培养目标的定位往往只注重其"高等性"而忽视其"职业性"和"教育性"，在教学要求和具体教学实施上往往有意无意地在向培养"工程师""设计师"甚至更高目标靠，从而严重偏离了高等职业教育的轨道。对学生的毕业环节过分要求"毕业论文"或"毕业设计"就是其片面强调"高等性"的具体表现，不利于高等职业教育的健康发展。以上分析给我们的启示是，高等职业教育决不能偏重向"学历教育""正规院校"和"学校本位"发展，更应注重在"职业培训""社区角色"和"企业参与"方面的发展；不能只注重专业数的增加，更要注重课程建设和开发。只有将重心由"攀高"向"低移"转变，高等职业教育的发展才能贴近社会，贴近时代。

第三节　我国高等职业教育人才培养目标的确定

高等职业教育人才培养目标制约着其教育活动的方向、课程教学方法和手段，是高等职业教育的出发点和归宿。它不仅在高等职业教育学理论中占有重要位置，对实际的高等职业教育工作也有着现实的指导意义。那么，怎样才能正确地确定高等职业教育人才培养目标？

一、社会需求是高等职业教育培养目标的现实依据

当今社会进入知识经济时代，其发展的速度取决于科技进步，取决于劳动者素质的提高。这就对在科学技术转化为生产力过程中人才的素质和作用提出了很高的要求。首先，高新技术的广泛应用产生了许多与高新技术相关的职业岗位，如我国现代化大型企业上海宝山钢铁总厂的生产基本上是自动化的，有一条700米长的流水线，从钢水进去到钢板出来，只有3个人在控制室里用计算机操作。这3个人就是技术人才，是高等职业技术教育要培养的人才，他们不但要懂一定的理论，还要在生产第一线掌握生产工艺，操作生产过程，维修生产设备。过去在这种岗位上的是技术员，多是低水平的中专生，现在再用中专生显然已经不适应时代需求了。普通高校培养的学术型和工程型的人才到这个岗位也不适应，生产现场出现的问题他们处理不了。由此可见，这些技术岗位的产生对高等职业技术人才提出了大量需求。其次，以金融、商品流通、交通、通信、房地产为主的第三产业近年来得到飞速的发展，第三产业已经成为新的经济增长点。第三产业的蓬勃发展使社会职业岗位的分布出现了新的趋势，产生了一系列新的职业岗位，如广告编辑、广告推销代理、广告设计、广告估价人员、商标代理人、旅行社经理、审计与

监理人员、证券咨询员、投资分析员、投资经纪人、证券推销代理人、外汇交易员、信贷员等。这些新岗位大部分是在服务第一线，需要掌握熟练的服务技巧，这就需要高等职业技术教育培养一大批相应的技术型人才。最后，在经济和社会大变革中，社会原有的职业岗位出现了既有分化又有复合的现象。比如护士岗位，随着医疗技术的发展，工作也逐渐专业化，细分成了精神科护士、外科护士等。而根据技术水平，护士的岗位已经分成了五个层次：职业护理师、主管护理师、护师、护士和护理工。目前，上海的家庭病床越来越多，老年疗养院越来越多，急需中、高等层次的护理人员。不少岗位像护理岗位一样，层次提升了，不仅需要中等层次人才，而且需要高等层次人才。社会岗位在分化的同时也在复合，出现了不少复合岗位，比如相关技术的复合，如机电一体化；还有技术与技能的复合，如加工中心的编程、操作、维修的岗位。专业技术知识与操作技能已经成为不可分割的整体，形成了独立的职业岗位。无论是高新技术的发展所产生的岗位还是第三产业兴起所增加的岗位，它们的技术含量和技能水平都比较高，中等职业技术教育培养的人才已经不相适应，急需发展高等职业技术教育。

二、独特智力倾向是制定高等职业教育培养目标的智力依据

在我国现有状况下，进入职业学校的学生绝大多数是经过重点高中、普通高中等层层选拔后的落榜者，以常人的观点看是普通教育中处于相对劣势的群体。笔者并不赞同职业教育学生是基础教育的失败者的观点，笔者认为职业技术教育的学生只是在智力类型方面与进入重点高中学生之间存在着差异，是一样具有独特智力倾向的群体。

美国哈佛大学教育心理学家霍华德·加德纳在20世纪80年代提出了多元智力的理论。他认为：人的智力至少由七种基本智力组成，即言语/语言智力、逻辑/数理智力、视觉/空间智力、音乐/节奏智力、身体/运动智力、人际交往智力和自我反省智力。言语/语言智力指的是人对语言的掌握和灵活运用的能力；逻辑/数理智力指的是对逻辑结构关系的理解、推理、思维表达的能力；视觉/空间智力指的是人对色彩、形状、空间位置等要素的准确感受和表达的能力；音乐/节奏智力指的是个人感受、辨别、记忆、表达音乐的能力；身体/运动智力指的是人的身体的协调、平衡能力和动作的力量、

速度、灵活性等；人际交往智力指的是对他人的表情、说话、手势动作的敏感程度以及对此做出有效反应的能力；自我反省智力指的是个体认识、洞察和反省自身的能力。

1999年加德纳又分别再增加了"自然观察者能力"和"存在能力"。加德纳批判传统的智力衡量标准，他认为：智力并非以语言、数理等能力为核心，它们也不应成为衡量智力水平高低的唯一标准。每个学生的智力都是九种能力的组合体，能力间不同的组合构成了个体间智力的差异，有的语言智力占主导，有的身体／运动智力占优势，并倾向于用不同的方式来学习。目前的学校教育并没有公正看待这些差异的自然性和平等性，只关注以纸笔测验能测得的那部分能力，即语言能力和逻辑／数理能力，并以此判断学生智力的优劣：成功者往往是语言能力、逻辑能力占优势的学生，其他学生则落入失败者之列。

根据加德纳的多元智力论和现实职业学校生源选拔状况，我们不难发现职业学校的学生虽然在语言能力、数理能力方面可能弱些，但并不表明其在其他能力方面也差。对我国在初中时学习困难的学生的各项能力调查结果也显示，基础教育中学生学习优劣间的差距主要表现在语言能力、逻辑／数理能力方面，而在观察能力、运动能力方面的差距并不显著。问题在于现有教学未能足够重视除语言、数理能力之外的其他智力潜能的开发，并在评价中加以反映。实际上，语言能力、逻辑／数理能力不是社会发展所需人才素质的全部，西方学者曾就学校知识性、学术性测验与未来职业岗位之间的关系最过研究，发现大多数的调查显示出两者之间存在某种正相关，但平均只有0.155，其中最高的为护士与政府机关的服务岗位（0.23），其次是商业，最后是教师与工程师。研究普遍表明，现有学校中知识型评价的成功与未来职业岗位的成功之间的相关程度极低。

三、职业带理论是制定高等职业教育培养目标的层次依据

高等职业教育的核心内涵在人才结构区域中应该具有唯一对应性，即其培养目标必然隶属于某一种系列的人才范畴，并且在这一系列中某一特定层次来界定高职培养目标。提起社会人才的分类结构，我们总会想到金字塔形、门字形、阶梯形等多种结构模式。但目前国际上比较认同的人才结构及分类

理论，是西方国家常用的职业带（occupational spectrum）理论。这一理论以工业职业领域为例，将各类工业技术人才的知识和技能结构用一个连续的职业带来表述。

在手工业生产阶段，整个职业带上的人才类型是单一的；而在大工业出现初期，职业带上出现了技术工人和工程师两类人才，且二者在职业带上有部分交叉。20世纪上半期，工程师为适应科技发展需要而必须提高理论知识，于是便在职业带上大幅度与技术工人（仅有稍许右移）的交叉消失并拉开距离，由此出现的空隙需要由一种新型人才来填补，技术员这种中间人才（middle man）应运而生。到20世纪下半期，由于高新科技的突飞猛进和生产技术体系的不断发展，工程师区域继续右移，技术员区域进一步扩大出现了层次上的分化，从而诞生了高级技术员（或称工艺师、技术师、技术工程师等，对此各国称谓有所不同，但本质上是一致的）这种新型的高层次职业技术人才，因它原属于T系列人才范畴，但又与E系列有部分交叉，故有人将其称为TE系列人才。

技术员类人才的多层化给教育带来了培养目标上的分化。作为TE系列人才的高级技术员必须具备较高理论水平，故其所接受的教育内容已跨入高等教育领域。于是自20世纪60年代以来，各国高等教育相继在培养目标上外化出专门培养这类人才的学制，例如美国招收2年制专科毕业生（技术员）培养技术师的学制（1967年），还有法国培养高级技术员的短期技术学院（1966年），英国培养技术工程师的多科技术学院（1969年），德国培养应用型工程师的专科大学（1970年）和职业学院（1974年）等也都是这样的学制。这种新型学制就是我们所说的高等职业教育（实质上是高等技术教育）。高等职业教育的出现顺应了职业教育高移化这一世界趋势，而随着当今高科技产业的迅猛发展，职业教育高移化的结果必将使高等职业教育在数量上、层次上进一步扩展。如我国台湾地区已有了培养工业类技术教育的硕士（1979）乃至博士（1986）的学制，至于这种高层次研究生阶段的高等职业教育究竟是与普通高等教育殊途同归，还是仍自成系列尚有待继续探讨。

当然，从严格的意义上来讲，用一个仅以工业技术人才为例的、经过简化了的、平面的职业带来表述复杂的、多维的社会人才结构是不够精确的，但它毕竟是至今为止可以在较大范围内得到承认且相对完整的理论模式，特别是它能够反映人才结构与教育结构的相互关系，这非常有助于我们进一步揭示高等职业教育的核心内涵，对于其他类别的人才结构虽然不一定都能非常精确地与工业类一一对应，但总体上来看还是颇为类似的。例如在医疗卫生系统，除了受过类似工程教育（医学高等教育）的医师（相当于E系列人才）和受过狭义职业教育（一般护理技术培训）的普通护理人员（相当于C系列人才）外，还需要大量受过技术教育（医药卫生类中专教育）的护士（相当于T系列人才）作为中间人才。而这一系列中的高层次人才——护师（高级护士）就只有通过高等技术教育来培养，实际上国内一些医科大学近年已出现了许多护理专业的专科和本科学制，其高等职业教育的性质是不言而喻的。

四、综合能力是制定高等职业教育人才培养目标的素质依据

为了满足21世纪对宽专多能的复合型人才的要求，世纪之交，各国在坚持职业针对性特点的基础上，注意在职教课程中加强旨在提高劳动者通用性职业能力的教学内容。这种能力可以分为两大类：一类是指一般素质的关键能力；另一类是指某一行业范围内体现通用性的职业能力，即行业能力。所谓行业能力，一般是指行业劳动能力，亦即劳动能力。对什么是劳动能力，马克思有个著名定义："我们把劳动力或劳动能力，理解为人的身体即活的人体中存在的，每当生产某种使用价值时就运用的体力和智力的总和。"这就是说，人的体力和智力是构成劳动能力的基本要素。因此行业劳动能力的发展，就是体力和智力的发展。

1. 各国教育的关键能力

"关键能力"的概念最早出现在20世纪70年代初。德国劳动力市场与职业研究所在1972年给欧盟的报告《职业适应性研究概览》中第一次使用了"关键能力"的概念。"关键能力"的概念发展到今天，已被世界上几乎所有的国家所接受，但在不同的国家，其称谓和含义也存有差异。它在德国被称为"软能力"或"关键能力"，在美国被称为"基本技能"，在英国被称为"核心技能"，在澳大利亚被称为"关键能力"，在新西兰被称为"必要技能"，我国多采用"关键能力"这一称谓。

第二章　高等职业教育人才培养的目标

2. 企业界所需的职业能力

以台湾为例。台湾相关经济部门在《资讯人才供需推估研究计划》调查中指出，企业界认为学校应加强培养资讯相关科系毕业生的能力，依序为：①确认及解决问题能力（67%）；②团队工作能力（58%）；③学习新知能力（52%）；④忠诚合作（34%）；⑤发掘及使用资讯能力（33%）；⑥策划能力（33%）；⑦创意能力（26%）；⑧适应多元文化能力（25%）；⑨理解及辨证能力（23%）；⑩评估工作效果能力（22%）；⑪懂得培训同辈（10%）、决策能力（8%）；⑫其他（4%）。

台湾《天下杂志》第203期（1999年4月1日出版）对不同产业进行雇用人力需求的调查中指出，企业雇用员工的首要考虑是：①工作态度、敬业精神佳；②能团队合作；③学习能力强，可塑性高；④工作稳定性高，能配合公司规划发展；⑤专业能力强；⑥具有解决问题的能力。

由此可略知，企业取才的关键已经由"能力"转为"态度"。

台湾谷家恒等人在《由全面品质管理理念探讨技职教育与产业界配合之研究》中指出，在研究所列十二项能力表现中，业界方面有七项（专业能力、发展潜力、学习能力、敬业精神、分析能力、创新能力、就业稳定）给予技职学校毕业生较高的评价；另外五项（沟通能力、领导能力、外文能力、表达能力、人群关系）则给予普通学校毕业生较高的评价。而技术学院、专科学校毕业生之敬业精神、就业稳定、外文能力均低于产业之期望均数，高职毕业生则只有人群关系高于期望值。业界普遍对于技职体系毕业生有肯定的评价，但在沟通能力、领导能力、外文能力、表达能力及人群关系方面有较劣势的评估；在研究中参与座谈会的专家学者也纷纷表示，技职学生较欠缺人文、艺术、管理等方面的素养，并建议各级技职学校应全面加强通识教育，强化其课程、师资及图书，让学生除学习专业知识外，有更多机会学习人文、人际关系等方面的课程。

此外，无论是制定教育目的还是制定各级各类教育的培养目标，人们都自觉不自觉地遵循一定思想或理论的指导。我国是一个社会主义国家，马克思主义是我国社会主义革命和建设的指导思想，马克思主义关于人的全面发展学说是我国制定高等职业教育人才培养目标的理论依据。

第四节 高等职业教育人才培养目标的理性思考

教育作为培养人的社会活动是一种在理性引导下有目的的追求，事关人才培养的核心问题。通过教育培养什么样的人，怎样为社会培养人，是古今中外一切教育活动展开的前提。教育目的是人才培养的一个基本问题，在教育工作中占有主要地位。确定教育目的又是一个十分复杂的问题。在教育目的方面，世界上存在众多分歧。德国教育哲学家雅斯贝尔斯在《什么是教育》中曾经告诫我们："今天我们关心科技人才的培养，但对此我们必须小心从事，因为我们为科技人才的匮乏而震惊，而其所造成的后果却变得模糊。培养出来的科技人员只是服务于某些目的的专业工人，他们并没有受到真正的教育。""对整个教育问题的反思，必然追溯到教育的目标上去……仅凭金钱我们还是无法达到教育革新的目的，人的回归才是教育改革的真正条件。"今天，迫于国际经济竞争的需要和高技术人才的迫切需求，技术和职业教育正在全球范围受到广泛重视，但正如雅斯贝尔斯所言，我们在着手改革职业教育时，也必须要追溯到教育的目标上去，特别是"人的回归"问题，即个体发展的终极目标问题，因为这才是"教育改革的真正条件"。

关于教育目的的研究，有学者曾有过精辟的论述，他说："如果教育者和受教育者对教育目的的追求仅停留在经验层次的具体目的上，而不了解哲学层次教育目的的纷争，就难免会跃入陷阱。"而一旦发现是陷阱，对学生来说则青春已逝，对教师来说则已误人子弟。对具有较强适应性、针对性、实用性的高等职业教育来说，到底需不需要对其目的做出应然的思考呢？如果单从高等职业教育服务于现实社会（特别是促进当前社会经济发展方面）的角度来看，其实然目的之影响远远超过人们对其应然目的之关注，以致出现高等职业教育只能培养人力或劳动力，而忽视了"人之为人"的本真追问，这种目的下所培养的"只是服务于某些目的的专业工人"，"他们并没有受到真正的教育"。然而，高等职业教育作为教育系统中的重要部分，它仍然是一种价值追求的过程，从这个角度讲，我们必然要对高等职业教育目的做出应然的思考。

一、综合素质：高等职业教育的理智选择

我们正处在知识经济时代，其经济发展、产业结构的变化必然对人才的素质提出新要求，培养综合素质人才是知识经济时代高等职业教育发展的理智抉择。知识经济时代是一个"人化"的时代，个人的需要更加多样化。一些在工业经济时代还可望而不可即的需要，将随着社会的科学技术进步而能够不折不扣地得以实现。从物质产品（汽车、彩电、电脑等）到精神产品（电视节目、教育服务等），都要求日益个性化。为了满足不同消费者的特殊消费需求，社会生产模式就必须从单一产品的规模生产转变为个性化产品的规模生产，整个生产系统由一个刚性的产品制造系统变成了一个柔性的经济体系。在这样的社会中，只掌握生产过程某一环节的专门技术，是难以承担日愈个性化的小批量生产所要求的创意化产品的生产使命的。另外，知识经济也使产业的升级换代周期大为缩短。昨日的朝阳产业，今日就可能成为夕阳产业。产业结构的迅速调整，使劳动者的劳动岗位变换加速。为了适应迅速变化的劳动力市场的需要，劳动者必须具有广博的知识和多样化的劳动技能。

教育作为一种有目的的培养人的活动，本来应该是一种人的教育，但"我国现实的教育却更多地表现出人力教育的倾向，主要是一种功利性的实用教育"。即教育目标过分功利化，它"使教育的培养人的特殊性淹没"，使人们看不到教育的根本价值。

人的发展是社会现代化的主旋律，人的现代化在社会发展中具有战略价值。因为现代化的根本动力来自人的努力和伟大的创造，现代化的根本目的正是人类全面自由而持续的发展。的确，不关注人的本质的扩展的教育，或者忽视人性存在的教育，其所培养出的只是"并没有受到真正教育"的"服务于某些目的的专业工人"。人生来便是可能而且应该受教育的，康德认为，"人只有经过教育，才能成为人"。雅斯贝尔斯认为："教育是人的灵魂的教育，而非理智知识和认识的堆积。""教育需要有信仰，没有信仰就不成其为教育，而只是教育的技术而已。"

我国职业教育的奠基人黄炎培根据其对职业教育的价值取向，曾经对职业教育提出了一个比较完备的概念，即"职业教育的定义，是为用教育方法，使人人依其个性，获得生活的供给和乐趣，同时尽其对群之义务。其目的：一为谋个性之发展；二为个人谋生之准备；三为个人服务社会之准备；四为

国家及世界增进生产力之准备"。从其对职业教育概念的界定及职教目的之表达来看,职业教育的目的首先是人的个性发展,其次才是能力发展。正如他所说的,"仅仅教学生职业,而于精神的陶冶全不注意",是把一种很好的教育变成"器械的教育",只能是改良艺徒培训,不能称之为职业教育。可是,反观我国20世纪初期,甚至整个20世纪的职业教育,我们不难发现,由于实用主义教育目的观的深刻影响,教育的功利价值取向变得日益明显,教育与个人生计的关系,教育与经济增长和社会改造的关系,始终是教育实践者们重点关注的问题,甚至在大力提倡素质教育、主体性教育和创造性(创新)教育的今天,这些仍旧是教育的实然目的之要义。普通教育如此,职业教育由于大众的误解在这一点上更显突出。"20世纪以来,教育的功利色彩日趋浓重,并逐渐发展到过分的程度。"这种教育,必然导致受教育者人格的残缺。

强调教育在促进人的发展上的价值,要求教育为人的发展服务是当今世界教育改革和发展的重要趋势。国际21世纪教育委员会在1999年发表的《教育——财富蕴藏其中》中曾有过权威论述:"教育不仅仅是为了给经济提供人才,它不是把人作为经济工具,而是作为发展的目的加以对待。"现代文明对教育提出的第一个要求就是:提高人性,开发人的综合素质。培养人的综合素质,即面对现代经济生活对高素质技术人才的需求,高等职业教育必须倡导发展学生素质,但这种素质绝不是某种职业技能或就业能力的拓展与架构。这种素质就其内涵与外延来讲,应该体现三个基本特征:

第一,体现在目标追求上,它强调的是综合能力的培养,实质却是知识、技能和态度三位一体素质结构。这一素质结构主要由四个要素构成:一是完成职业任务所必需的基本技能或动手能力,如知识运用能力、技术应用能力;二是完成职业任务应具备的基本职业素质,即20世纪80年代德国企业界倡导的关键能力,如合作能力、公关能力、解决矛盾的能力、心理承受能力等;三是职业岗位变动的应变能力和就业弹性;四是在技术应用领域中的创新精神和开拓能力,如工艺流程的革新、加工方法的创造、管理方式的变革等。

第二,体现在人才规格上,它强调的是职业素质培养,张扬的却是人的全面发展,即人的体力、智力、道德精神和审美情趣得到充分自由的发展和运用,也就是马克思和恩格斯在《德意志意识形态》中所强调的"个人的独创的和自由的发展",联合国教科文组织则将其解释为"认知""做事""共同生活"和"生存"四个要素。这一人才规格在教育实践中,可以分解为品德素质、知识素质、能力素质、审美素质和生理心理素质五个方面。在这五种素质中,能力素质虽是核心,但并不能替代或包容其他四种素质,更不能把能力素质理解为"能力"的全部。

第三,体现在培养方法上,强调通识教育与专业教育结合。怀特海在其著名的《教育的目的》一文中早已指出:"我们旨在造就的应该是既有教养又有某些专门知识的人。他们的专业知识为他们提供了由此而始的基础,他们的教养将使他们达到哲学那样深邃和艺术一样高尚。""没有纯粹的技术教育,也没有纯粹的人文教育,二者缺一不可。教育不仅使学生获得知识,而且也使他们学以致用。"爱因斯坦也曾经说过:"用专业知识教育人是不够的,通过专业教育,他可以成为一个有用的机器,但是不能成为一个全面发展的人。要使学生对价值有所理解并产生热烈的热情,那是最基本的。他必须获得对美和道德上的善的鲜明辨别力。否则他——连同他的专业知识——就更像一只受过很好训练的狗,而不像一个和谐发展的人。"诺曼·克森则在一篇题为《如何使人变得更小》的社论中这样说:"只知道疾病的医生与既通晓病理生物体又了解人类的医生相比要略为逊色。只知道按法律条文在法庭上争辩的律师不能与联系立法现状与历史的经验并运用广泛的知识面进行辩论的律师相提并论。用艺术才能与人相处并能借以提高总体管理竞争能力的商业经理是对他所在公司的最重要的价值。对技术人员来说,一致的工程与推动各部分的工程同样重要。"由以上论述我们得出结论,高等职业教育也必须改变传统的专才培养模式,改变通识教育与专业教育"两张皮"现象。通过加强通识教育,强化基础、拓宽专业,使通识教育与专业教育有机结合,才能把学生培养成为厚基础、宽口径、一专多能,并能适应社会变化的复合型人才。

综上所述,对人才的综合素质的审视与把握,不仅是高等职业教育在文化转型与变革中的一种觉醒,而且是顺应市场经济需求的一种自然回归。在目标追求和价值取向上的觉醒与回归,才是高等职业教育赖以生存发展的魅力所在。

二、人性提升:高等职业教育的终极追求

未来的世界主题体现以人为本的理念,国家利益高于一切的观念被造福社会的理性思维所替代。这是不以人们意志为转移的人类文明趋势。在这种

理念驱动下，21世纪高等职业教育人才培养的终极目的在于人性的提升。20世纪末期，在我国教育理论研究和教育改革实验中，教育的人性化、教育的人文意义及价值等成为人们关注的重点。正因为此，有学者提出："我国教育界正在发生一场'革命'，而'革命'的旗帜就是'人文'。"其实，通过对人文教育历史的考察便会发现，以前的人文教育家正是在批判教育史上"非人"历史的现象中形成了一个共同的主题，即强调教育应该以"人"为中心，是为了"人"的教育。从亚里士多德强调闲暇教育、珍视文雅教育，到文艺复兴时期维多里诺把学校看作"快乐之家"等，他们都看到了实利教育压抑儿童的非人性的一面，实利教育没有服务于人，只服务于实利，把人当作劳动的工具。进入现代社会以后，具有人文精神倾向的思想家们更是以批判现代教育的职业化、非人性为己任，赫钦斯是其中的杰出代表。他认为，现代教育制度以经济增长为目标，重点放在职业上，把人看作简单的生产工具，把学校看成人力加工厂，按物的生产原则来管理学校，这都是非人性的；从实际效果来看，也是低效甚至无效的。他指出：教育的目的在于培养人类的智慧，发挥人性，完善人，其目的是人，不是人力。

教育作为一种有目的地培养人的活动，原本就是一种"人"的教育。从古希腊教育家所追求的"自由人"，到19世纪马克思所预言的"全面发展的人"，再到20世纪60年代美国现代化问题专家阿列克斯·莫克尔斯所探索的"现代人"；从先秦儒学教育家所憧憬的"伦理人"，到20世纪40年代陈鹤琴所提倡的"现代中国人"，再到邓小平提出的以"三个面向"为旨归的"四有新人"，"人"始终是教育情有独钟的关注对象。而人性是人所区别于动物的属性，它表现为人的自然属性、社会属性和精神属性。马克思早在《1844年经济学哲学手稿》中就说过："人的全面发展的实质是表现在全面占有自己的本质。"马克思主义人性观的教育意义在于：教育必须以人的本质属性为依据，全面拓展人性，从而达到自然、社会、精神诸属性的浑然一体。

早在两个世纪前，西方现代高等教育认识哲学的奠基者们就把大学界定为所有社会机构中唯一充满理性思考和批判精神的场所，它担负着提升人的精神境界、丰富人的思想的社会功能。在现代化的进程中，随着科技进步、经济繁荣，教育始终以其执着和顽强的生命力扮演着极为重要的角色，并朝着现代化的目标不断推进。诚然，科技的发展和理性的高扬极大地推动了社会的进步和经济的发展，为人的本质的全面发展创造了前所未有的条件，然而，随着科技化、理性化、现代化的进展，人类现实生活遭受了严重打击，陷入了困境和低谷之中。社会的发展，经济的腾飞，个人理性的高涨，本应该以人更好地生存为目的，但事与愿违，焦虑和无聊成了现代人两种无法摆脱的心境，心无寓所，意义失落使现代人陷入了一种前所未有的盲目与困惑中。科技化和理性化氛围中的教育固然培养了千千万万优秀的"人才"，但同时也伤害、扼杀了千千万万无辜的心灵，使"人"丧失了生活的信心，失去了生活的乐趣。教育是培养人的活动，可教育最终失落了"人"，这不能不说是教育的一种遗憾。高等职业教育是以培养高素质技术型、实用型人才为目的的，但究其根本仍然是培养人、发展人。马克思关于人的全面发展的学说是教育理论，特别是教育目的设定的重要理论基础。因此，只有以"现实的个人""有生命的个人"为前提和出发点来关注人，才具有现实意义，具有理论魅力。

1. 主体人格的觉醒

教育是培养、造就人才的事业，它赋予人以生存、发展和享受的能力。从这个意义上说，教育本质上又是一种人道主义事业。然而，在当前的教育实践过程中，由于科学、理性教育理论的支撑和教育工作者受"师道尊严"传统观念的束缚，现行的教育步入了扭曲人性、压抑个性的歧途。这种教育模式铸造的是一批批饱读诗书、循规蹈矩，却缺乏灵性与创意的物化的工具人，既谈不上自由全面的发展，也谈不上健康幸福的生活，更谈不上丰富的个性。当前教育理论界教育主体性的呼声日渐高涨，而教育主体性的含义无非是两层意义：一是尊重学生个性的主体性，让学生的主动性自由地发展；二是尊重教育的自主权，尊重教育的相对独立性，打破过去那种模式化教育，用多样化教育造就富有个性的一代新人。因此，我们所强调的这种教育的主体性是与新的人道主义教育和国际范围内的民主化思潮完全一致的，也是马克思关于人的全面发展理论的具体实践和运用。

2. 创造意识的激活

几千年来，中国人一直生存在一个自在自发的充满保守与惰性的世界之中，人们的基本生存方式以重复性思想和重复性实践为基本特征。这种生活方式决定了"教育的功能只能是再现当代社会和现有的社会关系，几乎没有创造性"。随着文化的发展和社会的进步，人们渴望一种能够展现自己生命本质的生活方式，渴望能成为自己真正的主人。作为教育对象的人是一个"既阶"和"未成"的结合体，"自然把尚未完成的人放到世界之中，它没有给人做出最后的限定，在一定程度上给他留下了未确定性"。教育的意义就在于一方面唤醒人的自由意识，使之意识到自己并不是现成的存在者，而是一种必须通过自身创造性的活动，不断向未来开辟可能性并塑造自我的存在物；另一方面也是更重要的，教育要引导人们去创造。因为人的自由本质只是提供了发展的可能，没有后天的创造，人的自由本质就无法得到体现和验证。教育的最根本意义就在于把人的自由本质引申出去从事创造，去打破已有的存在，迈向更高的未成，使人在永无止境的创造过程中，不断提升，不断创造出新的规定，不断丰富自己"人"的内涵。从某种意义上说，创新是自我实现的最高表现形式，因此，创造不只是普通高等教育所培养的社会精英分子的专利，亦是高职教育培养的高素质、高技能劳动大军的基本义务和追求。

3. 生命意义的领悟

人类的一切活动都是为了生命的生存与发展，教育活动作为人类的一种社会活动，同样要关注生命、理解生命和尊重生命。对人的精神价值的守护和对生活意义的追寻，应该是教育的意义和价值所在。然而，在实际的教育实践过程中，在科学和理性的旗帜下，在教育工作者灌输和训导的氛围中，造就了一批批理性的、顺从的、不谙世事、不懂生活、倍感压抑的理性"人才"，可能因此出现了北大研究生的自杀等让人费解和痛心的事件。诚然，理性的发展开掘了人的智慧，创造了无限丰富的人类物质财富，却满足不了人生幸福的全部需要。科学和理性的世界无法调制出人生的全部色彩，在后现代主义思潮的观照下，教育只有让学生回到感性的、生动的、丰富的生活世界，才能满足人在理智、情感、意志等多方面发展的基本需要，才能促进学生对社会、自然、人类自身的认识和了解。在人与自然社会和睦相处的文化背景中，领略生命的意义，感悟人生的幸福，从而构筑起心灵世界的精神家园和意义网络。这种教育的追求不但应是高等教育的目标，也是时代赋予我们的责无旁贷的义务和责任。

三、全面发展：高等职业教育的价值取向

人力资源的开发，远不止是为眼前的经济发展服务，而且是为人类社会的可持续发展服务，为人与生态环境及自然的和谐发展服务。人，应该是我们一切社会活动的终极关怀所在，人力资源开发的真正目的应该是人的全面发展。所谓"全面发展"，用马克思的话来说就是"个人关系和个人能力的普遍性和全面性"。丁学良在《马克思的"人的全面发展"概览》一文中指出：

人的全面发展的含义有两个层次，三个方面的规定：第一个层次（第一个规定）是唤醒自然历史进程赋予人的各种潜能，使之获得充分的发展；第二个层次是人的对象性关系的全面生成（第二个规定）和个人社会关系的高度丰富（第三个规定）。也就是说，全面发展是个人能力和社会关系的全面发展。不难看出，在教育实践中，我们更多地关注了个人能力的培养和发展，而人的社会关系的发展却一直是教育者视而不见、不敢触及的一个空间，从而使得社会关系成为束缚人的主动性、主体性的一种外在盲目的力量。事实上，人的社会关系的丰富和发展，会让人摆脱狭隘性，以更开放的胸襟充分显示自己的聪明才智，扩展自己的社会交往，在与社会和他人的关系中，确证自己，实现自己。也只有让每个个体在社会中通过主体间的平等交往和对社会关系的高度驾驭，才能获得满足自己物质和精神需求的条件，获得个性全面的发展。毫无疑问，高等职业教育的培养目标主体是"技术型应用人才"，但这一目标结构中凸显的应该是"人的全面发展"这一主题。为职业做准备是以实用专业教育为特色的高等职业教育的社会使命和历史责任。然而，过度的专业化对受教育者个人和社会发展产生巨大危害。李曼丽指出："过分专业化的高等教育使学生的知识、能力以至各个方面局限于某一狭窄的专业领域，学生成了'新'的片面发展的人。这种片面发展不同于历史上由于体力、脑力劳动分工造成的人的片面发展，而是指以专业化教育为中介的脑力劳动分工产生的片面发展。这是近代社会产生的一种'新'的片面发展。这种片面发展指学生的知识、能力、情趣单一，从而使得人成为一种'专业化的人'，因此将不易对人和社会、人和自然、人和人之间的关系做出整体的、科学的、合乎伦理道德规范的认识、判断与选择，对学生个人作为一个社会的'人'和国家的'公民'积极有效地参与社会事务都极为不利。"因而，强调"人的全面发展"是现代文明对教育的呼唤与要求，也是高等职业教育的必然选择。这种发展是人的身心诸方面及其整体性结构与特征随着年龄的推移而不断变化的过程，发展不仅局限于某一特定的阶段，也贯穿人的一生。学校教育作为"人的发展"的"特定阶段"，必须从人文关怀的高度，创造学生不懈追求人生的发展空间，从而铸造以人的全面发展为核心的"育人工程"。为此，我们应该在三个方面达成共识。

1. **确立以人为本的教育理念**

这一理念的基本要素应体现在两个方面：一是在教育实践中贯穿合作教

育的基本思想，创设和谐、平等、自由的教育情境。合作教育理论是苏联的教育家在20世纪80年代的教育改革中提出的，它表现在师生人际关系上对权力和服从的摒弃，在教育目标上对学生个性健康发展的张扬。学生作为现实社会的个体存在，是有见解、有情感、有渴望，也有能动精神的人。因此，我们要一改"师道尊严"的传统观念，超越"传道、授业、解惑"的教育职能的局限，充分尊重学生的个性差异和人格特征，尊重学生学习过程中所有疑虑和异想天开的探寻。让学生在主动参与中成长，在独立探索中起飞，在自然发展中成熟。在具体的教育活动中，要研究学生心理，尊重学生人格，挖掘学生潜能，鼓励学生的多样化发展。只有这样，才能让学生获得全面、自由而充分的发展空间，从而在变化万千的社会生活中获得广阔的生存空间。二是从单纯的"职业能力"培养转变为"综合素质"培养，把综合素质教育作为高职教育的目标追求，用综合素质教育观取代传统的职业教育观，把发展"人"作为教育的出发点，把学生职业技能的训练和学生的个性发展与人格完善有机统一，全面提高学生的综合素质。

2. 建立能力核心的培养模式

如前所述，高等职业教育的目标定位决定了学校教育必须重视培养能力，但能力培养的目的"应该表现在善于塑造健全完善的人"。正是基于这一基本认识，我们不仅要摒弃一直徘徊在我们心灵深处的两个"幽灵"，即"经世致用"的教育功利观和"教师中心"的教育主体观，而且应在重新审视的基础上，全面把握能力的内涵，并赋予它丰富的文化底蕴和人文意味。第一，这种能力培养必须建立在人性提升的基础上，即个性的全面和谐发展。第二，能力培养的归宿是素质的合成，这种素质合成既是学生对自身素质提高的认同与渴求，也是学生诸种素质在教育活动中的自然融合。所以，能力培养不仅纳入了整个素质教育的目标视野，也是素质教育在教育过程中的具体体现。第三，能力培养的着眼点不仅仅是某种职业技能的训练与提高，更重要的是社会关系与社会能力的培养与发展，让学生真正成为有见解、有情感、有追求、有生命律动的建设人才。第四，能力培养的核心是创业能力，这种能力对个人发展和社会发展都至关重要。只有涵盖上述几项内容的能力，才是真正意义上的能力。对能力定位的确认固然重要，但更重要的是这种模式怎样建立。高等职业教育几十年的探索与发展，启示我们这种模式的建立不仅仅是教育理念问题，还与能力结构的确立、教材体系的创新、评价标准的建立等一系列问题息息相关，这就需要我们在教育实践中不断探索、发展和完善。

3. 创设全面发展的人文环境

由于深刻的社会变革带来的社会价值体系多元化态势，社会生活中价值观念全面影响着人们的思想和行为。学生的全面发展离不开学校的教育环境、管理环境和人文环境，而人文环境在学生人格健全、个性发展中有不容忽视的地位。学校人文环境又与学校目标导向、价值取向、教师素质、办学氛围以及课程体系和校园环境息息相关，我们必须从学生全面成才、全面发展的高度去关注和重视高职院校的人文环境，倡导人与人、人与社会的和谐，把人与人相互包容、尊重、合作、团结、互助的群体精神，自尊、自立、自重、自强的独立精神，公平、公正、守约、诚信的道德精神，注入校园的每一个角落，让学生在洋溢着科学精神和人文精神的气息中，在能力提升和人性开掘的和谐统一中达到全面发展的目的。

通过上述分析，我们对高等职业教育的培养目标有了一个总体的概念，但具体来说，如何表达呢？一般认为，培养目标就是指学生经过一定的教育与培训的过程，最终达到的状态或标准。那么就高等职业教育来讲，广义的高等职业教育的培养目标就是培养在专业技术、经营管理、经营业务、智能操作等领域为社会主义现代化建设服务的职业型实用高级专门人才。狭义的高等职业学校教育，应培养既具有大专以上理论水平，又熟练掌握某一复杂职业（或某岗位群）综合素质的德、智、体、美全面发展的职业型（包括应用型、技能型、工艺型）新型人才。上述有中国特色的高等职业教育培养目标较好地体现了高等职业教育特色、职业教育的高等特色以及高等职业教育的中国特色，是高等职业教育特色、职业教育的高等特色和高等职业教育的中国特色的统一。

高等职业教育人才培养目标制约着高等职业教育活动的方向、内容、手段和方法，是高等职业教育的出发点和归宿。因此，研究高等职业教育人才培养目标模式是认识高等职业教育人才培养模式的重要条件。

通过对美国、英国、法国、日本、德国等发达国家高等职业教育人才培养目标的比较，我们得出启示：第一，从世界范围看，高职培养目标的人才类型都是技术型人才，即将设计、规划等转化为现实产品或其他物质形态的人才，是为生产一线或工作现场服务的人才。第二，从世界范围看，高职培养目标的教育层次，可以有大学专科、大学本科和研究生三个层次。但是当前大多数国家的高职教育层次仍然是大学专科层次,就是在具有大学本科和研究生层次的国家和地区中,高职培养目标大部分也仍然是大学专科层次。第三,世界各国和地区在论及高职培养目标时,大都从人才特征、知能构成、工作范围以及职务教育层次来阐述。前三项内容基本一致,在职务教育层次上有所差异。其差异主要表现在技术员职务上。

我国高等职业教育人才培养目标与上述世界各国并无本质差别。自清朝末年的《高等农工商实业学堂章程》首次对高等职业教育人才培养目标做出规定以来,纵观我国大陆各个历史时期和台湾地区对高等职业教育培养目标的阐述,虽然人才培养目标内涵不断丰富、日益明确,但是从总体上看基本是一致的。一是人才类型是应用型、实用型和职业型;二是人才层次是高级专门人才(如比技术员高一层次的高级技术员);三是工作场合是基层部门、生产一线和工作现场;四是工作内涵是将成熟的技术和管理规范转变为现实的生产服务。

通过国内外高等职业教育人才培养目标的分析与比较,结合教育的目的和"素质本位"理念,在尊重高等职业教育目的的"实然"境遇的同时,我们对高等职业教育的目标做出"应然"的思考。教育的目的在于培养人类的智慧,发挥人性,完善人,其目的是人,不是人力。那么,针对高等职业教育的中的"目中无人",根据人的终身学习和社会的可持续发展理论,笔者认为,高等职业教育目的之要义在于提升受教育者的人性,在实现这一目的的过程中,应着重强调学生的交往与合作,职业道德与共同生存,自我意识与价值定向以及创造性和主体性等品质的培育,使之成为有独立个性和创造精神的人。同时,为一代代的青年人提供赖以生存和个性发展的综合素质,为其未来的职业生涯提供可靠的保证。

什么是高等职业教育人才培养目标?本节界定为:培养素质本位的在专业技术、经营业务、智能操作等领域为社会主义现代化建设的职业型实用高级专门人才。高等职业教育人才培养目标是达成其目的的主要途径。总的来说,高等职业教育人才培养目标是,要从培养技术应用型人才提升为培养有人文气息、有艺术气质、有通识眼光、有技术应用知识的人,不仅让学生习得一技之长,而且要让学生获得更宽广的视野、更丰富的技术内涵,以及更能适应社会变迁的竞争力,同时还要让学生具备关心他人和协同发展的精神,也即是说,培养博雅的素质型高级应用专门人才。

第三章 高等职业教育人才培养的政策

第一节 高等职业教育人才培养政策内涵

概念是基础，概念的界定是任何研究的第一步，高等职业教育人才培养政策涉及广泛，对其准确地进行概念界定，有利于高等职业教育研究。下面就从教育政策的含义、人才培养政策、高等职业教育人才培养政策几方面来阐述与界定该领域的研究范畴。

一、教育政策的含义

由于高等职业教育人才培养政策属于教育政策的范畴，我们首先需要界定教育政策的概念。而教育政策研究是公共政策研究的分支学科，为了能够充分汲取公共政策研究的经验，促进教育政策研究的发展，对教育政策概念的理解必须立足于对政策概念理解的基础之上。

传统西方对政策的理解主要有以下三种观点：一是认为政策是一种行为准则，如伍德罗·威尔逊指出："公共政策是由政治家即具有立法权者制定的而由行政人员执行的法律与法规。"这种观点受到我国许多学者的认同，如国内著名政策学者张金马教授认为："公共政策是党和政府用以规范、引导有关机构团体和个人行动的准则或指南。其表达形式有法律法规、行政命令、政府首脑的书面或口头声明和指示以及行动计划与策略等。"二是认为政策是一种行动或行为，如美国著名政治学家戴维·伊斯顿认为："公共政策是对全社会的价值所作的权威性分配。"三是认为政策是一种活动过程，如美国政策学者卡尔·弗里德里奇主认为："政策是在某一特定的环境下，个人、团体或政府有计划的活动过程，提出政策的用意就是利用时机、克服障碍，以实现某个既定的目标，或达到某一既定的目的。"

以上三种观念都有各自的依据与不足之处，"第一种观点从静态的角度分析，但忽视了政策是一个动态的利益分配过程，第二种观点从利益的角度分析，但忽略了政策首先是一种行为准则，第三种观点从动态的过程角度分析，但忽略了政策既是动态的过程又是一种行为准则的观点"。政策内涵的理解应该包括以上三个方面，因此政策是一种有目的、有组织的动态发展过程，是政党、政府等社会公共权威组织直接或间接对社会利益进行权威性分配，用以规范、引导有关机构团体和个人的行动依据或行动准则。

在对于"政策"概念理解的基础上，关于"教育政策"这一概念的理解，国内学者有如下几种观点。孙绵涛教授持有这样一个观点："教育政策是国家机关与社会组织为了实现教育目标、完成教育任务而协调教育内外关系所制定的一种战略性的准则与规定。"张新平教授则认为："教育政策是一项与国家发展有关的举措，教育政策指导着其他教育活动，同时教育政策是一种表达形式，它体现了教育的各个有关方面，如利益和权利。"褚宏启教授认为："教育政策就是指由执政党和政府制定与颁布的用以指导、规范教育事业发展的一切价值准则与行为规范的总称。"吴志宏教授认为："国家较高决策层为实现教育目标并依照一定程序而制定的教育事务的行动纲领和准则。"张芳全教授认为："教育政策是在教育情境中，受教育主体或社会大众对教育体制运作不满或教育体制无法提供教育服务，因而让教育主体或社会大众感到困扰、不安，或者教育运作与教育目标和价值有相对性差距时，政府及其他社会团体所必须进行作为或不作为的活动，以解决问题，并达到教育目标的历程。"

对于以上关于教育政策概念的理解，有的学者的理解偏重于教育政策的本体形态及教育政策的相关特点，有的学者从静态的角度强调教育政策是政府对教育事业进行管理的行动准则，有的学者则是根据西方的某一政策学定义演绎出教育政策的定义。根据对政策的理解，为了更科学、合理地理解教育政策这一概念，应该从动态的和狭义的两个角度界定教育政策的含义，突出教育政策的过程性、动态性和准则性这三大主要特点，也应该涵盖教育政策主体，教育政策客体，教育政策目标、任务，教育政策形式等几个方面。因此，本书更赞同孙绵涛教授对于教育政策概念的理解。

二、人才培养政策

人才培养指对人才进行教育、培训的活动过程。被选拔的人才，只有经过系统专业的培养训练，才能成为各职业与岗位要求的专门性人才。人才培养政策是教育政策的下属概念，根据之前对政策与教育政策的概念界定，可以看出人才培养政策概念的核心要素是政策的制定主体、政策的制定目标及政策的根本属性。人才培养政策的制定主体与教育政策一致，是国家机关与社会组织；政策制定目标是建构人才培养模式、培养优秀合适人才，本质属性为协调教育内外关系所制定的一种战略性的准则与规定。因此，人才培养政策可以定义为国家机关与社会组织为了培养优秀合适的各行各业的人才，建构人才培养模式而协调教育内外关系所制定的一种战略性的准则与规定。

人才培养政策的内涵包括人才培养的理念与目标、人才培养的实施方法、人才培养模式构建、人才培养模式改革等具体方面的政策。首先，对人才培养的理念与目标来说，虽然每一个政策都不尽相同，但总体来说，人才培养政策目标具有以下共同的普适性特征：得到基础研究和应用研究的训练，具有扎实的基础理论知识和实验技能；掌握科学的思维方法，具有探索精神、创新能力和优秀的科学品质。

其次，对于人才培养方法的理解，也叫作人才培养形式，除了在各级各类学校中进行系统教育的进修外，还可采取业余教育，脱产或不脱产的培训班、研讨班等形式，充分利用成人教育、业余教育、电化教育等条件。近年来自学成才的人才培养方式也被鼓励和提倡。对于某一种人才培养方法的政策规定，也属于人才培养政策的范畴。

最后，对于人才培养模式的理解。20世纪80年代产生的人才培养模式，于90年代中期得到迅速发展，1994年，教育部发布的报告中提到"高等教育必须面向二十一世纪，其教学内容及课程体系必须大改革"，此后人才培养模式改革的各类项目开始频繁亮相。对于人才培养模式的含义，教育部在报告《关于深化教学改革，培养适应21世纪需要的高质量人才的意见》中明确指出，人才培养模式是指为学生构建相关知识、技能、素质的结构，推行这种结构的方式。学者从军、李贵霞则从广义与狭义两方面解释了人才培养模式的内涵：他们认为广义的人才培养模式是指在高等职业教育背景下，依据一定的教育理念、教育理论及教育方针，为实现各类人才培养目标，各级各类教育单位为完成自身承担的教育教学任务，而采取的一种组织形式与运行机制；狭义的人才培养模式则指为实现培养目标，在培养过程中使用的构造形式及运行机制。学者马国军则认为人才培养模式是在特定的高等教育思想引领下，把人才培养目标与制度、过程进行整合，最终实现特定人才培养目标的整个管理活动的组织构建形式，这与广义的人才培养模式定义相似。

可以看出，人才培养的理念与目标、人才培养模式方法、人才培养模式建构、人才培养模式改革是人才培养政策的重要内容，对人才培养方法与人才培养模式内涵的理解有利于对具体的人才培养政策内容的理解。

三、高等职业教育人才培养政策

要厘清高等职业教育人才培养政策的内涵，必须先厘清高等职业教育的内涵，而对高等职业教育的理解是建立在对职业教育的理解之上的。长期以来，对职业教育的界定，没有一个统一说法。"职业教育""职业技术教育""职业技术培养""技术职业培养"，在不同的国家、不同地区、不同领域，都用于表述与职业活动相关的教育。在西方，许多学者都对职业教育做出过界定。如杜威认为，职业教育就是为从事职业工作做准备的教育；斯内登认为，凡为生活做准备的教育都可称为职业教育；梅斯在《职业教育的原理和实践》中指出，职业教育是为学生将来从事某种特定职业做准备的教育。

国际组织对职业教育的提法在不同时期也有变化。20世纪70年代以来，联合国教科文组织一直采用"技术职业教育"的说法，国际劳工组织采用"职业教育与培养"的说法；80年代，世界银行率先把技术、职业、教育、培训四者进行结合，从而开始使用"技术和职业教育与培训"的说法。目前，《国际教育标准分类》中"技术和职业教育"被定义为："除学习普通知识外，还学习技术和有关科学以及获得经济和社会各部门的职业所需的使用技术、专门知识、态度和认识的各种教育形式。"

我国于1996年颁布《中华人民共和国职业教育法》，把各级各类职业学校教育和各种形式的职业培训都统称为"职业教育"。综上所述，可以从广义与狭义两个角度理解职业教育的内涵：从广义上说，它泛指一切增进人们的职业知识和技能，培养人们的职业态度，使人们能顺利从事某种职业的教育活动；从狭义上说，它就是指学校职业教育，即通过学校对学生进行的一种有目的、有计划、有组织的教育活动，使学生获得一定的职业知识、技能

第三章　高等职业教育人才培养的政策

和态度，以便为学生将来从事某种职业做准备。

高等职业教育是职业教育体系中最高层次的职业教育，《中国教育百科全书》中称"高等职业教育"为"培养高级实践应用型人才的教育，属高等教育范畴。职业技术教育的高等层次，招收中等职业技术学校毕业生、普通高中毕业生及具有相应文化水平和实践经验的中级技术工人，学制为2～3年；少数招初中毕业生，学制为5年。教育形式为学校教育和职业技术培训两种。教育机构主要有各种职业技术专科学校、高级技工学校、职业技术师范学院（有的学制为4年）、短期职业大学、职工大学、广播电视大学、普通高等院校举办的函授大学、夜大学等。此类教育着重于学生实际技能的培养，以为国民经济各部门输送高级应用型人才和高级技术工人为培养目的。职业技术师范学院还要加强教育理论和教学能力的培养，为各级职业技术教育提供合格的师资"。

《教育大辞典》的表述是："高等职业教育属于第三级教育层次的职业技术教育。包括就业前的职业技术教育和从业后的有关继续教育。如美国技术学院和社区学院的部分教学计划，日本高等专门学校、短期大学部分教学计划及专门学校的专门课程，法国的大学技术学院、高级技术员班，中国早期的高等实业学堂、专门学校、专科学校等，以及各国成人高等学校部分教学计划所提供的教育。中国20世纪80年代开始有新发展，主要培养文科、理科、工科、农林、药、政法、财经7个科类的专业辅助人才。例如文科中的文秘、图书馆管理员（不含图书馆学专业人员），理科中的实验员，工科中的高级技术员、技师（工师），医药科类中的医辅人员、护师，政法科类中的法院辅助工作人员，财经类中的高级会计员、统计员。"

我国著名高等教育专家潘愈元教授认为，高等职业教育是一种有别于理论性普通高等教育的类型，但并不是一个区别于本科的专科层次。高等职业技术学校既可以是专科层次的，也可以是本科以上层次的，形成一个独立于理论性本科院校之外的高等职业教育体系。因此，高等职业教育是培养人们从事某种领域的高级专业化职业教育。这种专业化职业教育以传授各类专业技术及相关理论知识为主要内容，力求培养生产现场的高级技术、高级管理和高级操作人员的教育模式。

在厘清高等职业教育的范畴后，高等职业教育人才培养政策可以界定为国家机关与社会组织，以培养面向生产、面向建设、面向服务、面向管理等第一线需要的高技能型人才，建构产学研结合的高等职业教育人才培养模式而协调教育内外关系所制定的一种战略性的准则与规定。可以看出，高等职业教育人才培养政策的具体内涵包括：①高等职业教育人才培养的理念及目标；②为实现高等职业教育人才培养目标的科学合理的方式；③产学研结合的高等职业教育人才培养模式的建构，如设置与培养目标相匹配的课程体系，制定完整的学生实训基地，实行校企合作、工学相结合的模式等；④高等职业教育改革或高等职业教育人才培养模式改革。

第二节 高等职业教育人才培养政策演变

高等职业教育作为我国教育改革发展过程中产生的高等教育的新类型，其与经济市场的发展有着密切的联系。高等职业教育作为高等教育的一种类型，其发展需要政策的匹配，而高等职业教育政策作为我国高等教育政策的一部分，影响着高等职业教育发展的方向、速度、规模与水平，是我国高等职业教育健康持续发展的重要基础和保障，也是高等职业教育发展的指导方针和行动纲领。高等职业教育的人才培养决定了相关政策要求应当有别于普通高校而又不应低于普通高校，同时体现高等职业教育的职业教育属性。高等职业教育发展至今，其体系初步形成，且改革取得了阶段性的成果，教育规模逐步扩大，明确了以劳动力市场需求为导向，以提高学生就业能力为目标，为国家建设培养高技能人才。

教育部文件指出，高职高专教育是我国高等教育的重要组成部分，担负着培养技术应用型专门人才的任务。高职与普通高等学校最主要的差异就在于高职培养的是职业技术型人才。教育主管部门在不同时期提出的高职人才政策是不同的，本书梳理了新中国成立前至今的我国高等职业教育人才培养政策。

一、新中国成立前及新中国成立初期的高等职业教育人才培养政策

1. 新中国成立前我国高等职业教育人才培养政策

我国高等职业教育最早可追溯到清朝末年，其与高等专科教育的历史交

织在一起。鸦片战争后，清朝统治集团内部发生了分化，出现了以李鸿章、左宗棠、张之洞等人为代表的洋务派。他们出于抵御"数千年来未有之强敌"，举办了一系列所谓的洋务事业，创办了我国最早的近代工业。为了培养掌握近代科学技术的技术人员和工人，开始兴办实业教育（一般都把实业教育作为职业教育的早期阶段），创设了一批实业学堂。1903年，清政府颁布了我国教育史上具有重要意义的《奏定学堂章程》，即癸卯学制，第一次将实业教育纳入学制，成为学校系统中的独立体系，并开始了初等实业学堂、中等实业学堂和高等实业学堂的职业技术教育层次类型划分的尝试。其中，高等实业学堂相当于高等职业教育，主要是培养高级技术人才，是我国高等专科学校的鼻祖；同时它实施的是实业教育，具有职业教育的性质，因此它又是我国高等职业教育的雏形。这些高等实业学堂明确地提出了以培养技能人才为培养目标。1929年中国国民政府颁布的《专科学校组织法》和1948年颁布的《专科学校法》规定专科学校"以教授应用科学，养成技术人才"为宗旨。

2. 新中国成立初期我国高等职业教育人才培养政策

1949年后，新中国对旧职业学校加以改造、整顿，并有所发展，但回避"职业教育"的名称，始称"技术教育"。新中国成立初期的高等职业教育专科的培养目标为"培养高等专门人才"。如1950年新中国成立后颁布的《专科学校暂行规程》提出，专科教育"为适应国家建设的急需，进行教学工作，培养通晓基本理论并能实际应用的专门人才，如工业技师、农业技师、药剂师、财政经济干部、文艺工作人员"。1952年高教部颁布《关于制定高等学校工科专修科各专业教学计划的规定（草案）》提出："专修科是适应国家建设对技术人才的迫切需要而采取的培养干部的一种速成办法，其任务为培养高级技术员。"1953年提倡全面学习苏联教育，由于苏联学制无专科学校，我国于1953年以后逐步取消了专科中的工科学校，只保留了少数师专和医专，而且归入普通高等教育系统管理。专业教育代替了职业教育和技术教育，职业教育一直停留在中等水平，高等职业技术教育在我国不被承认。50年代上半期，我国形成的职教系统实际是以两类中等职业技术学校为中心的系统：一类是培养中级专业干部的中等专业学校，另一类是培养初、中级人才的中等技术学校（后来的技工学校）。1966年开始的"十年动乱"，使我国的职业技术教育受到极大的摧残，特别是职业中学损失殆尽，高等职业教育就更无从谈起。

二、20世纪80—90年代我国高等职业教育人才培养政策

1.20世纪80年代我国高等职业教育人才培养政策

1978年4月,教育部在全国教育工作会议上正式提出改革中等教育结构,要扩大职业技术学校比例。1979年,中国共产党十一届三中全会以后,我国各地、各条战线掀起了社会主义现代化建设的热潮。尤其是我国东南沿海地区,改革开放的步伐加快,经济建设呈现高速发展的势态。而面对经济的发展和社会的进步,人才短缺成了突出的矛盾之一。由于"文革"对我国教育事业的破坏,人才断层现象亦十分严重。高等专科教育作为一种权宜之计又被旧话重提,为扩大高等教育规模又一次快速发展。这些高等专科学校在培养目标上强调培养应用型人才,在教学上强调理论教学以必需和够用为度,在实践环节上强调动手能力的培养和实践基地的建设。从中我们不难看出这些专科学校实施的是职业技术教育,以适应社会主义工业建设对大量专门人才的需求。但由于属于普通高等教育体系,其自身也沾上了学科本位的弊病,毕业生的实践能力远远不能适应新形势的需要。因此,1980年年初,经济发展迅速的无锡市及东南沿海的一些中心城市提出要培养地方经济急需的高等应用型人才,经原国家教委批准,建立了我国首批13所职业大学,由于这些学校的培养目标为"培养地方经济建设急需的高等应用型人才",因而取名为短期职业大学。80年代初,我国高等职业教育的人才培养目标为"培养地方经济建设急需的高等应用型人才"。

1982年,针对当时我国经济发展速度明显加快,人才缺乏的矛盾日趋突出的状况,第五届全国人大五次会议提出:"要试办一批花钱省,见效快,可收学费,学生尽可能走读,毕业生择优录用的专科学校和职业大学。"从1980年到1985年,经原国家教委批准,各地共兴办了120多所职业大学。它们的共同特点是自费、走读、不包分配。1985年,《中共中央关于教育体制改革的决定》明确提出:"要积极发展高等职业技术院校,逐步建立起一个从初级到高级、行业配套、结构合理又能与普通教育相互沟通的职业技术教育体系。"高等职业教育从此正式纳入了国家教育体系。

1986年,国家教委《关于改革和发展成人教育的决定》明确提出:"职工大学、职工业余大学、管理干部学院应当利用自己同企业、行业关系紧密

的有利条件，结合需要，举办高等职业教育。"1987年，国务院批转《国家教育委员会关于改革和发展成人教育的决定》文件指出："职工大学、职工业余大学、管理干部学院应当利用自己同企业、行业关系紧密的有利条件，结合需要，举办高等职业技术教育，为企业、事业单位培养生产、经营管理方面的专业技术人才。"由此可见，80年代中后期我国高等职业教育的人才培养目标为"培养生产、经营管理方面的专业技术人才"。

2.20世纪90年代我国高等职业教育人才培养政策

1990年10月，全国普通高等专科教育工作座谈会形成职业大学分流办学的意见。会后1991年1月6日发布的《关于加强普通高等专科教育工作的意见》指出："现有大多数短期职业大学在服务对象、专业设置、培养目标、培养模式、毕业生去向等方面与普通高等专科学校区别甚微，实际上是由地方举办的综合性高等专科学校。办学部门应根据本地区经济建设和社会发展的实际需要，认真研究这些学校的办学方向。一部分应办成以培养高级技艺型人才为目标的高等职业教育；一部分应根据需要，经过上级主管部门审定并报国家教委批准，可以明确为普通高等专科学校。"1991年，全国职业技术教育工作会议召开，并发布了《国务院关于大力发展职业技术教育的决定》，会议提出："积极推进现有职业大学的改革，努力办好一批培养技艺性强的高级操作人员的高等职业学校。"由此可见，90年代初我国高等职业教育的人才培养目标为"培养高级技艺型人才"。

1994年，我国教育工作会议明确提出要通过现有职业大学、部分高等专科学校和独立设置的成人高校改革办学模式，调整培养目标来发展高等职业教育，在仍不满足时，经批准可利用少数具备条件的重点中等专业学校改制或举办高职班等方式作为补充（简称"三改一补"）来发展高等职业教育。此后，通过调整、改办等方式新成立了一批职业技术学院，推动了高等职业教育的发展，"高职"这个称呼也渐为人们所熟知。这一政策奠定了我国高等职业教育发展的组织主体和基本格局，也为高等教育结构的全面调整奏响了序曲。

1995年，国家教委《关于推动职业大学改革与建设的几点意见》指出："职业大学直接面向地方经济建设、面向基层、面向中小企业和乡镇企业，担负着为地方经济建设和社会发展培养高级部分中级实用技术、管理人才的任务。"1995年8月，国家教委在北京召开全国高等职业技术教育研讨会，会议提出："高等职业教育的培养目标是在生产服务第一线工作的高层次实用人才。这类人才的主要作用是将已经成熟的技术和管理规范变成现实的生产和服务，在第一线从事管理和运用工作，这类人才一般可称高级职业技术人才。"

1999年，教育部决定把高等职业教育、高等专科教育和成人高等教育三教统筹，简称高职高专教育，形成合力，共同走高等技术应用型人才的培养道路，确定"三教统筹"作为我国高等职业教育发展的主要途径。1999年年底，教育部第一次全国高职高专教学工作会议对高职高专教育的培养目标做出界定："高职高专教育是我国高等教育的重要组成部分，要培养拥护党的基本线路，适应生产、建设、管理、服务第一线需要的德、智、体、美等方面全面发展的高等技术应用型专门人才。"1999年，教育部、国家计委颁发了《试行按新的管理模式和运行机制举办高等职业教育的实施意见》，提出"六路大军"办学，实行"三不一高"政策，从而拉开了高等职业教育大发展的序幕。但"六路大军"办学和"三不一高"政策，在一定程度上使高职教育的办学条件和办学质量得不到切实的保障，高职教育办学特色不明显，成为一种高收费和低层次的教育。因此，推动高职教育的健康持续发展成为高职人才培养政策的主要目标和诉求。

2000年，教育部颁发《关于加强高职高专教育人才培养工作的意见》，指出高职教育以培养高等技术应用型专门人才为根本任务，明确了高职人才培养的目标和人才培养模式的主要特征。同时，出台了一些针对教学、管理、师资方面的政策，主要包括《关于制定高职高专教育专业教学计划的原则意见》《高等职业学校、高等专科学校和成人高等学校教学管理要点》《关于加强高职（高专）院校师资队伍建设的意见》等，规范和推进高等职业教育的发展。截至2000年，高职高专毕业生99.84万人，比普通高校的45.41万人多54.43万人；招生数195.16万人，比普通高校的104.59万人多90余万人；在校生419.78万人，比普通高校的216.07万人多两百余万人。2000年，《教育部关于加强高职高专教育人才培养工作的意见》强调培养"高等技术应用型专门人才"。上述文件反映了我国高等职业教育的发展和我国高等职业教育培养目标的政策。1999年至2000年国家对高等职业教育人才培养目标的界定为，我国高等职业教育培养目标是技术应用型人才。

三、21世纪以来我国高等职业教育人才培养政策

高等职业教育是经济发展、科技进步的产物,一个国家只有发达的普通教育而没有发达的职业教育,就不可能将先进的科学技术很好地转化为现实生产力,不能促进经济的快速发展。教育部在制定《面向二十一世纪教育振兴行动计划》中明确指出,要积极稳定发展高等教育,特别是要积极发展高等职业教育。改革人才培养模式是大力发展高等职业教育实现其培养目标的一项重要举措。借鉴世界高等职业教育人才培养模式的先进理论与实践成果,对我国高等职业教育的发展大有裨益。

2003年年底,党中央召开的全国人才工作会议上,提出了"高技能"人才的概念,把培养技能人才特别是高技能人才纳入全党人才工作的范畴,把培养技能人才作为实施人才强国的重要内容。2004年,政府把高等职业教育的人才培养目标定位为高技能人才,高技能人才一下子就成为高等职业教育培养目标的代名词。2004年2月,教育部在《2003—2007年教育振兴行动计划》中提出了新的精神:"大力发展职业教育,大量培养高素质的技能型人才特别是高技能人才""要加强高等职业技术学院的建设,广泛开展岗位技能培训"。2004年6月,全国职业教育工作会议上首次对高等职业院校提出了明确的人才培养目标,指出:"高等职业学校的任务是培养数以千万计的高技能人才。"2004年,教育部颁布《关于以就业为导向深化高等职业教育改革的若干意见》指出:"高等职业教育应以服务为宗旨,以就业为导向,走产学研结合的发展道路,并提出以就业为导向,深化高等职业教育改革,加强高技能人才培养。"该文件进一步明确了高职人才的培养目标、特征和思路。从此,我国高等职业教育稳定发展,高职培养目标从技术应用向高技能转换,体现了国家高度重视高技能人才队伍的培养。

2005年,国务院颁布《关于大力发展职业教育的决定》,提出国家在"十一五"期间建设100所示范性高等职业院校的计划。2006年,教育部、财政部开始共同组织实施国家示范性高等职业院校建设计划,先后分三批评选出100所重点支持建设院校、8所重点培育院校。2006年,教育部颁发《关于全面提高高等职业教育教学质量的若干意见》,明确高等职业教育是高等教育发展中的一个类型,高等职业教育要坚持以服务为宗旨,以就业为导向,走产学结合发展道路,培养面向生产、建设、服务和管理第一线需要的高技

能人才。该文件标志着高职教育的培养目标定位更加清晰，工学结合的人才培养模式更加明确，行业参与和校企合作的办学模式基本确立，成为高职教育教学改革的纲领性文件。

2010年，教育部召开了全国高等职业教育改革与发展工作会议，明确提出以提高质量为核心，以"合作办学、合作育人、合作就业、合作发展"为主线，紧紧围绕科学把握办学定位、深化教育教学改革、推进体制机制创新、提升办学基础能力、拓展社会服务功能等五个方面推进改革与发展，努力建设中国特色现代高等职业教育。会议还对《国家高等职业教育发展规划（2011—2015年）（征求意见稿）》和《教育部关于推进高等职业教育改革发展的若干意见（征求意见稿）》征求了意见，会议的召开标志着我国高等职业教育的改革与发展进入了新的历史阶段。

2011年，《教育部关于推进中等和高等职业教育协调发展的指导意见》明确指出："高等职业教育是高等教育的重要组成部分，重点培养高端技能型人才，发挥引领作用。完善高端技能型人才通过应用本科教育对口培养的制度，积极探索高端技能型人才专业硕士培养制度。"2011年，《教育部关于推进高等职业教育改革创新引领职业教育科学发展的若干意见》提出："高等职业教育具有高等教育和职业教育双重属性，以培养生产、建设、服务、管理第一线的高端技能型专门人才为主要任务。"

2012年，《教育部关于加快推进职业教育信息化发展的意见》提出："加快推进职业教育信息化，大规模培养掌握信息技术的高素质技能型人才，是适应国家信息化与工业化融合发展要求，提高在职职工和在校学生信息素养、岗位信息技术职业能力和就业创业技能的紧迫任务。"

2013年，第七次全国职业教育工作会议召开，颁布了《关于加快发展现代职业教育的决定》，提出"引导普通本科高等学校转型发展""打通从中职、专科、本科到研究生的上升通道"等一系列政策举措，保证职业教育实现内涵式发展。

2014年，《国务院关于加快发展现代职业教育的决定》中明确提出："以邓小平理论、'三个代表'重要思想、科学发展观为指导，坚持以立德树人为根本，以服务发展为宗旨，以促进就业为导向，适应技术进步和生产方式变革及社会公共服务的需要，深化体制机制改革，统筹发挥好政府和市场的作用，加快现代职业教育体系建设，深化产教融合、校企合作，培养数以亿计的高素质劳动者和技术技能人才。"

2015年，教育部发布《教育部关于深化职业教育教学改革全面提高人才培养质量的若干意见》，提出："全面贯彻党的教育方针，按照党中央、国务院决策部署，以立德树人为根本，以服务发展为宗旨，以促进就业为导向，坚持走内涵式发展道路，适应经济发展新常态和技术技能人才成长成才需要，完善产教融合、协同育人机制，创新人才培养模式，构建教学标准体系，健全教学质量管理和保障制度，以增强学生就业创业能力为核心，加强思想道德、人文素养教育和技术技能培养，全面提高人才培养质量。"

2017年，教育部发布《关于进一步推进职业教育信息化发展的指导意见》，明确提出："进一步推进我国职业教育信息化发展，是适应当今教育改革和信息技术创新应用趋势，如期实现职业教育现代化，为国家经济社会发展提供有力技术技能人才支撑的必然选择和战略举措。"

2019年4月，教育部发布《关于实施中国特色高水平高职学校和专业建设计划的意见》，明确提出："打造技术技能人才培养高地；打造技术技能创新服务平台；打造高水平专业群；以'四有'标准打造数量充足专兼结合、结构合理的高水平双师队伍；提升校企合作水平；培养适应高端产业和产业高端需要的高素质技术技能人才；提升学校治理水平；加强与职业教育发达国家的交流合作，引进优质职业教育资源。"

2020年2月，国务院发布《国务院联防联控机制有关鼓励企业吸纳高校毕业生、农民工就业相关政策发布会》，明确提出："硕士研究生招生规模同比可能会增加189万，并争取扩大普通高校专升本的规模至同比增32.2万；研究生的计划增量重点投向临床医学、公共卫生、集成电路、人工智能等专业；农专升本的计划增量将投向职教本科和应用型本科，主要向这些学校增加名额，向预防医学、应急管理、养老服务管理电子商务等专业倾斜；此外将鼓励毕业生到生产性、生活性服务业以及民生急需的教育、医疗、养老等领域就业创业。"

2021年6月，国务院发布《全民科学素质行动规划纲要（2021—2035年）》明确提出："实施职业技能提升行动。在职前教育和职业培训中进一步突出科学素质、安全生产等相关内容，构建职业教育、就业培训、技能提升相统一的产业工人终身技能形成体系。"

总而言之，高职人才培养政策逐步摆脱了传统学术型高等教育的影响和制约，在人才培养动力上从学术驱动转变为市场驱动；在人才培养目标上从传统的升学导向转变为就业导向；在人才培养模式上从以学校为中心的封闭式培养转变为校企合作、工学结合的开放式培养；在教育内容上从注重学术科研能力的培养转变为强调职业综合能力的培养；在教学方式上从重知轻行、单向接受转变为融"教、学、做"为一体；在师资要求上从传统的侧重学术研究的"经师"转变为技术知识与实践能力并重的"双师"型教师；在评价导向上从注重高精尖的学术创新转变为强调社会适应和服务能力，从而使高职教育成为区别于传统学术高等教育的一种新类型。

第三节 高等职业教育人才培养政策困境

一、师资建设政策困境

师资政策对促进高职教育发展起着基础而长远的影响，是影响高职院校师资队伍建设的首要因素。目前我国高职院校师资队伍的建设总体上存在不少问题，主要表现在以下几方面：

1. 高职院校教师专业发展的标准缺乏

相比普通高等教育，高职教育更加注重学生职业技能的培养和专业技术技能的掌握，因此高职教师不仅应具备普通高校教师的一般能力，还应具备从事职业教育教学的特殊能力。《国务院关于加快发展现代职业教育的决定》（国发〔2014〕19号）提出，要"完善教师资格，实施教师专业发展标准"。《国家中长期教育改革和发展规划纲要（2010—2020年）》中提出，要"完善符合职业教育特点的教师资格标准"。但是当前我国出台的师资政策并未对教师知识掌握、研究能力及教学能力做出更为具体的符合职业教育要求、适合高职教师发展的职业标准。目前我国尚缺少有关高职教师任职的专业标准，专业能力标准的缺乏导致高职教师在专业发展中迷失方向。

2."双师素质"培养的有效性有待加强

具备"双师素质"、能够有效地从事实践教学，是对高职院校专任教师的基本要求，但当前高职院校教师深入参与企业实践的政策机制还有待进一步完善。《高等职业教育创新发展行动计划（2015—2018年）》提出，要"围绕提升专业教学能力和实践动手能力，健全专科高等职业院校专任教师的培养和继续教育制度"，通过与高水平大学和大中型企业共建"双师型"教师培养培训基地的方式，完善教师双师能力培养培训机制，要求"专业教师每五年企业实践时间累计不少于6个月"。但是当前大多教师的企业实践多停留于感知企业生产实践阶段，真正参与企业实际生产与技术改造的过程中解决真实问题的教师并不多。有研究对江苏省高职院校"双师型"教师的调查显示，"90%左右的教师欠缺动手能力和技术素养"。这反映了高职院校教师"双师素质"政策仍面临着困境。

3. 师资数量严重不足影响师资队伍水平整体提升

查阅1983—2013年各年度《中国教育统计年鉴》可知，到2003年高职院校生师比一度达到24∶1，而后一直保持在20∶1以上。教育部《高职高专院校人才培养工作水平评估指标体系》规定生师比18∶1为合格、16∶1为优秀。高职院校的师资数量严重不足使得教师工作量过大，必然会影响高职院校人才培养质量的提升和教师的专业成长。教育部主管部门同其他有关部门还未对师生比做出严格把关，同时对师资队伍建设的支持政策和教师培养的政策和法规也相对匮乏，从而导致职教师资队伍得不到迅猛发展，使得高职院校师资队伍的整体素质和实践能力无法得到提升，高等职业教育发展的需求难以得到满足。

4. 师资政策关联性不顺畅

现行的高职师资政策制定的模式中，人事部门通常是师资政策制定的唯一主体，其他部门只是师资政策制定的"旁观者"。不仅加重了人事部门在政策制定与执行过程中的协调负担，也不利于调动其他部门参与师资队伍建设的积极性，使政策关联性得不到切实保障。

国家和地方政府对高职师资队伍建设政策的倾斜力度还远远不够，不能很好地统筹师资队伍建设工作中人才引进、人才培养与团队建设、专任教师与兼职教师、中长期规划与近期目标等之间的关系，政策间相互衔接度不高，时有"政策冲突"现象发生。现有高职院校师资政策还无法在战略层面给予高职院校的建设与发展、构建自身的核心竞争力以支撑。出台高职院校师资队伍建设的相关政策、法律法规，以及院校完善师资队伍建设制度至关重要。

二、学科专业政策困境

1. 支持发展政策不平衡

当前高职院校专业设置的随意性、盲目性较强，教育部（〔2000〕41号）颁布了《高等职业学校设置标准暂行》的通知，规定高职教育课程设置必须突出高等职业学校的特色。但政策得不到落实，导致大多数高职院校不考虑自身的办学条件与学生的职业需求，盲目争办"热门"专业，甚至不经论证就开始设置招生，结果导致招生数量不足，形不成规模效益，造成教育资源浪费，影响高职院校的经济效益。

中央和地方政府对办学理念先进、产学结合紧密、就业率高的专业给予大力支持，没有将支持政策辐射到其他专业，导致各专业之间发展不平衡。政府没有将支持政策全面普及，没有提出以重点专业为龙头，组建相关专业群，让重点专业带动其他专业共同发展的要求，导致非示范性院校非重点建设专业在人才培养模式、师资队伍建设、课程体系构建与实验实训条件建设上得不到政策扶持，专业之间的差距逐渐拉大。

2. 专业课程与区域经济发展脱节

当地经济的发展水平影响着高职院校的专业设置，因此要根据当地的经济层次结构、产业结构、人才需求结构来设置专业。但是，受过去办学惯性的影响，专业设置对市场的反应程度不够灵敏，导致人才培养过程中就出现了专业的建设发展难以适应职业频繁变动的问题。有的学校专业结构调整缺乏科学论证，跟不上产业结构调整的步伐，不适应企业新技术的要求；有的学校专业面窄，划分过细，与职业岗位对人才能力的要求有较大差距，学生的就业竞争力较差；有的学校缺乏专业发展意识，急功近利，重投资少、见效快、技术含量和层次较低的专业，缺乏品牌和特色专业。政府没有结合地方经济发展与实际需要出台相关政策引导高职院校调整专业设置与开办新专业，严重影响了专业的发展水平，使高职院校的办学水平得不到持续发展。

3. 专业改革滞后

专业课程设置应该紧密结合企业实际需求，专业课程教材内容要及时更新，突出职业性和实践性，这样学生才不会脱离生产实际与就业需要，成为社会真正需要的技术型人才。但是，目前部分地区政策对专业改革的要求相对滞后,部分高职院校仍然遵循传统的专业课程,重视专业理论知识的灌输。高职院校注重单一专业教学,更多地关注学生的知识掌握情况,从而忽视了一些非智力的、非技术性的因素,如价值观念、道德水准、意志品格、心理情感等,由此造成专门人才视野不宽、底蕴不厚、动力不足、功力不深、后劲不大、个性不强、品位不高的缺点,这种状况将难以培养出"入世"及知识经济所需要的复合应用型人才。在没有政府政策的指引与强制之下,大多院校忽视当前市场的变化,不根据未来人才需要改革与调整专业,专业特色不明显,使学生学的内容无法迅速应用于社会,这既不能满足未来市场对人才的需求,又影响了高职教育的发展。

4. 政策管理机制不够完善

高职院校的专业设置由谁去审批、专业设置由谁去管理,在一定程度上影响着高职院校的专业设置与建设。我国对高等教育的专业设置一直非常重视,多次对专业设置做重大调整,对专业目录进行修订。虽然部分地区结合地方经济制订出地方性专业目录,但在科学性、学科性等方面难免存在一定的缺陷。同时,政府并没有针对高职教育制订一个全国统一的指导性专业目录。

目前我国高职院校在专业设置上,在不违背国家利益与法律的情况下,一般是学校上报,教育主管部门备案就行。政府没有对专业设置做出合理规划,使得学校在设置专业时,趋热避冷,导致一些国家急需但人才匮乏的专业得不到学校的积极设置与宣传。行政部门没有对专业设置进行整体规划,缺乏管理,导致专业结构设置不合理,专业招生规模小,效益不高,使得教育资源严重浪费。

高等职业教育培养的是具备综合素质与职业能力的高级实用型人才,是我国高等教育的重要组成部分。然而由于部分地区教育行政部门对高职认识不够,在指导高职专业设置时,受到普通教育思想的影响,没有从相应的职业岗位(群)或者相应的技术领域的要求出发,按照这类人员应具备的理论知识、实践技术、专门技能和全面素质来设计。这样必然导致高职院校专业设置失去职教特色。

三、课程教学政策困境

《教育部关于全面提高高等职业教育教学质量的若干意见》指出,各级教育行政部门和高等职业院校"要全面贯彻党的教育方针,以服务为宗旨,以就业为导向，走产学结合发展道路，为社会主义现代化建设培养千百万高素质技能型专门人才，为全面建设小康社会、构建社会主义和谐社会做出应有的贡献"。近年来，我国的高职教育得到迅猛发展，然而，面对职业教育逐渐显现的种种问题，课程教学改革成为高等职业教育教学改革的重点工作。当前影响并制约我国高职教育课程教学改革的因素包括以下几方面：

1. 课程教学结构设置不合理

在一些学校的教学计划中，各类课程的比例分配不够恰当甚至严重失调，尤其是理论课与实践课的课程安排不够合理，从而导致衔接不够紧密造成理论与实践脱节的现象。

2004年，教育部和劳动与社会保障部联合颁发了《职业院校技能型紧缺人才培养培训指导方案》，要求职业院校树立"在一定程度上与工作过程相联系"的课程设计理念，职业院校的课程设置要针对企业实际工作任务来开发基于工作过程系统化的课程建构模式。教育部2012年提出实践育人的工作方案，方案要求高职高专类学校实践教学比重不少于50%。自此，越来越多的职业院校将教学重点放在实践课程，逐渐形成"重实践、轻理论"的课程教学体系，导致高职教育培养出来的学生存在知识不到家、能力不到位等问题。

目前我国尚未有专门的部门出台相关政策或提供课程教学设置改革的指引和帮助，由此我国高职教育课程教学中过于重视知识传授、忽视学生能力培养和重视理论学习而降低实践课程课时比重的现象还未得到解决。

2. 课程教学改革缺少理论指导和实践探索

课程教学改革作为高职教育目标实现的核心问题，还没有引起教师的普遍重视。职业教育的课程应与实践工作活动与任务相匹配，而不是与学科体系相对接。大部分教师对课程教学改革还停留在课程的理论与实践课时的比例安排层面，还没有从思想上建立"能力本位"课程教学改革理念。学校层面还缺少必要的理论指导和课程教学改革与实践探索。课程教学改革过程中专家只能提供职业教育课程理念与指导开发技术，而改革的方向最终须由政府规划制定指引政策，使教师能够更好地按照新课程的理念进行教学。

3. 课程教学改革的约束和激励机制缺失

在课程教学改革的过程中教师是改革的主力军，高职院校课程教学依赖于职教教师的积极参与，虽然有些教师接受了先进的职教课程思想和理念，但缺少进行课程改革实践的动力和压力。当前针对职业院校教师参与课程改革仍存在不少机制上的障碍，改革之所以困难，其原因很大程度在于教师主体地位的缺失。比如成果不能用于评职称、工作量核算不清等。

在高职教育发展逐步走向正规化、规范化后，除了对高职院校人才培养进行必要的监控和管理，更要提供政策支持平台，激励和促进高职院校的发展。当前政府还未建立良好有效的约束与激励机制，没有扫除教师参与课程改革的机制上的障碍，如改革成果的认定、明确工作量计算方案、解决资源的使用等问题，最大限度地吸引广大教师参与到课程改革中来。

4. 课程模式改革缺乏政策指引

课程改革在高职教学改革中起着牵一发而动全身的作用，对现有的课程要进行深入改革，即意味着开发新的课程模式、课程资源，建设双师型的教师队伍，建立新的实训体系。当前政府对于推广高职示范院校在课程改革中的先进经验缺乏宣传力度与引导作用，没有充分将可以利用的资源用于高职课程改革过程中，没有将先进的教学理念灌输到具体的课程开发与改革过程中。其次，政府在对高职课程改革过程中没有向师资培训倾斜，没有要求国家级示范高职院校发挥领军作用，承担起高职师资培训的任务，让教师更积极地投入课程模式更新的过程中去。再次，政府未对高职院校培养目标提出硬性要求，导致课程教学长期处于传统模式，教学内容缺乏时代性和实用性，职业特征不够明显。最后，教材内容与课程设置密切相关，政府未对高职教学教材提出定期更新教材的要求，教材的开发与更新受"统编"的影响，周期过长，学校又不注意与企业合作开发校本课程，使学校的教学内容和教材建设不能及时反映最新技术和知识，知识与技术含量不高，不适应知识经济和高新技术发展的需要。

四、校企合作政策困境

目前我国出台了一系列支持和鼓励高职院校开展校企合作的政策法规，在一系列政策的推动下，校企合作取得了一定成效，但是，目前高职院校校企合作政策还存在缺乏系统性、可操作性不强、缺少吸引力等问题，致使校企合作政策的效度不高，校企合作还存在诸多问题，是我国职业教育的发展瓶颈和致命弱点。

1. 促进校企合作的政策法规不健全

我国现有的《中华人民共和国职业教育法》虽然表明了国家支持校企合作的态度，但是并没有一项专门的法律法规指导校企合作具体的实践。对于企业举办职业院校亦缺乏明确有力的支持举措。关于高等职业教育方面的政策也不完善，开展高等职业教育过程中，许多方面还缺乏配套的政策措施，还处在一种自发和应付的状态。

2. 校企合作的激励政策不完善

影响高职教育校企合作难以进行的因素之一便是缺少调动企业参与的积极性的激励政策。政府制定建议性政策较多，但强制性和激励性政策较少。《中华人民共和国职业教育法》第三十七条指出："国务院有关部门、县级以上地方各级人民政府以及举办职业学校、职业培训机构的组织、公民个人，应当加强职业教育生产实习基地的建设。企业、事业组织应当接纳职业学校和职业培训机构的学生和教师实习；对上岗实习的，应当给予适当的劳动报酬。"由此可知，政府出台的政策中的"应当"只有建议与指导作用，而没有必需的强制性的作用。因此，校、企可以有法不依。

《国务院关于大力发展职业教育的决定》（国发〔2005〕35号）规定："对支付实习学生报酬的企业，给予相应税收优惠。""国家鼓励企事业单位、社会团体和公民个人捐资助学，对通过政府部门或非营利组织向职业教育的资助和捐赠，按规定享受税收优惠政策。"《关于进一步加强高技能人才工作的意见》（〔2006〕15号）明确规定："对积极运用市场机制开展校企合作、实施产学结合，并在高技能人才培养方面做出突出成绩的职业院校，中央财政在实训基地建设等方面给予支持和奖励。"可是这些"优惠"政策并未得到落实。在这种情况下，校企合作的积极性一直徘徊在低潮状态。

目前，我国还未颁布企业参与校企合作的强制性措施，还未强制要求企业必须参与校企合作，制定相应的经费保障措施和激励机制，也未规定企业必须对人才培养进行相应的投资。企业缺乏利益驱动及相关的法律保障，缺少参与校企合作的动力。政府出台的政策不完善、不到位，所以企业大多仍然认为高职教育人才培养的主要责任仍由学校承担,而与己无关。

3. 政府对高职院校校企合作缺乏监督、指导

我国校企合作模式比较单一,仅限于工学交替、顶岗实习和订单培养,合作方式面窄、层次浅,缺乏长效机制,导致合作往往是短期行为,无法保证校企合作的长期持续开展。要使校企合作持续长久开展下去,关键在于明确政府、企业、学校等多方责任与义务,形成校企合作长效机制。学校和企业彼此对对方运行机制和管理方式及未来发展的需求都不甚了解,从而导致校企合作不够深入。另外,政府没有建立专门的管理组织为校企合作搭建平台,承担起协调、监督与指导的职责,将校企合作项目效果较好的经验进行推广。

4. 政府忽视对校企合作项目的管理与计划引导

我国政府多年来明确支持校企合作、产学研结合的项目计划只有一个产学研联合工程。虽然近几年,有的地方政府设立了一些校企合作计划,但总体上来说,我国的校企合作计划还不多,政府在通过计划引导校企合作方面的能力还不强。国家还未出台专门的校企合作法,没有依据地方实际情况制定明确的校企合作法规与条例,加强政府统筹力度,明确多方责、权、利,设置校企合作激励机制,建立校企合作组织管理机构,为校企合作提供政策支持平台与保障。

第四节 高等职业教育人才培养政策创新

在职业教育的发展中,最重要、最核心的是人才培养的问题。近年来,国家不断出台高等职业教育人才培养政策的相关文件,各高等职业院校根据政策不断探索与创新人才培养,取得了一些成绩。但是,随着改革的不断深入,一些深层次的问题逐渐显露出来。本书基于已出台的高等职业教育人才培养这一政策背景,旨在为高等职业教育人才培养探索出一条可行之路。高等职业教育人才政策创新主要通过优化人才培养专业、丰富人才培养课程、创新人才培养机制三方面进行探索,以达到出人才、出成果的目的。

一、优化人才培养专业

在我国颁布的高等职业教育政策文件中，明确提出要调整人才培养政策，优化人才培养的专业。优化人才培养专业主要从以下几方面进行：

1. 更新专业建设理念

一是要突出专业培养目标的职业性。要以生产环节、工艺流程、工作程序为教学环节，从教学过程上突出职业性；以专业、课程模块为教学特征，从形式上突出职业性；以企业工学结合为重要实践环节，从培养环境和要求上突出职业性。二是要突出学生在专业建设中的主体性，将学习的主动权交给学生。要创设情境与氛围，为学生展示自我、发现自我和发展自我提供足够的时间和空间。三是要突出专业教学中的实践性。增加操作性、综合性实践，增加生产性、顶岗性实训，以突出教学内容的实用性、实践性。

2. 创新专业设置，优化专业结构

一是以市场需求为导向调整专业结构。壮大优势专业，扶持潜力专业，整合近似专业，建立专业群，机动灵活地调整专业方向，形成"同心多角"的专业分布格局。二是专业设置要贯彻以就业为导向的原则，以就业性要求确定培养目标。由于高职院校所培养的人才具有较为明显的职业定向性和针对性，因而不同专业要根据具体情况，进行职业分析，确定其具体的知识、能力结构和职业素质要求，将各专业培养目标进一步具体化、个性化。

3. 打造高素质的教师队伍

一是要积极实施"人才强校"战略，加大专业带头人、教学名师培养力度，努力提高教师的学历层次和知识技能水平，外聘专家、学者、工程师到职业院校兼职任课。二是教师要用新的教育理念、教学内容、教学方法和手段去适应学生要求，体现职业教育的时代性；要主动适应职业岗位能力要求的变化，随时更新培养内容，体现职业教育的先进性。三是要把建设"双师型"教师作为职业院校师资力量建设的重中之重。要采取措施使专业教师熟悉生产环节，丰富实践经验。专业教师要结合学生的企业实训指导，参与企业技术研发，参加企业科研实践，掌握实践技能。

4. 坚持产学结合，强化职业能力训练

构建以开放性、实践性、市场性为特征的"校企结合、工学结合、虚实结合"的产学合作教育模式和教学形式。校企双方共同制订培养计划，实施人才培养。在企业建立与学院相同的教室、企业教师与学校教师交替授课，实践课教授全部在车间进行等。利用现代教育技术创设仿真模拟操作软件的虚拟实训。

5. 创建专业特色

要坚持以就业为导向，以专业建设发展规划为依据，以人才培养模式改革为核心，全力实施重点专业、特色专业发展战略，重点培育与地方（区域）支柱产业、优势产业、新兴产业密切相关的专业，以特色专业的发展带动高职院校办学特色的形成。

6. 改革专业管理，提高教学质量

一是应不断完善院系两级专业管理体制，院级严格审查专业设置条件，把握专业建设方向；系部负责专业建设的规划与实施，提高专业建设的质量和水平。二是要健全和落实教学质量保证和监控体系，严格各教学环节的日常监督检查，完善教学评价体系和教师评价办法。

二、丰富人才培养课程

经济转型和社会变革对职业教育人才培养提出更高的要求，不仅原有的专业设置受到挑战，且传统的课程体系也遇到新的问题，由此，需要在高等职业教育政策的基础上，充分发掘内、外部资源，进而构建切实可行、科学合理的人才培养课程。

1. 遵从教学规律，完成基础课程升级

在高等职业教育院校的日常教学中，学生是高等职业教育水平、质量提升的主体。只有掌握学生的心理变化规律和职业生涯规划的基本情况，才能为学生设计并构建出符合其实际需要的基础课程。正如学校在学生的日常管理、培训及心理健康引导方面具有重要权责，只有真正建立起符合企业岗位职业技能、知识需要的教学协同机制，才能真正实现高等职业教育院校基础性课程的教学一体化建设。

高等职业教育院校的基础性课程主要指基础知识、文化水准、理论等的高等职业教育课程。作为相对定型、相对成熟、相对稳定的教学体系，基础课程体系的优化可以尝试使用水平统测、教考分离的方式来提升教材规划和编制的水平及质量。因此，在基础性课程体系优化时，需要基于高等职业教育院校学员的实际学习情况进行设计和构建。基础型课程在实践时，需要按照基础知识的系统性和严谨性来实施准确、科学的教学方法，具体可以高中教学要求为基准，按照职业技术教育专业的人才培养需要来进行课程体系的调整，以提升学生学识水平、专业素养，并夯实专业基础等。

2. 适应岗位需求，完成专业课程优化

专业性课程体系的优化可鼓励行业或者学校的教育指导委员会共同编制专业教材，或邀请教学水平较高的院校联合编写教材，要求行业教学指导委员会推荐等。除基础性课程必须按照企业岗位设置的需要进行针对性教学外，高等职业教育的专业课程设置和优化同样需要遵从此项要求。在具体设计时，可融入职业教育的特性，面对行业、产业、岗位的要求尝试调整专业课程教学的内容和形式。

在面向社会方面，专业课程的设置和优化需要坚持遵守开门办学、开放办学、适应社会需求、自觉研究的原则，以提升专业课程的社会适应性。在面向行业办学方面，专业课程的设置和优化需要立足产业和行业发展的基本要求，不断调整、开设、优化、更新专业设置，以调整专业人才的培养方向和体现高等职业教育院校的办学特色、区域特征及职业教育的实践性要求。对于岗位设置的需求，主干核心课程等方面的设置、专业课程的设置和优化必须立足产业和行业发展中岗位动态变化的情况，需要强调实践和理论知识的紧密联系性，如将情境教学、理论教学、案例教学三者相结合，以提升教学的针对性和有效性，并按照岗位的工艺、岗位的工作流程、岗位的与时俱进性等，进行课程体系的调整，以做到课程体现教学、学用一致、知行统一、实践检验知识及知识指导实践。

3. 提升技能水平，完成拓展课程转型

高等职业教育院校的教育特性决定了其教学所具有的极为明显的职业性，在具体进行丰富课程时，需要从一线岗位对学生专业技能的需要角度入手，着重强调一线岗位需要的技能、动手操作能力等的对应性教育。考虑到高等职业教育院校的教育需要以技能的培养和对应操作水平的提升为目标，因此，

课程本身可与专业性考试挂钩,尝试构建拓展型课程架构,以提升课程体系的质量。由此,在教学项目设计和教学内容的统筹研究方面,可结合职业岗位和行业企业所需要的技能操作证书、职业资格证书考核要求,安排相应的考核、教学、训练等。在技能操作方面,可使用课内知识和技能培训与课外自练相结合的方式,完成教、学、练三者的统一,提升学生的技能水平。

此外,各高校要根据人才培养定位和创新创业教育目标要求,促进专业教育与创新创业教育有机融合,调整专业课程设置,挖掘和充实各类专业课程的创新创业教育资源,在传授专业知识过程中加强创新创业教育。面向全体学生开发开设研究方法、学科前沿、创业基础、就业创业指导等方面的必修课和选修课,纳入学分管理,建设依次递进、有机衔接、科学合理的创新创业教育专门课程群。各地区、各高校要加快创新创业教育优质课程信息化建设,推出一批资源共享的慕课、视频公开课等在线开放课程。建立在线开放课程学习认证和学分认定制度。组织学科带头人、行业企业优秀人才,联合编写具有科学性、先进性、适用性的创新创业教育重点教材。

三、创新人才培养机制

高等职业院校的人才培养需要构建机制,需要充分认识和把握企业发展和高职教育发展的规律,使人才培养满足社会需要、符合国家政策。从当前高等职业教育发展来看,合作机制的构建需要重点解决"一头热、一头冷"、创新平台搭建、高职院校民事行为能力差、行业组织缺位等问题。

1. 构建动力机制

动力机制是维持校企合作活动持续进行的前提和条件,因而是合作机制的核心内容。目前的校企合作活动一般是由校方发起,动因是人才培养活动能够适合企业发展需要。但是,校方的动因常常不能得到企业的积极响应,出现"一头热、一头冷"的单向性作用现象。校企合作的原动力应该来源于校企双方促进生产方式转变的理性诉求,形成双方认同的价值观,将企业的长远发展与学生的终身职业发展相协调。因此,要构建校企合作的动力机制,当前需要抓住三个主要因素:

首先,全面提高人才培养质量。高职院校的人才培养需要考核两种满意度:一是用人单位满意度,二是学生满意度。只有人才培养质量满足企业的需求，企业才有可能主动地参与到人才培养过程中来，并接收更多的毕业生。因此，质量是实现学生就业的根本保证，也是开展校企合作的基础。

其次，提升高职院校服务功能。开展有效的技术服务，是密切校企联系的重要纽带。通过技术服务，可以让企业更好地认识高职院校的办学实力，认可职业院校的人才培养质量。技术技能积累和创新与人才培养是相辅相成的，技术技能创新可以提高人才培养的针对性和有效性，人才培养又为技术技能积累提供了可靠保证，二者都是职业院校必不可少的功能。提高社会服务能力，合作培养与合作研发一起进行，对高等职业院校教师的素质提出了新的要求，教师数量和结构也会发生较大变化，这就要求政府在整体上加大高等职业教育的办学投入。

最后，完善校企合作相关制度。要使校企合作不断走向深入，就需要建立一种相互沟通、相互理解、相互促进的长效机制，实现价值观的趋同。从高职院校的角度，需要以合理的内部治理结构保障企业的知情权、建议权、评价权，在专业设置、课程设置、招生就业等方面悉心倾听企业意见，了解企业需求，决不能等遇到困难的时候再寻求企业帮助，更不能将企业参与看作企业义不容辞的责任。

总之，高等职业教育不是单靠职业院校一方就能办好，高职院校需要先把自己的位置摆正了，并真心把企业看成合作伙伴，多想着企业的需要，合作办学、协同培养人才也就容易了。

2. 创新人才培养的平台

为了使教育部等六部门的《职业学校校企合作办法》有效落地，尽快进入校企合作的"蜜月期"，职业院校需要采取以下措施：

一是转观念。职业院校应该尽快摆脱计划经济体制下形成的僵化观念，将企业视作人才培养的平等主体，主动为企业转型升级服务。躺在事业单位的"铁饭碗"中，以一种"铁帽子王"的身份与企业打交道，企业注定不会买账。既然已经认识到一线人才培养是校企双方的共同责任，那就应该对企业"高看一眼、厚爱一层"，真正建立起伙伴关系。幻想通过合作在企业"捞好处"，受伤的只能是职业教育，受害的只能是职校学生。在校企合作活动中，企业和学生发展是合作的依据和中心，职业院校必须摆正自己的位置。

二是搭平台。校企合作是一台大戏，不是街边的广场舞。职业学校与企业合作开发专业、课程、教材，培养师资队伍，建设实习基地，这些都不是一劳永逸的，需要根据就业市场需求长期进行下去，客观上需要一种稳固的合作机制。在全面依法治国的大背景下，组建校企共同参加的职教集团法人实体机构，强化职教集团的民事行为能力，是深化校企合作的必然选择。政府应该进一步明确职教集团对校企合作活动的规划、组织、协调、监督和服务等职能，赋予集团实施校企合作协议注册、修改和废止的权力，让职教集团成为中国特色职业教育和培训体系的重要组织形式。

三是挂牌子。职业教育是学校和企业的"二人转"，不是职业学校的"独角戏"。但要让企业进入育人角色，仅靠一纸文件还不够。职业学校应该围绕服务"中国制造 2025"、京津冀协同发展、乡村振兴等国家战略，根据区域产业发展需要，选择一批社会信誉好、技术和管理水平高、用人需求强的骨干企业，共建生产经营与人才培养兼顾的教育型企业，给企业应有的"名分"和待遇。

四是定标准。校企合作是在产业转型升级基础上的高位合作，是校企双方发展动力转换的重要措施。校企合作活动应该符合双方的共同利益，并承担起必要的社会责任。为了提高合作效果，需要校企联合制定学员招录标准、师父资格标准、学校和企业课程标准、教学场所标准等，克服合作活动的随意性、盲目性和无效性。标准的作用是约束校企双方的行为，使得合作活动符合双方的长远利益，同时又不损害第三方的利益。在标准的制定过程中，应该充分听取学生代表的意见。

创新型高等职业教育人才培养需要以学校为主体，加强专业建设，丰富课程体系，提升师资力量；依靠政府统筹规划，加强现代职业教育体系建设；发挥企业、行业职业的指导作用；同时在合作共赢的基础上丰富企校合作的形式。只有做到内外兼修，才能在已有政策的基础上实现创新培养人才这一目标。

第四章　高等职业教育人才培养的制度

制度是要求大家共同遵守的办事规程和行动准则，是在一定历史条件下形成的政治、经济、文化等方面的体系。教育制度作为上层建筑的一部分，是社会发展到一定历史阶段的产物，它的发展受社会生产力发展水平和社会政治、经济制度的制约。教育制度是知识、技能传授的保障，亦称国民教育体制，是指一个国家依据其教育方针、教育目的所设置的实施机构及其运行的各种规章规范的总称。职业教育制度是关于职业教育的一种稳定的行为方式和结构状态，这种稳定的行为方式和结构状态是建立在有关职业教育的共识和规范之上的，并由一定的强制性或权威性的规则加以调整和约束。制度作为一种规则、程序的体现，是完善高职人才培养模式创新的基础。对此，实现高职教育人才培养模式的创新，以适应高职教育转型升级的需要，必须建构良好的制度环境。笔者认为高职人才培养制度就是学校与行业企业如何合作育人的制度，产教融合是高职人才培养的核心制度，是职业教育与产业界为了推动技能养成与发展而进行的资源优势互补的合作活动、关系及保障制度，体现高职人才培养的根本特征。

2017年12月19日，国务院办公厅印发《关于深化产教融合的若干意见》，明确提出"构建教育和产业统筹融合发展格局"。文件强调指出："深化产教融合的主要目标是，逐步提高行业企业参与办学程度，健全多元化办学体制，全面推行校企协同育人，用10年左右的时间，教育和产业统筹融合、良性互动的发展格局总体形成，需求导向的人才培养模式健全完善，人才教育供给与产业需求重大结构性矛盾基本解决，职业教育、高等教育对经济发展和产业升级的贡献显著增强。"这是由国家发改委主导、教育部等部委参与制定的十分重要的文件，标志着我国教育思想的重要突破，对高等教育、基础教育特别是职业教育未来发展将产生深远的影响。产教融合，从字面上来看，"产"不单纯指企业，而是指带动社会经济提升的、相对独立的相关单位从事的生产活动；"教"不单纯指学校，是指教育相关部门及各级各类学校的教育教学属性，在这里主要指职业教育所从事的以培养人才为目的的所有活动；杨善江认为"产教"不仅包括企业与学校教育的结合，而且涵盖生产过程与教学活动的融合。"融合"指原本不同的事物相互重组构成一种不同于旧事物属性的新事物；"产教融合"指学校与企业两种不同的产业形态形成以学生校内学习、发展个体到走向工作岗位的组织活动。其内涵不局限于人才培养模式与合作关系，更是一种融合了教育制度与产业制度的职业教育的国家基本制度。"融合"二字意在打破过去产业和教育单独的发展模式，从产业发展方式上来说，打破主要靠产量和劳动力数量促进经济增长的方式，而把人力资本的投资和科技进步放到增长的环节中；从教育发展方式上来说，打破教育相对封闭的发展方式，把职业教育放到经济增长的过程中，内化到产业链发展的过程中。它的提出打破了企业与学校的隔阂，培养人才不再是企业的一种负担，更像是一种责任。不同于校企合作的责权分配制度，在产教融合当中，双方以人才培养为目标共同从事所有教育教学活动。产教融合的职责是教育要与地方产业协同发展、企业与学校整合双方资源为培养人才所用、双方达到深层次的紧密合作。

产教融合是国际职业教育研究的共同问题，也是许多国家职业教育发展的共同追求，由于各国的历史文化、政治经济体制、所处的历史阶段不同，所强调的重点不同，其表述也各异，中文表述包括合作教育、产教结合、产教合作、产学合作、校企合作、工学结合、学徒制等。产教融合内涵的发展经历了从一种人才培养模式到一种教育与生产交叉的制度演变。本章从产教融合制度的内容、形式、机制、评价四方面解析高职教育人才培养制度。

第一节 高职教育产教融合制度的内容

为适应当前经济发展，提高企业核心竞争力，亟须培养一流的高技能人才。高技能人才队伍建设是当今社会赋予高等职业教育的重要使命。高等职业教育培养的学生在具备一定理论知识的基础上，更加强调岗位操作技能，使其既能适应当前职位需求，又能可持续发展。因此，在实际教学中，构建符合高等职业教育特色的产教融合教学模式，即以学校与产业部门为主体，以平等互利、优势互补为原则，以培养高素质技能型人才为目的的教学模式。

在产教融合教学模式下，学校充分利用产业部门的教育资源和教育环境，把课堂获取的理论知识付诸实践，将教学活动与生产活动深度融合。具体表现在生产过程与教学过程相接、生产环境与教学环境相融、生产资源与教学资源相合、生产工时与课程学分相通等四方面。

一、生产过程与教学过程相接

生产过程是指围绕完成产品生产的一系列有组织的生产活动的运行过程。生产过程的特性包括：第一，不间断性。不间断性指在空间和时间上都是连续的过程。第二，平行性。平行性指在生产过程中对加工对象实行平行交叉作业。第三，比例性，即生产能力与生产任务相配。第四，协调性。第五，适应性。教学过程是教育者以社会发展需求及受教育者身心发展规律为依据、以教学资源为载体、以师生双边良性互动为基本形态，指导受教育者系统掌握科学文化知识和操作技能，实现学生认知、技能、情感协调发展从而达到预期教学目标的活动进程。其主要分为感知、悟知、行知三大阶段。其特征体现在双边性与周期性、认知性与个性化、实践性与社会性。

生产过程与教学过程相接是产教融合教学模式实施的有效手段。两者相接主要体现在：其一，生产流程与教学计划相接。每学期初学校教务科、技能开发科根据生产经营科的企业生产流程与生产周期制订并实施教学计划，在生产过程中不同阶段开展相应的理论和实践教学。其二，生产任务与教学内容相接，即按照企业生产任务设计相应的教学内容，通过学习和运用理论知识及技能完成生产任务，从而了解企业的生产管理过程，体会生产中的劳动组织关系。具体来说，以企业真实生产任务设计各层次实践教学内容，将企业产品件（零件、模块、单元）作为学生技能训练课题，学生全程参与企业生产过程，独立完成作业信息、计划、决策、实施、检查、评价六个模块，培养学生动手能力、工艺能力和可持续发展能力，增强学生的责任意识、团队意识和安全意识。

在借鉴传统工学交替教学模式的基础上，依托现有生产实训资源，深化校企合作、工学结合的"产教融合"的人才培养模式，通过加大生产过程和教学过程交替的频次及教学内容覆盖面，提高两者契合度。以模具专业为例。根据"产品开发—模具设计—图纸审核—工艺制定—模具加工—模具装配—试模—修模"的生产过程，分别制订相应的教学计划，为每套模具落实相应的负责人、成员和完成周期,协调好学校的教学与企业的生产之间的安排,做到生产过程与教学过程相适应,既不耽误企业正常生产又不影响教师的教学工作。在高等职业教育的教学模式中,它的整个教学过程不再是老师讲、学生听,也不是单纯的老师演练、学生示范,而是让学生走进工厂,在真实的生产过程中汲取知识和养分,这种"让学生在生产实践中学到所要学习的内容,相应在学习过程中又完成了生产任务"的教学方法取得了双赢,在一定程度上提高了学生学习的积极性和效率。再具体到每一个单元的工作过程亦是如此,如在某个零部件生产过程中,首先由技术部设计零件加工工艺,其次车间主任根据产品精度、难度安排产品,最后实习指导老师根据产品加工要求安排学生加工。与此相应的教学过程是实习指导教师根据教学进度、学生特点、产品精度、产品难易度、设备性能等情况,安排学生进行加工。具体来说,首先,分析产品精度、生产周期、产品难易度等,从而选择设备与学生;其次,教师进行入门指导或授课,明确任务要求,学生分析任务和写加工工序并由教师审核工序后签名确认;再次,学生领取并使用生产工具进行首件加工,由班质检、教师、车间质检对首件产品进行检测,并签名确认,首检合格产品为样件,加工完成产品;最后,由教师进行总结。

二、生产环境与教学环境相融

生产环境指产品生产的现场,是影响零件或产品制造和质量的重要条件。教学环境是指影响教学活动的各种外部条件。广义的教学环境指影响整个教学活动的诸因素的集合,包含科学技术、社会制度、家庭条件等。教学环境具有场域性、互动性和结构性。

生产环境与教学环境相融是产教融合教学模式实施的有效途径。两者的融合主要有三种形式:第一,学校工厂型,即学校基于计划组织,依据学生的所学专业和发展方向、企业的需求和实训条件,开展和企业的合作。第二,工厂学校型,即由工厂开办技校,并享有技校的产权。在这种形式下,工厂能根据自身需求,有针对性地培养人才。第三,工厂学校联合型,即技工院校与企业联合办学,双方共同协商培养目标、专业设置、教学计划、人才规格等。生产环境与教学环境相融的过程中,充分利用学校和企业两个教学场所,在硬环境和软环境上都力求做到相互交融。硬环境的融合主要体现在学生进行生产性的实训时,可以共享学校和工厂的场地及设备。而软环境的融合则表现为学生进入工厂，着力将企业文化、企业精神作为指引实训的总体方向，将企业规范及用人标准作为实训的基本要求，让学生的实训过程零距离对接企业生产，从而有效培养学生的职业通用能力，形成职业感知，增强岗位自信。

以培养高技能人才的江门技师学院为例。该校生产环境与实训环境相融在一起，在模拟课堂的基础上，将课堂搬到工厂中，在生产中开展实训教学。比如，在硬环境上，2011年学校修建了新校区，同时建立了综合性实训基地，在学院领导的宏观管理、统筹规划、综合协调下，在实习教师及相关教学单位的支持下，一方面保证实习教学任务顺利完成，完成专业学生实习实训、专业技能考证培训，另一方面还接纳江门市第一机床厂等相关企业的生产型实训任务，年累计生产任务达到17 100工时。在软环境上，学校将校内实训室打造成校内模拟企业，以企业具有的核心文化、工作氛围、制度标准等规范管理校内实训室。具体实施表现在：其一，提炼企业文化。学校根据现代企业要求，提炼出符合高等职业教育特色的企业文化，即"高起点、严要求、抓质量、争一流"。其二，营造企业氛围。学校将校内实训室按企业布局予以设计，将实训要求、产品标准、工作态度、行为规范等内容以文字或图片的形式上墙，让实训学生深刻感受到浓厚的企业氛围。其三，提出企业愿景。学校将"争做一流员工、共造一流产品、同创一流企业"作为企业愿景，为学生指明奋斗方向。如江门市化工仪表厂的生产环境：①行为观念上，每天上班前班检，下班后集队报到，相当于企业打卡上下班，生产过程以安全第一、保证质量为主；②实施江门市化工仪表厂车间管理规范；③生产现场有企业各种管理规范、质量管理、安全口号等企业文化。相应地，学生的实训环境也与此相融：①行为观念上，每天晨检与生产班检合一，班前授课、入门指导，班后对生产实习中出现的问题进行分析总结；②学生在实习过程中以生产工人行为准则为标准；③现场学习体验企业文化。

三、生产资源与教学资源相合

生产资源是指确保生产过程顺利进行所需要的各种人力、设备、材料等。教学资源是指教学过程中被教学者利用的一切条件。生产资源与教学资源相合是产教融合教学模式实施的有效措施。如何将企业生产设备的"工件"变成学生实习、学习的"学具"是重要环节。目前高职院校主要是通过以下两种方式实现生产资源与教学资源的结合：其一是仿真性结合。由于高职院校受到资金的限制，对于更新换代频率快的仪器设备，学校没有条件也没必要长期引进。学生可以通过仿真企业生产的设备软件，全面了解生产流程和设备调试的过程，从而加强对真实生产过程的感知与体验。尽管这种形式产出的作品并非实际产品，但这种方法不仅能够解除学校资金不足的困境，同时也能保障学生的实训质量。其二是实践性结合。这种结合方式主要适用于有校办工厂的学校，学生在校办工厂真实的生产过程中进行实训，体验实训过程的"全真性"、技能训练的"职业性"、运行管理的"企业性"。在校内生产性实训中，生产任务即为实训内容、生产过程即为实训过程、生产产品即为实训结果。实训结束后，学生实训中产出的合格产品直接作为工厂的产品对外销售，学生便成为企业的员工。如果学校没有校办工厂，可以加强建设顶岗实习基地，让学生在企业实习岗位上体验真实的工作环境、工作过程和工作情景，为将来的就业奠定坚实的基础。

江门技师学院坚持深度融合生产资源与教学资源。学校的专业建设和教材建设由学校、企业、社会等多方主体共同参与。到目前为止，学校通过数字化平台，为4个重点专业实现了教材、教辅、教具、学具、课件和网站等多介质的立体融合。比如针对数控专业，其生产资源主要有三类：①学校内生产资源，包括江门市化工仪表厂、江门市第一机床厂、江门市宇宝电子厂，主要有C6132A车床、C6132A1车床、摇臂钻床、水分仪、定量仪、扫描架、雕铣机等产品的零配件；②外协加工资源，主要由学校生产经营科、技能大师工作室及其他教职员工承接校外企业产品资源；③校内各部门维修件及杂件，主要有后勤维修的风扇蜗杆转轴、水龙头阀芯、水管接头、学生床、铁门，产品生产附件的包装、门胶、钻模、特殊螺钉。这些生产资源在教学中都将被转化成教学资源，成为实训教学中的关键资源。通过生产部门和技术部设计产品零配件的加工工艺，车间主任根据加工工艺，分析每年级教学进度要求，把产品分为入门、粗、半精、精等工序安排到每个实训模块中进行加工生产。其中摇臂钻床、水分仪、定量仪、扫描架、雕铣机等生产资源都会被应用到教学中；实习指导教师根据生产图纸和毛坯料设计产品粗车、半精车、精车的尺寸形状，合理安排学生进行逐级加工，学生通过此系统工作流程，能学习到关键职业技能与能力。

四、生产工时与课程学分相通

生产工时是工业上计算工人劳动量的时间单位。课程学分是用于计算学生学习量的计量单位，是学校基于专业教学计划对课程进行考核评价的标准。现代技工教育培养的是应用型、实用型人才，强调学生的就业能力和岗位适应性。产教融合教学模式下赋予学生双重身份，既是学校学生又是企业员工，因而，高等职业教育教学应探索和完善适合技能培养和产教融合的学分与工时互换模式，生产工时与课程学分的相通是产教融合教学模式得以实施的重要保障。两者的相通主要有三种形式：一是双证制度，理论课和实训课都占据一定比例的学分，实训课的学分由工时兑换，学生修完课程并达到标准后即可获得学分，累积学分达到教学计划标准后可向学校申请职业鉴定，并获取毕业证书；二是学分互认机制，即学生获取的技能证书和技能奖项可兑换成相应学分；三是工学交替，充分考虑职业教育工学结合的特点，允许学生学习时间的间断，对学生就业或创业过程的学习经历也可以折合成学分，如同零存整取的"学分银行"，充分注意生产工时与课程学分的互换。

例如，长沙航空职业技术学院在产教融合的交替教学模式中，坚持生产工时和课程学分相通的评价方式，即对学生技能实训的工作量有明确的要求，按生产工时来计算，对学生课程学习也有学分要求，两者可以相互置换，共同计入学生总的学业成绩，建立以能力为核心的综合型评价模式。这种模式涵盖了学生学业能力考评和素质能力考评，具体而言，学业能力考评的内容包括生产工时量、产品质量、技能竞赛成绩等，素质能力考评包括道德品质、工作态度和实训表现等。如数控加工专业学生在学习零件的数控车削加工时，多零件加工包括多个工时，占了这门课程成绩的70%，其中安全文明生产20%、出勤作业课堂10%。并且还根据学生所在年级不同设有不同的工时标准：学生第一个学期不算工时，第二个学期学生完成一个工时折算成一个熟练工人的20%，以此类推，第三个学期为35%，第四个学期为50%，第五个学期为75%，第六个学期为100%。这种产教融合教学模式将教学内容变抽象为具体、教学环境变静态为动态、教学资源变单一为多元，并将理论知识、岗位技能和素质教育培养相融合，促进了高等职业教育的健康发展。

第二节 高职教育产教融合制度的形式

一、基于资源依赖的合作式融合

合作式融合是通过职业学校选择现代化程度较高且与自己所设专业相关的行业企业，获取实训设备及顶岗实习机会，学生接受企业师父指导；同时职业院校通过为企业培养输送高技能人才、培训企业员工等行为，实现两者资源互换的一种双向沟通、相互依赖的融合方式。其理论基础是20世纪产生于美国的合作教育（cooperative education）。1946年，美国职业协会发表的《合作教育宣言》（*Cooperative Education*：*A Manifesto*，*Freund Others*）认为，合作教育是一种将理论学习与真实的工作经历结合起来，从而使课堂教学更加有效的教育模式。2001年，世界合作教育协会（World Association for Cooperative Education）在它的宣传资料中解释：合作教育将课堂上的学习与工作中的学习结合起来，常能在获取报酬的工作实际中将工作中遇到的挑战和增长的见识带回课堂，帮助他们在学习中进一步分析与思考。我们认为，合作教育是一种将课堂上的学习与职业上的学习相结合的教育模式，学生参加工作是整个教育过程的重要组成部分，是有领导、有组织、有计划、有步骤的教育行为。学生将理论知识应用于与之相关的、为真实的雇主效力且通过校企合作中的校与企是具有不同社会功能和特点的组织，两者合作能否实现彼此预期的目标，基于资源依赖。资源依赖是指组织在一个开放的社会系统内，不可能拥有赖以生存和发展的所有资源，而不得不依赖外部环境，从外部环境中引进、吸收、转换各种资源，进而形成组织间的资源相互依赖的关系网络。职业院校与企业的合作即是资源依赖的一种具体表现。基于职业学校与企业的资源依赖，合作式融合的原则是两者之间的行为是平等的，彼此在享受权利的同时必须履行相应的义务，这是合作的前提，也是长期依赖关系得以建立的基础。合作式融合的内容主要是行业企业为职业学校提供的设备仪器、顶岗机会及指导与职业学校为企业提供的技能人才、员工培训及技术合作。

在实践中，合作式融合作为职业教育参与企业生产最为普遍的一种形式，基于职业学校高技能人才培养需要，即加强理论素养的养成，更注重实际操作能力的训练，涌现出很多典型案例。概括起来有两类：一类是职业学校根据自身的优势专业结合行业企业开展合作，如湖南铁道职业技术学院结合电力牵引与传动控制专业与几个车辆工厂合作办学；另一类是职业学校的人才培养结合区域经济发展需要展开的合作，如浙江永康职业技术学校结合地方产业发展特点及人才需求，培养大批中初级技术人才，服务区域经济发展，发挥职业教育社会服务功能。

二、基于资源共生的嵌入式融合

嵌入式融合是指为完善实践教学条件，提高人才培养质量，学校通过与企业共建生产性实训基地，或将企业生产等相关资源引入职业学校，借助真实的岗位环境，为高技能人才培养创设生产情境的一种融合方式。嵌入式融合的载体是校内实训基地，目标是培养高技能人才，核心是深度产教融合，理论基础是资源共生。共生是个体或组织为了获得生存，按照一定的模式彼此依赖、互相依存，形成共同生存、协同发展的关系。共生的形式主要包括单元、模式和环境三类基本要素发生稳定和谐的结构关系。嵌入式融合是职业学校主动选择的一种共生行为，它以校内实训基地的生产线为共生单元，以协同培养高技能人才为共生模式，以校企互利共赢为共生环境，形成学校与企业之间相互促进、互利互惠、共同发展的共生关系。基于此，嵌入式融合的原则应以产业布局为导向，坚持将岗位环境引入学校、岗位需求引入教学、岗位标准引入学习，实现产教深度融合、校企深度合作。嵌入式融合的内容是学校把企业文化、岗位标准、职业要求引入教学中，这样才能在实践中培养学生的操作技能，在管理中养成学生的品质理念，探索"做中学，学中做"的实践教学，实现产业、行业等要素与教学的融合，逐步建立稳定的长效机制。

在实践中，由于历史、现实及观念等诸因素的影响，在很长时间里职业教育普教化的问题严重影响了高技能人才培养的路径选择。随着人们对职业教育人才规律认识的不断加深，逐步认识到职业教育高技能需要将企业相关资源嵌入职业学校高技能人才培养中来。嵌入式融合的方式是多样的，以高技能人才培养为纽带的校企合作提供了多种融合的可能，在实践中有全面合作、订单培养、共同研发、股份合作、共建实训基地等方式。在具体实践中主要有项目式嵌入融合和整体式嵌入融合两种方式,项目式嵌入融合是指职业学校根据人才培养的客观需要将相关企业的某个生产项目引入学校实践教学的一种合作方式;整体式嵌入融合是指职业学校根据人才培养和专业发展的需要让个别微小企业入驻到学校的一种合作方式,如云南玉溪农业职业学院根据兽医专业的需要将一所宠物医院引入,学生有了实践的平台,医院有了发展的空间,实现了学校和企业的资源共享和协同发展的局面。

三、基于资源整合的关联式融合

关联式融合是通过对各类职业教育资源的重组与整合,实现多元主体的协同与合作,特别是行业企业的有效参与,使职业学校的教学链、经济的产业链和社会的利益链互相对接,构成系统的人才培养、输出、聘用、培训体系的融合方式。关联式融合是参与各主体在平衡权、责、利的前提下,发挥自身优势,获得发展的一种自我选择。利益相关者是指影响目标实现的个人或组织,职业教育利益相关者是指与职业教育存在具有合法性的直接或间接利益关系的个人或组织,主要包括政府、企业、职业院校、学生、教师等。不同的利益相关者由于自身性质的不同决定了其利益诉求的差异,借助利益相关者理论的综合平衡、高效集约、互利共赢等原则,厘清职业教育利益相关者之间的权利与责任,为培养高技能人才提供良好的对接环境。关联式融合的原则是采取一定的组织方式集中财政经费投入,整合职业教育办学资源,实现集中优势力量对接与集合,使学校与政府、学校与学校、学校与企业、教育与培训、就业与创业等对接,扬长补短,优势互补,形成合力,推进职业教育高技能人才培养的实现。关联式融合的内容是利用一定的组织形式将职业教育的利益相关者联系起来,消除长期以来职业学校学生的工作与学习空间相对封闭,无法得到融通,关联式融合可以消除学校与企业之间的障碍,解决企业与职业院校信息不对称及人才培养目标与企业需求脱节等问题。

在实践中,关联式融合的典型例子是职业教育集团的组建。为了克服职业教育人才培养过程中产业与职业、企业与学校、工作与学校、岗位与教学等的脱节,职业教育集团通过一定的组织使多个利益主体参与,实现人才培养过程中各个部分的对接。职业教育集团化办学在实践中变革传统人才培养模式,通过职业教育集团主体共同参与和制订人才培养的方案,实现职业教育高技能人才培养在专业设置、课程开发、技能鉴定等方面能够广泛征求行业企业意见，发挥行业企业的能动性，培养社会急需人才，实现政校企共同参与、协同发展的有效运行机制。其中，一些职业教育集团结合实际探索集团成员学校间中高职课程，打造集团内的"直通车"，允许职业学校学分互认，打通彼此间的壁垒，构建集团内的"立交桥"。职业教育集团参与的主体是职业院校和企业，从1992年国内首个职业教育集团建立至今，我国已建职业教育集团约700个，20年间集团化办学成效显著，其中有一半以上的中等职业学校和90%以上的高等职业院校参与，覆盖行业部门100多个、企业近2万家、科研机构700多个，取得了良好的社会效益，得到了社会的认可。

四、基于资源集约的共享式融合

共享式融合是为培养社会经济发展所需的高技能人才，政府借助教育公共基础建设的契机，整体规划，合理布局，综合开发，完善基础设施建设，为职业学校发展创造有利的条件，通过投入共享资源在空间上或组织上的有序有效集聚，使多个主体共同使用的一种融合方式。共享式融合是职业教育集约发展、集中建设、共同利用的一种方式。聚集经济是交易活动在市场力量作用下，资源或生产要素的空间集聚及配置，实现成本节约的一种经济形态。职业教育资源聚集有助于内部成员之间资源共享，提高资源利用效率，发挥组织功能。共享式融合的原则是提高资源的利用效率，发挥资源集聚的协同优势，通过资源共享实现职业引领与教育教学的融洽，校企合作促成现代企业与现代教育融合，工学结合推动工作规律与学习规律融通。共享式融合的内容是，为跨越学校与企业之间的沟壑，消除空间障碍，提高职教资源的使用效率。随着产教融合发展成为普遍共识，"抓经济必须抓职教，抓职教就是抓经济"的观念深入人心。为提高人才培养质量，服务区域经济的能力，各地方政府为推进职业教育进行公共投资，建设公共资源，成为产业和学校的"磁石"，在资源共享过程中提高经济效益，促进产教融合。

社会组织在不断分工的过程中促进了社会各项事务的精细化发展，同时也导致很多公共资源的分散，社会利用率降低。为了提高资源利用率，就需要我们运用理论联系实践、经济结合效率来尝试解决此类问题。在实践中，职业教育园区作为对共享式融合的一种有益探索,是以职业学校为主体,以实现资源共享、优势互补和产学研一体化为主要目标,以专业建设、人才培养、科技研发或某种资产为主要纽带与共同行为规范,基于地域,立足行业,依托校企合作平台,推动区域产业结构升级,实现区域可持续发展的一种集教育、科研、开发、生产、服务等功能为一体的综合性职业教育实践模式。职业教育园区与其他组织形式相比最大的特点是通过空间的集聚来实现收益的最大化,有利于实现规模效应,促进相关信息的外溢,实现主体的多样性和互补性。近几年,各地职教园区蓬勃发展,根据已经公布的数据,截至2013年年末,除西藏、海南外,全国已经有29个省(自治区、直辖市)已建或在建职教园区173个,比较成熟和典型的如江苏常州职教园区、重庆永川职教园区、天津生态职教园区、广西柳州城等。

五、基于资源开发的一体式融合

一体式融合是职业学校在具备一定实力或政策资金支持下,学校为培养高技能人才和长远发展而创建公司或工厂的一种行为,是集教学、培训、生产、科研等多位一体,兼顾学生实训与教师培训的一种特殊的融合方式,其典型特征是企业或工厂隶属学校。一体式融合是产教融合的高级阶段,校办企业或工厂有很强的市场性,这就需要遵循市场中企业经营的一般准则,其核心是产权,而产权交易理论是其学理基础。产权交易是指在市场经济条件下,为推动社会经济转型的规范化发展,经济主体间发生的生产要素及附着在生产要素上的产权有偿转让的经济行为。生产要素的流动是产权的转移与让渡,运用市场机制,保证校办企业产权交易的有序进行。校办企业的产权是指学校对资源所能行使的权利,以财产所有权为基础及派生的占有权、经营权、处置权、收益权等权利组成的权利集合。一体式融合的原则是,校办企业在进行正常产品生产的同时,还需要进行实践教学,两者需要兼顾,不可偏废。在发展过程中科学管理、妥善经营,力争取得良好收益,实现学校资源不断累积。一体式融合的内容是从教学角度出发,工厂依据学校人才培养计划的要求,负责学生的实习、实训和专业教师技术培训与工程实践等与教学有关的活动;从生产角度出发,进行产品生产,获得收益是其存在和发展的关键,校办企业的规模、设备条件、经营水平必须适应市场环境,获得市场生存能力,这就要求明确校办工厂的功能定位,使其功能结构更加科学合理、高效实用。

在实践过程中，职业教育工作者及研究者逐步认识到"校企合作，工学结合"是培养职业技能人才的根本路径和制胜法宝，但是校企合作的成效却不尽如人意，在很大程度上是由企业和学校的性质、产权、利益等关键要素决定的，其中企业的营利性和学校的公益性（非营利性）是一对难以调和的矛盾，为了探索有效的校企合作方式，学校办企业或工厂是一种大胆尝试，在一定程度上消解了学校和企业之间存在的鸿沟，这也是许多学校积极创办企业或工厂的重要原因。校办工厂作为职业学校内部良好的实训基地，能够形成新的互动机制，推进产教融合，最终形成以"职业关键能力培养为核心、企业关键岗位技能深化为目标、综合知识水平提高和文化融合为宗旨"的培训方案，形成深度融合的校企一体的高技能人才培养机制。例如，天津现代职业技术学院长期推行"产教融合"，即产品、产业、产销和产能与训育、训技、训体和训形结合，系主任兼车间主任，充分利用有利条件，开办工厂，可以有效地提高职业学校学生的素质，促进人才培养水平的提高。

六、基于资源衍生的内生式融合

内生式融合是行业企业结合自身产业类型，配套性地开办职业学校，有针对性地设置专业，相对独立地培养人才的一种融合方式。行业企业举办职业教育不是本质规定的社会功能，而是在拥有较丰富的教育资源和需求驱动下的一种资源衍生功能，是基于企业人力资本投资理论的一种实践。所谓人力资本是指凝结在个体中的能够迅速增值的知识和技能的总和。企业人力资本投资是以企业为投资主体的一种人力资本投资行为，它的投资主体是特定的企业，投资客体主要是企业内的员工，投资目的是提高企业现有的人力资本存量从而增强企业实力。内生式融合的原则是通过行业企业举办职业学校或开展员工培训，推动企业生产、技术进步，保证产品质量和提升科技含量，进而提升企业资产运营的能力和产品的竞争力。内生式融合的内容是行业企业了解自身现状和发展趋势，通过教学计划的制订、实施和协调，企业参与教育管理，并对教学过程中的产教融合明确规定和严格要求，确保培养、培训的质量和效果。

基于资源衍生的内生式融合在实践中主要有企业和行业办职业教育两类。一类是企业办职业教育。企业凭借自身力量，独立办学，该类型适用于处于成长和变革趋势的大型企业，因其经济实力雄厚、员工数量众多、专业素质要求高和员工培训任务重的特点，客观上需要这种企业建立独立的职业教育机构和教学体系，因为只有这样才能满足企业各类技术人员的职业教育与岗位技能培训的实际需求。例如中国一汽教育培训中心，就是由一汽职工大学、一汽党校、一汽汽车中等和高等职业院校整合而成的教育集团，其教学过程具有鲜明的产教融合特点。另一类是行业办职业教育。由于企业的情况不同，不能要求企业都以相同的方式办职业教育，应加强和发挥行业组织的职业教育协会的调控和服务作用，某一行业或同一行业的企业采取共同出资、平等互利方式，联合组建和发展。通过整合行业培训与教育的师资、财力等资源，组建行业性的企业教育培训实体，发挥行业培养及培训的教育功能，解决企业员工专业知识更新和促进职业技能素质提高等问题。

第三节 高职教育产教融合制度的机制

一、产教融合办学模式的运行机制

运行机制，是指影响人类社会规律性运动的各种因素的结构、功能及其相互关系，以及这些因素产生影响、发挥功能的作用过程和运行方式。运行机制引导和制约着决策的制定，是与人力、财力、物力相关的各项活动的基本准则和相应制度。要保证系统内各项工作目标和任务顺利实现，就必须建立一套协调、灵活、高效的运行机制。

受自身办学条件和社会认可度的影响，学校要确保实现预期的产教融合办学模式成果和实效，就必须高度重视运行机制的建立。湖南铁道职业技术学院结合自身及合作企业的实际情况，从建立不同阶段产教融合办学模式运行的子机制着手，在子机制逐渐完善的基础上，逐步探索建立推进产教融合办学模式的整体运行机制。应当高度重视产教融合办学模式过程的规范和管理，避免产教融合办学模式虎头蛇尾、零散重复，甚至形式大于内容、有名无实或无果而终的现象。

二、产教融合办学模式的动力机制

建立有效的动力机制,是推动和促进产教融合办学模式过程中各方积极参与技能型人才培养的重要保证。动力机制的功能在于激发系统内部各利益主体的利益动机,并将这种动机转化为合作培养人才的强大推动力。产教融合办学模式育人的动力机制的实质,就是通过一定的经济利益机制,充分调动和发挥系统内部各参与要素的积极性、主动性和创造性。

高职院校通过产教融合办学模式,可以有效地利用企业的各种教育资源,很大程度上缓解办学资金不足、实践教学资源短缺的问题。产教融合办学模式培养技能型人才,能打破学校以往的封闭办学模式,密切学校与经济社会之间的联系,有利于学校紧密结合区域产业结构的优化调整,特别是行业、企业的实际需求开展教育教学改革,切实提高所培养人才的社会适应性和岗位适用度;通过吸引行业、企业参与本行业急需人才培养的全过程,加快教学内容和教学方法的改革,提高职业院校的办学水平和人才培养质量。

对行业、企业来说,通过参与人才培养的全过程,能大大缩短人才从引进到适应岗位的过渡期,有助于行业、企业量身打造符合自身需要、认同企业文化的人才。同时,这也能提高企业用人的主动性,有利于企业降低自身的人力资源成本。企业利用合作院校在场地、人才、智力等方面的资源开展技术革新、产品研发和员工培训,有助于解决自身在技术、经营、管理等方面的难题,有效地提高企业的市场竞争力。此外,积极参与产教融合办学模式,有利于企业在社会上树立良好的品牌形象,为自身发展营造良好的社会舆论环境。

三、产教融合办学模式的分配机制

企业作为经济法人实体,其最终目标是追求利润的最大化。而职业院校作为教育机构,其主要目标是培养人才和发挥社会效益。产教融合办学模式的过程中,应将企业追求经济利益极大化和学校追求社会效益最大化两者紧密地结合在一起,使校企形成紧密型的利益共同体,最终实现互利共赢、各取所需、利益共享。

湖南工业职业技术学院根据不同产业集群、专业类群特点及不同类型人才培养途径的差异，与不同的企业进行协作，根据企业提出的数量、质量和企业文化等要求，量身定制，安排教学计划，培养高素质的职业适应型人才，缩短职业院校毕业生职业能力与企业岗位能力要求之间的距离，满足企业对不同职业岗位的人才需求。同时可以利用企业的资源、资金和平台，缓解学校办学资金不足及基础设施、实训条件、师资储备薄弱等问题。

通过产教融合办学模式，企业可以优先录取职业院校的优秀毕业生，同时可以利用学校的科研力量和资源，为企业提供业务咨询、技术服务、员工培训及科研成果转让等服务。企业还可以借助双方文化互相渗透，通过学校提炼核心文化，丰富文化内涵，提升企业知名度和美誉度。

四、产教融合办学模式的激励机制

构建产教融合办学模式的激励机制，是指通过利益驱动、优势互补、政策推进等因素，激励校企产生协同的意愿，提高协作的积极性，进而实现协同发展的有关政策、制度和运作方式。建立、健全产教融合办学模式的激励机制，可以有效地保证校企合作各主体的地位和职能的实现，是实现产教融合办学模式利益互惠的根本保障。激励机制具体包括以下几方面：

实施财政激励机制。政府运用财税政策手段对行业、企业进行激励和引导，是促进校企协同发展的行之有效的方法。发达国家职业教育的快速发展，在很大程度上得益于政府为企业提供的税收优惠政策。借鉴发达国家的经验，我国的财力发展状况已经具备了给予企业税收优惠政策的可能性。在政府层面，可以给予参与产教融合办学模式的企业更多的税收减免政策，包括允许企业加计扣除培训职业院校师生产生的费用、允许企业对顶岗实习学生使用的固定资产加速折旧、允许企业因借给职业院校款项产生的利息收入减税、允许企业设立的符合条件的实习基地收入免税等。通过政府的税收激励政策，可以有效地解决企业的利益驱动问题，大大提高企业参与高等职业教育的积极性。

实施权利激励机制。产教融合办学模式既要强调企业的义务，更要保障企业的权利，这是建立产教融合办学模式长效机制的有效保障。只有不断加强、完善和改进相关法律、法规，从法律上切实保障企业在校企合作过程中的地位和权利，切实维护企业的权益，才能保证企业参与产教融合办学模式的积极性。政府要通过立法的形式，明确规定企业在产教融合办学模式过程中享有的权利。参与产教融合办学模式的企业享有的权利应包括以下几方面：享有优先获得毕业生的挑选权；利用学校资源实现职工继续教育的权利；享受税收优惠、科技优先制度的权利；在产品开发、银行贷款等方面享受优惠政策的权利；要求高等职业教育院校确保企业正常生产秩序的权利；要求实习学生尽量为企业节约成本并创造利润的权利；在学校的培养目标、课程设置、专业建设、教学方法、实训实习及师资队伍建设等方面具有充分的话语权等。

实施荣誉激励机制。荣誉激励，就是通过授予荣誉称号的形式，承认企业在产教融合办学模式过程中做出的贡献，从而提高企业的社会责任感。对企业实施荣誉激励，可以从以下几方面着手：一是对积极参与产教融合办学模式并取得良好效果的企业授予荣誉，认定其为技能型人才培养示范基地，对企业负责人给予物质奖励；二是通过开展产教融合办学模式为社会做出贡献的企业授予社会贡献奖，并在企业人才培养创新、技术创新立项上给予政策倾斜；三是在企业信用等级评定、企业综合实力评估和人力资源开发战略实施上给予倾斜或奖励。

第四节　高职教育产教融合制度评价

为了进一步完善产教融合办学模式，提高学生自主学习、自我教育、自我管理、自我服务、自我完善的自觉性和实效性，全面提高学生的综合素质、提高学校教育教学质量，根据调研情况我们设计了高等职业教育学生知行一体的评价模式。

一、评价理念

充分发挥产教融合评价模式对提高学生知行一体的能力和对全面提高学校教育教学质量的重要作用。充分发挥产教融合评价模式对改进学生管理工作、日常教育教学实践的功能，优化学生管理的工作制度，转变教育教学观念，改善教育教学方式，不断提高教育教学工作的效率和效果。逐步完善产教融合评价模式结果的应用,使之与学生评优、奖励、扶助、实习(就业)推荐、参军、毕业资格审核等结合起来,充分发挥产教融合评价模式的激励作用和导向作用。

二、评价原则

(1)发展性原则:评价制度不是面向过去,而是面向未来,以发展为目的,其最终目标是充分调动学生的积极性。

(2)导向性原则:树立正确的学习观、实践观、人生观、世界观。

(3)多元性原则:评价的内容和方法要表现出动态、发展、多元化。

(4)人本性原则:体现以人为本的评价理念,重视个体的差异性,突出评价过程中的学生主体地位。

(5)过程性原则:要在动态过程中,把形成性评价与终结性评价结合起来,使发展变化的过程成为评价的组成部分。

(6)全面性原则:内容和标准必须有利于学生的全面发展,既要体现群体的互助协作,又要尊重学生的个体差异,促进学生个性发展。

三、评价主体

(1)学校产教融合评定工作领导小组。其由学校行政领导、教学处干事及学生处干事等人员组成。

其主要职责:

①确定全校学生的产教融合考评方案。

②指导、督促开展相关工作。

③组织全校学生的产教融合评定结果的统计分析,形成反馈意见,指导改进教育教学。

④对评定中出现的分歧予以仲裁。

(2)师生评定工作小组。每个班级成立评定小组,由班主任、任课教师、学生代表组成,一般为5~7人。具体人员由班主任确定,并报学生处备案。

其主要职责:

①制订并适时调整班级考评的评价方案和标准。

②组织本班开展包括评价、记录、打分、汇总等工作。

③反馈评价过程中出现的问题，上报考评结果。

工作小组中的教师必须是任课教师，对学生应有充分了解，同时具备较强的责任心和较高的诚信素质。小组中的学生不参与教师评分，但应参加实证材料审核、评价细则讨论等决策过程。小组名单要在考评工作正式开展前向被评班级所有学生公布。

（3）家长评定。每个学生的产教融合评价都需要家长的参与。

其主要职责：

①协助学校开展产教融合评价工作。

②参与学生评价工作，反馈学生各方面的表现。

（4）行业企业评定。

其主要职责是：

①对实习生的实习情况进行评定，包括记录、打分、汇总等工作。

②反馈实习过程中出现的问题，上报考评结果。

四、评价内容

总体内容包括基础能力、专业能力、社会能力、潜在能力、发展能力。

（一）学生基础能力评价

学生基础能力评价的目的是让学校对刚入学的学生有一些了解，同时让学生对自己也有所了解。

（1）时间安排：新生入学后一个星期。

（2）评价内容：公共基础课程测评、职业生涯规划及心理健康测评。

（3）评价方法：

①公共基础课程测评。主要内容包括语文、数学、英语、计算机应用课程，前三者采取笔试，计算机应用课程采取机试。学校应该根据每个专业对公共基础课程要求的不同和中高级部的不同来命制试卷的难易程度，比如计算机广告制作专业对计算机应用的要求就相对高一些，测评难度就需要相对增加。针对测评结果分析，用作教学调整的参考依据。

②职业生涯规划。每个新生入学后一个星期需要填写自己的职业生涯规划书，一式两份，一份交给班主任，另一份学生保留。职业生涯规划首先需要学生进行自我评估，结合专业性的生涯规划机构，借助于潜能、人格、兴

趣测验，判断自己的发展方向，确定自己未来的发展目标，进行正确的生涯设计，然后制订出恰当的行动计划，认真执行，并且不断做出评估与反馈。学生在刚入学期间制订职业生涯规划有助于学生树立目标，同时有助于学生时刻对自己进行测评，在不断的学习过程中更加深入地明晰自己的职业方向，并且在校期间进行不间断的完善和补充，使自己与社会发展、所学知识与专业进步、自身潜力与将来发展能够同频共振。

③心理健康测评。目前国内以专门测定心理卫生的90项症状自评量表SCL-90为测量工具，操作方法及测试结果分析参照《心理健康症状自评量表操作手册》。如果是团体测评，所得数据用SPSS19.0统计软件进行处理和分析。

（二）学生专业能力评价

学生专业能力要素包括专业态度、专业知识和专业技能三方面。具体方法如下：

1. 专业态度水平学期评价方法

（1）评定工作以一个学期为一个循环，每学期统计一次。

（2）学生专业态度评价分由平时表现、同学互评、老师评议、社会（包括家长、企业）评议四项之和组成，四项总分100分。

①平时表现记分根据学生平时表现进行打分，满分50分，根据学生平时违纪情况按扣分标准进行扣分。期末计入学生该学期专业态度分。

②同学互评由同学进行民主评议，满分10分，根据评议分数直接计入该生学期专业态度分。

③老师评议由该班班主任和各科任教师进行评议，满分30分，期末计入该生学期专业态度分。

④家长根据学生平时在家的表现情况、企业根据学生实习的情况等对学生进行评议，满分10分，期末综合起来计入该生学期专业态度分。

（3）学校根据学生平时表现按扣分标准进行扣分，对违纪扣分的学生采取帮助、批评、教育、处分等措施督促学生摒弃不良习惯，改正错误。具体处理措施如下：

对被记大过及以上处分的同学，根据国家助学金管理办法，给予扣发1~2个月助学金的处罚，留校察看的学生需要家长到校签试读协议。

（4）评价等次分为优秀、良好、合格、不合格四个等次。原则上，优秀等次不要超过 20%，良好等次约为 60%，不合格等次要慎重给出。

①学生学期专业态度评价分 84 分以上为优秀，75～84 分为良好，60～74 分为合格，60 分以下为不合格。

②有记大过及以上处分的学生，评价等次不能评优秀、良好；有留校察看及以上处分的学生，评价等次为不合格。

③平时表现分低于 50 分，评价等次不能评优秀；平时表现分低于 40 分，评价等次不能评良好；平时表现分低于 30 分，评价等次为不合格。

2. 专业知识水平学期评价办法

（1）成绩评价方式：文化水平采用平时学习过程考核与测试、考试、考查结果相结合的办法进行评价。

①期评成绩＝平时成绩×30%+期中成绩×30%+期末成绩×40%。

②平时成绩：上课、作业、小测试及课堂出勤考核。

③此评定方式适用于文化知识、专业知识理论等科目的成绩评定。

（2）学期文化成绩评价：

①优秀：下面条件同时符合者评定为优秀。

第一，文化理论科目期评成绩单科 60 分以上，平均 80 分以上。

第二，专业理论科目单科 60 分以上，平均 80 分以上。

②合格：下面条件同时符合者评定为合格。

第一，文化理论科目期评成绩单科合格或未被通知补考，或文化理论科目经补考合格。

第二，专业理论科目抽考单科 60 分以上。

③不合格：下面条件有一条符合者评定为不合格。

第一，文化理论科目被通知补考后仍不合格者，该科本学期成绩评定为不合格。

第二，专业理论科目抽考单科和专业技能科目抽考不及格。

3. 专业技能水平学期评价办法

为提高学生技能水平，学生除参加市技能抽考外，学校每学期在全校范围内进行技能抽考，当期不参加学校组织的该科目的技能抽考，但需参加其他科目技能抽考。学校根据技能抽考情况对学生进行技能水平评价。

（1）成绩评定方式：技能水平采用平时学习过程考核与测试、考试、考查结果相结合的办法进行评定。

①期评成绩＝平时成绩×30%+期中成绩×30%+期末成绩×40%。
②平时成绩：上课、作业、小测试及课堂出勤考核。
（2）学期成绩评定：
①优秀：技能考核成绩优秀者。
②合格：专业技能科目抽考及格，或经补考后合格者。
③不合格：专业技能科目抽考经补考后仍不及格者。

（三）学生社会能力评价

1. 学生社会能力要素

社会能力主要是指适应社会及在社会中生存的能力，可以分为适应能力和生存能力。

（1）适应能力：独立能力、体格发展、言语表达及学习能力。

独立能力包括责任意识、独立能力、自觉行为。

体格发展包括身体和心理健康状况。

言语表达包括口头语言（说话、演讲、作报告）及书面语言（回答申论问题、写文章）的过程中运用字、词、句、段的能力。

学习能力一般是指人们在正式学习或非正式学习环境下，自我求知、做事、发展的能力，主要是指学习的方法与技巧。

（2）生存能力，生存能力包括以下几方面：

人际交往能力，如接受权威、谈话技巧、合作行为。

情绪控制能力，如情感表达、道德行为、对自我的积极态度。

自我认知能力，为认识自我的能力。

社会认知能力，为了解自我与他人之间关系、他人与他人之间关系的能力，提高社会认知能力能与别人更好地交流。

团队合作能力，为学会与别人合作的能力。

执行任务能力，如参与行为、任务的完成，遵循指导。

完成任务能力，为能灵活运用自己会的技能去完成自己要做的事等。

2. 学生社会能力评价方法

（1）学生适应能力评价方法。学生适应能力评价主要分为学生自评、家长评议与老师评议、企业评议，四项总分100分。

（2）学生生存能力评价方法。生存能力量表分为人际交往能力、情绪控制能力、自我认知能力、社会认知能力、团队协作能力、执行任务能力6个维度。

（四）学生从业能力评价

（1）学生从业能力评价要素。以学生在企业实习的实际表现来考察，涉及从业态度（40%）、从业技能（30%）、从业协同（10%）、从业业绩（20%）等主要关键要素。而每个要素下又涉及若干方面的主要表现。

（2）学生从业能力评价区间。学生见习（职业认知）阶段和学生实习阶段（职业行知）。

（3）学生从业能力评价办法。由带队老师和企业生产管理部门（班、组、车间等）或人事部门及学生本人三方构成评价主体。

（4）学生从业能力评价量表。

（五）学生潜在能力评价

（1）学生潜在能力评价要素：创新能力、个性特长、职业规划和专业兴趣。

（2）学生潜在能力评价方法、标准及步骤。潜在能力评价包括评价主体、评价方式、评价内容及评价的结果标准规定。评价主体以学生评价为主，以教师评价为辅，比值方法有成果展示、他人认可、特长展现、自我鉴定四种方法对学生潜在能力表现做出评定，也可以用证书证明，比值分别为40%、30%、20%、10%。学校则可以根据一定的指标，将学生的潜在能力表现划分为不同的等级，符合等级认定要求的学生通过个人申请、学校核实认定等步骤实行代替性学业评价，以促进学生潜在能力发展。评价结果以等级认定的量化形式和评语认定的质性形式来综合评价学生的潜在能力发展状况。在每个学期期末，通过调查性和认定性评价对学生个性特征进行评价，了解掌握学生的个性特征的发展变化。

（3）潜在能力评价量表。借鉴霍兰德的职业选择理论分类法，学生未来职业倾向性可划分为简单职业型（50~59分）、深造职业型（60~69分）、潜在能力型（70~79分）、创业发展型（80~89分）、自由职业型（90~94分）、理想职业型（95~100分）六大类。其个性特征倾向可分为管理类、专业类、事务类、兴趣类四类。具体的潜在能力倾向类型与调查评价工具：管理类，根据学生在寝室、班级、科室、社团、学校等集体中任职和工作表现进行调查评价和认定评价；专业类，根据学生专业学习，技能操作，职业证书的考取、技能大赛、手工制作、创新发明等方面的表现和成果进行调查评价和认定评价；事务类，主要是根据学生在学习、生活、工作中表现出来的办事能力、服务能力、解决问题等方面的表现来进行调查评价和认定评价；兴趣类，主要是根据学生在琴、棋、书、画、说、唱、弹、跳等文体才艺方面的表现进行调查评价和认定评价。采取评述性评价和认定性评价结合，并根据成果、认可、展现、自评的优劣和高低综合给出等级。

（六）学生发展能力评价

学生发展能力评价是针对学生就业后爱岗敬业精神、团结合作精神、工作业绩、创新精神、人际交往五方面的评价，主要采取的是追踪评价，每五年评价一次。

五、评定结果的运用

学业水平及技能水平评价和思想道德评价结果是学生评优、奖励、扶助、参军、实习（就业）推荐、毕业资格审核的主要指标。

（1）学业水平及技能水平评价和思想道德评价为优秀等次的学生，可参加学校三好学生、优秀学生干部、优秀团员的评选。

（2）学业水平及技能水平评价和思想道德评价连续三个学期以上为优秀等次的学生，可参加省、市三好学生、优秀学生干部、优秀团员的评选。

（3）学业水平及技能水平评价和思想道德评价为合格及以上等次的学生，可参加学校单项奖励的评选。

（4）在校期间（按四学期计，下同），学业水平及技能水平评价和思想道德评价为合格及以上等次的学生，可参加学校优秀毕业生的评选。

（5）学业水平及技能水平评价和思想道德评价上学年全部在合格及以上等次的学生，可申请学校、社会的减免或补助、扶助贫困大学生。

（6）学期思想品德学期评价和毕业评价记入学籍卡，归入学生档案。

（7）学业水平及技能水平毕业评价和思想道德素质毕业评价为合格及以上等次的学生，方可推荐实习（就业）、准予毕业。

（8）学业水平及技能水平毕业评价为优秀等次和思想道德素质毕业评价为良好及以上等次的学生，学校优先推荐实习（就业）。

（9）思想品德学期评价结果有一个不合格等次的，需补修一年德育课程，推迟一年发毕业证。学业水平及技能水平不合格，不予推荐工作。

（10）思想品德学期评价结果有两个不合格及以下等次的毕业生，其思想品德评价结果为不合格，只能发给结业证，不发毕业证。

（11）思想品德学期评价和学业水平及技能水平学期评价有一次及以上次数不合格者，不能参加高三对口升学。

第五章　高等职业教育人才的知识能力

第一节　高等职业技术人才的知识结构

一、夯实基础知识

学习专业知识和技能，发展职业能力和素质，都离不开宽厚稳固的基础知识系统。社会越进步、科技越发达、岗位越丰富，越需要扎实的基础知识。打好底子，练好基本功，是高职学子优化知识结构的关键所在。而必要的基础理论与知识（如中文、外语、数学、电脑运用、图书手册资料的检索使用等）也是继续学习的必备基础，虽不追求系统全面，但要学得扎实，真正理解、掌握其基本概念与基本方法，并能作为工具较熟练地在一定范围内运用。因此，要善于从自身实际出发，有计划有目标地掌握新型人才必备的基础知识，为日后在工作岗位上创造佳绩打好深厚扎实的基础。

二、建立合理的知识结构体系

广博的知识是专精知识的基础，而专精的知识又能推动广博知识的继续延伸。因此，要建立合理的知识结构体系，要求博中求专，无专之博如无的之矢，而只专不博又未必能真专。专和博是互相依存、互相促进且互相制约的。研究领域要专，了解领域要博，即我们通常所说的，既要成为专才也要是通才，既能适应科学的高度分化，又能适应科学的高度综合和渗透。并且，博和专间的比例要适当，尽量求得最优比。比如，与形成职业能力相关的知识面要宽一些，侧重综合运用。这就是说：一方面，由于工作现场要处理的人、事、物往往需要有多种学科知识的交叉,因此在强主干技术及与之有关学科学习的同时还要使学生具有较宽的相关知识面。这包含两层意思:一是指相关技术,如计算机应用专业的学生,除了要较好地掌握计算机应用的主干技术外,还需要对应用的对象有所了解;又如广告、装潢公司的美工人员不仅要具有美工专业能力,还要会电脑绘图,懂得策划、营业等。二是指自然科学与社会科学、技术学科与人文学科的适当交叉。工科类学生要学一点必要的经济、法律、社会、管理的有关知识。文科类学生也要学一点必要的相关技术学科的基础知识。这一知识面的宽度应是适当的,太窄了固然不行,太宽了既无必要也不可能,应限于相关知识。另一方面对相关知识的学习要求应是宽而浅,侧重于在实际工作中的综合应用。不能要应用一部分有关知识就学一门完整的学科,且各自自成系统,那样主次不分,学习内容过于庞杂,达不到预期效果。相关知识的学习虽学时不多、深度较浅,但在基本素质的培养及职业能力的形成中必不可少,这方面往往容易被忽视。

三、保持知识结构的最佳状态

要求能够根据形势发展需要经常定向调整自己的知识结构。所谓定向调整,就是紧紧围绕选定的目标,充实和积累知识,不断调整自己的知识结构。因此,高职学生在学习的过程中,要及时掌握信息,寻找、吸收、借鉴新知识、新方法,掌握本专业学科知识的国内外新动向、新成就,并根据自身具体情况,扬长避短,建立独具特色的知识结构,使所学知识具有时代性、新颖性。

四、重视实务知识的学习

实务知识属经验知识,包括"事实"(知道物体、事物的性质及其名称、符号等)、"程序"(知道在特定的情境中做什么,按怎样的步骤去做)。一个特定课题的知识往往是经验知识和理论知识的结合,二者的关系是非层级性和非排他性的。由于高职所培养的人才往往和实际操作过程相联系,因此在充分重视必要的基础理论与主干技术学科学习的同时,也要对实务知识的学习予以应有的重视。

构建高职人才知识结构,形成职业能力,是高职教育的一大基础任务,高职院校主要通过公共基础课、专业基础课、专业课、实习实训课、毕业实践、顶岗实习等教学环节来构建学生的知识结构。因此不得不谈及课程内容组合和教学策略问题。由于高职教育培养的专门技术人才要求上岗后能较快地胜任工作，尤其在中国，中小型企业多，企业的培训制度不健全，在职培养的能力不强。针对特定职业所进行的专业教育不仅能使学生获得与该职业有关的态度、知识、技能等，更重要的是培养学生综合运用所学的知识、技能，较系统地去分析、解决现场的技术问题，最终形成职业能力。不论专业设置是宽是窄，这一要求是必须完成的。因此，在教学策略上应使其有机地结合起来。专业课固然应有较强的针对性和实用性，使学生在完成课程后能较快地从事某项工作；但也必须贯彻理论与实践相结合的原则，联系已学的基础理论及主干技术课程，在加强培养学生"可转换的技能"、综合运用的能力及真枪实干的职业能力上发挥重要作用，这种技能和能力具有很强的可迁移性，学生即使改变具体工作岗位仍能较快地胜任工作。各类课程作为一个有机组合的整体，共同完成教育目标，它们之间有其内在联系及学习顺序，但在完成教育目标中有各自自身的功能和作用，正确的做法应将教育目标进行层层分解，确定课程结构，设置各课程的具体教学要求，然后根据其内在联系、顺序，以最有效的方式组成合适的课程体系。

第二节 高等职业技术人才的能力结构

一、自我学习能力

现代社会知识创新和衰退速度加快，掌握新知识成了每个人的生存基础，因此，学会自我学习就成为所有劳动者生存和发展的必要条件。所谓学会自我学习，不单表现为不断扩大知识和寻找处理大量信息的能力，还表现为运用知识，实现卓越目标的能力。更确切地讲，自我学习能力主要是指在工作活动中对学习技术的自主掌握能力和学习方法的应用能力，能根据工作岗位需要和自身发展需要，自主确定学习目标、制订学习计划，以及在学习过程中所持的学习态度。对学习技术的掌握能力即运用各种先进的媒体技术不断获得知识的能力，比如对互联网、学习软件和在线服务的应用等；学习方法的应用能力是指灵活运用有效的方法，学习并应用新知识、新技能的能力，包括对自己的能力、特点及系统的自我认识，能够找到适合个人条件的学习方法，进行自主学习，自觉地应用多媒体技术，提高学习效率；学习态度是学习者形成并应用学习能力的不竭动力。

学习能力必须作为高职学生的核心能力重点培养，这是因为，在科学技术迅速发展的今天，高职教育并非是终结教育，而只能是终身教育体系中的一个组成部分。对高职毕业生来说，要具有系统、坚实、宽厚的理论基础，掌握各种新技术，又具有今后进一步发展的能力，就必须要学会学习，即在高职教育中必须使学生具备继续学习所需的能力、知识和态度。高职学生只有具有学习能力，能学习、会学习，并能够熟练应用媒体技术，才能自如地、及时地获取自己所需要的知识，拓宽自己的知识领域，为自己职业能力的迁移以适应社会发展打下良好的基础。

科技发展日新月异，新技术转化为现实生产力的周期也日益缩短。新技术在生产中的运用，使得职业种类变更速度大大加快，除了职业种类，职业工作内容也以惊人的速度变化着，这一点已成为现代职业的重要特征，它决定了一次职业教育无法满足一个人终身就业所需的知识与技能。为解决这一矛盾，教育家们早在20世纪60年代就已提出终身教育的思想，职业教育不再是终结教育，而只是终身教育体系中的一个重要组成部分。终身教育即是自我学习、自我教育理念的最深刻体现。高职高专学生在短短两三年内不可能具备踏入社会工作岗位所需的全部知识、能力和素质，因此最重要的是要使学生具备继续学习的能力。授人以"鱼"，不如授人以"渔"。自我学习能力即是以终身学习为主要特点，以学会学习为最终目标，是高职学生不可或缺的首要核心能力。

第二届国际技术与职业教育大会认为，21世纪最重要的品质是学会学习。怎样才能培养学生的学习能力呢？首先要注意培养学生的求知欲，其次要让学生掌握必要的基础知识与技能，最后要让学生掌握科学的学习方法。为此，必须改革教学方法，提倡启发引导，让学生成为学习的主体，鼓励学生在教师指导下通过自学教材、查阅资料、调查、实践、思考、讨论等多途径获取知识与技能，逐渐培养自主学习的动机和兴趣，逐渐养成自主学习的习惯。

二、信息处理能力

信息处理能力是运用各种方式和技术，判断、选择、整合、获取、使用和展示信息资源的能力。具有信息处理能力的学生，能够有效地存取信息，能够批判地、适当地评价信息，能够准确地和创造性地使用和展示信息，也能够创造性地开发信息。对信息能力的要求是知识经济和信息迅猛发展的结果。在当今社会，如果不能及时收集和甄别信息、快速传达和展示信息，不能有效利用和创新信息，必将被社会淘汰。因此，在高职学生的核心能力体系中，信息能力是必需的，它使高职学生能够在有限的专业知识学习外，获取更广博的信息，并获得采集、鉴别和使用信息的能力，从而在职业生涯中能随时应用信息处理能力来不断提高自己的专业能力和职业适应性。

信息处理能力是逐渐养成的，必须不断地有意识地运用批判的思维能力，去抽象、推理，学会运用信息技术熟练地与知识和信息交往，自如地驾驭自己的知识，学会选择信息，明确自己想要的和必须掌握的信息，学会面对不同性质的信息，有自己的评价标准，确定有意义的信息，摒弃多余的信息，真正做到"去粗取精，去伪存真"。

三、人际关系能力

人际关系能力是指组织、协调职业活动中个人与生产、个人与他人、个人与群组之间关系的能力。人际关系能力包括劳动者的合作意识、团队精神和群组行为，还包括对更换职业的适应，主要表现在对不断变化的物质环境和人际环境的适应，如上司的领导方式、同事的工作方式、具体的生产操作方式变化等。这就要求不仅要有较强的适应、协调能力和角色转换意识，还应该具有健康的心理素质，如乐观、稳定的心态和较强的耐受性。

人际关系能力对高职学生毕业后能更加顺利、有效地将自己的专业知识和技能应用到生产中是非常重要的。高职学生要具备人际关系能力，必须善于处理人际关系，乐于同他人合作，具体地说就是具备团队精神，作为团队的一员，对团队负责，能与之共同努力并为之做出贡献，必须具有宽容性，能够主动地承担责任，周密地考虑问题，自觉地开展自己的工作；同时，还要把自己的知识和技能传授给合作者，从而使团队的整体水平得到提高。对从事服务行业的高职学生来说，良好的人际关系还意味着为顾客服务并使顾客满意。日本日产技术学院提出要造就"尖端技术与圆熟心性兼备的人才"，他们认为正因为处在技术革新时代，才不应单单地重视尖端技术教育，同时应注重善于处理人际关系，懂得尊重和爱护他人的圆熟心性的教育，否则再有本事，也将一事无成。

四、与人交流能力

与人交流能力就是在与人交往的活动中，通过口头或书面的形式与他人交流、表达自己的观点和意图，从而达到获取、与他人分享信息资源的目的，具体包括口头交流表达和书面交流表达两种。口头交流表达能力即说的能力，要求能思路清晰、流利地表达自己的思想，与他人实现成功沟通；书面交流表达能力主要是指写作能力，要求能用书面形式传达意见、观点和信息。两种能力同等重要，是推销自己、表现自己、获得职业发展的重要工具。高职学生的与人交流能力主要是应用在求职和生产操作过程中，在求职中，良好的口头表达能力能展示个人的风貌，诚恳的求职信会给人留下深刻的印象，在生产操作过程中，能书写报告、信件、指示、说明书，制作图表及流程图，使整个生产过程有条不紊，提高效率。因此，与人交流能力作为一种核心能力，在高职学生的能力结构中也应该占有一席之地。

与人交流能力应从听、说、读、写四方面来培养。要训练听的能力，即接受和理解语言、信息，及时做出反应，要经常锻炼自己说出来，运用自己所学的知识，勇敢地表达出来，让别人倾听并说服听众，锻炼自己的口才和思维的敏捷性；要经常阅读大量的书刊、杂志，累积点滴知识作为口头表达和书面表达的基础；要训练自己把所思所想记录下来，固化成文字以表达自己的思想，思路要清晰，质量要高。通过不断的训练，使自己善于表达自己的思想，善于与人沟通，既能虚心听取别人的意见，又要学会如何使人们理解、接受自己的正确意见，使自己善于与人合作共事，懂得关心、尊重、爱护别人，学会和各种年龄、思想的人群相处，取得别人的理解和协助。企业反映，真正地做好基层工作（或提供服务等），其重要性不亚于技术本身。

五、外语和计算机能力

外语能力和计算机能力被认为是打开 21 世纪大门的两把金钥匙，而不懂外语和计算机的人将成为 21 世纪信息时代的文盲。所谓外语能力和计算机能力，是指运用外语和计算机进行工作、学习和交流的能力。高职学生应将外语和计算机作为基本的劳动工具来使用，因此，这两方面的能力应该讲求实用性，而不必精深。具体地说，在外语方面，高职学生应对自己专业的专业英语具有一定的熟悉度，懂得行业相关外文技术术语，能读懂相应的外文技术说明书，应具有一定的口语能力，能够与外国客户、外来文化、技术进行简单的交流，应该有较好的视听能力，捕捉一闪即逝的外文信息，从而提高自己的学习能力和信息能力。在计算机方面，应该懂得家用、商用计算机软硬件的基本操作，利用网络和多媒体技术实现资讯互通、图文制作、图文展示等，应该具备现代化的办公能力和电子商务能力，能够充分利用互联网在信息海洋中捕捉或发布技术和商业信息，能够利用计算机熟练地解决本专业技术问题，等等。

高职学生从基础教育开始就接受到外语能力和计算机能力的训练，期间也都参加国家相应等级的外语和计算机考试认证，因此，在高职生毕业时，其外语和计算机能力都应达到一定的水平，从而将两种能力作为基本工具应用于职业活动之中。又由于信息化时代知识更新速度的快速，外语和计算机应用知识日新月异，高职毕业时必须能够通过不断自我学习，随时更新自己的外语和计算机知识和能力系统，才能更好地适应工作岗位的要求。

六、问题解决能力

生活实践和职业活动中出现的矛盾和问题无处不在，能准确诊断问题，利用各种办法解决矛盾和问题的人，才是有能力的实用型人才。当今企业的用人观念非常实际而明确，学历和文凭只是入门通行证，能力才是实用的许可证。能有效解决各类问题的人才才是企业真正需要的人才。因此，问题解决能力也是具有普遍适应性和可迁移性的一种职业核心能力。它是指能够把握事物发生发展规律，准确分析诊断问题发生关键，运用各种有效途径和手段，提出解决方法、方案和计划，有效实施并善于及时调整和改进，从而圆满解决问题的能力。

实际生活中碰到的问题分为一般性的简单问题和综合性的复杂问题两类,其中,一般性的简单问题解决能力是每个合格的高职学生在踏出校门时必须掌握和具备的能力,就像解决一道简单的生活数学问题,通过校园生活和学习实践,能够很好地培养此项能力;而综合性的复杂问题,则一般为发生在职业岗位上出现的要求较为复杂的工作任务,这种任务解决的过程中可能要涉及多个群体、多层关系,分几个阶段,有几项分目标,需要动用多个能力系统综合考虑。此类问题的解决能力只能通过在实践中不断学习和磨砺逐渐得到掌握。初涉岗位的高职学生必须能够善于向有经验的长辈、同事虚心求教,加强自我学习,勇于向各种问题和矛盾挑战,以锻炼自己的问题解决能力,渐渐达到触类旁通,使之不断提高和完善。

七、创业能力

1998年,联合国教科文组织把创业能力定义为未来世界的"第三本护照"。在发达国家,大学生是高技术创业的一支重要力量,普遍得到风险投资机构的高度重视,取得了非常不错的成绩。诸如微软、苹果、英特尔等知名企业,其创办人都是当年学生创业的佼佼者。根据2004年全球创业观察报告,创业对就业有非常大的作用,据调查,过去5年,在中国创业活动不活跃的国有和城镇集体领域减少了5000万个工作机会,相反在创业活动非常活跃的股份制经济和民营经济领域则增加了1500万个就业机会。在同年的亚洲教育北京论坛上,我国劳动和社会保障部官员指出,目前中国的创业机会比较多,但是创业能力却低于世界平均水平。大多数人缺乏创业技能和经验,因此,在高职教育中增加创业教育和创业能力培养是时代的呼吁;高职教育不仅要培养能就业的人,而且要培养能创造就业机会的人。创业意识和创业能力应作为新时期高职教育人才重要的质量指标。

创业教育应以创业知识为基础、创业能力为主线,即通过学习创业的有关基础知识,形成初步的创业能力。创业是一种复杂的劳动,需要创业者具有较高的智商和情商,具有创业能力是创业成功的必要条件。创业能力是一种高层次的综合能力,可以分解为专业能力、方法能力和社会能力三类能力。专业能力是指企业中与经营方向密切相关的主要岗位或岗位群所要求的能力。专业能力是创业的前提能力。方法能力是指创业者在创业过程中所需要的工作方法,是创业的基础能力,主要包括信息的接收和处理能力,捕捉市场机遇的能力,分析与决策能力,联想、迁移和创造能力,申办企业的能力,确定企业布局的能力,发现和使用人才的能力,理财能力,控制和调节能力等各方面。社会能力是指创业过程中所需要的行为能力,与情商的内涵有许多共同之处,是创业成功的主要保证,是创业的核心能力,主要有人际交往能力、谈判能力、企业形象策划能力、合作能力、自我约束能力、适应变化和承受挫折能力等。

创业能力由专业能力、方法能力、社会能力相互作用而成,是一项对劳动者各方面要求较高的综合能力。显然,要求每个高职毕业生都具备较高的创业能力是不现实的,但创业能力作为一种综合能力,不是只在创业过程中才显现出来,在工作岗位上,具备创业知识和创业能力的高职人才能够更好地适应工作环境,处理工作问题,驾驭工作任务。通过创业教育和创业能力培养,使高职生具备自主创业的意识,掌握创业必备的基本能力,则对将来的就业和岗位工作不无裨益。

八、创新能力

当前,随着科学技术的发展,国际竞争、企业竞争已发展为主要是创新能力的竞争。世界各国尤其是发达国家纷纷把推动科技进步和创新作为国家战略,大幅度提高科技投入,加快科技成果向现实生产力转化,以在国际经济、科技竞争中争取主动权。1948年美国麻省理工学院率先开设了"创造性开发"课程,此后,各种形式的创造性教育活动逐渐推广普及到中小学。1955年日本开始由美国引进创造学业,并在全国普及了创新活动。1982年的一份普查报告表明,当时日本已有大约40%的企业对职工进行了关于创造性思维和技法的教育。综观美国和日本的创新发展,我们不难看出,它们的创新教育具有广泛性和深入性,尤其是日本进行的职业岗位创新教育,向我们的职业教育提出了一个很重要的课题,即职业教育如何开展创新活动?职业学校学生如何进行创新学习?或者说,如何提高高等职业教育人才的创新意识和创新能力?

职业教育要培养创新人才,必须牢固树立创新教育观,进而改革教学,实施创新教育,培养创新能力。创新能力是指在工作活动中,为改进、完善事物现状,运用个人的创造能力,以创新的思维和手段,提出改进的方法或革新的方案，勇于付诸实践，从而产生出新的、具有个人和社会意义产物的能力。毫无疑问，它不仅表现为对知识的摄取、改组和运用，不仅表现为对新思路、新技术的发明，还表现为一种追求创新的意识、一种发现问题积极探求的心理取向、一种善于把握机会的敏锐性、一种积极改变自己和环境的应变能力。总之，创新能力是一种智力特征，更是一种人格特征、精神状态和综合素质。

面对多变的、多样的世界，我们任何一个人，从事任何职业，都不可缺少创新能力。对教育来说，培养创新能力不是一般性的要求，而是所有教育活动的一种基本指向。原创性是发展成败的关键，它将成为评价教育成败的最高标准。富有成效的教育，就是要使学生学会做人、学会求知、学会健体、学会创新。对职业教育的要求，同样也是如此。技能型应用型人才的无穷创造力是推动技术革新的关键动力，因此，能不能有效地培养学生的创新能力是职业教育的永恒课题，创新能力的培养是职业教育举足轻重的一环。

创新能力的培养和形成与后天的开发和努力是分不开的。培养学生创新能力，即培养学生流畅力、变通力、精致力、敏觉力和独创力，主要有以下三个途径：一是从自身认识经验中获得；二是由有经验者给予方法指导而获得；三是从教育教学中的训练获得。其中，以教育教学中的训练为最有效的方法。为此，确立创新能力培养的有效策略有以下几种：

（1）基础策略。基础知识是人们学习和掌握专业知识和技能技巧的支撑点，是人类文化积淀的基点和起点。实施创新教育是要通过对传统教育进行选择、继承、改造和发展，以及运用有效方式向学生传授有效知识来实现。只有站在巨人的肩膀上，才能看得更远。在实施这一策略时，除培养学生的自主意识、意志力和注意力之外，应着重鼓励学生发散思维和大胆质疑。发散思维是一种创造性思维，在各科教学中都应注重训练和培养。提出问题本身就蕴含着创造思维的火花，只有善于发现问题和提出问题，才能在此基础上思考和寻求解决问题的方法。为此，教师要经常鼓励学生遇事多问几个为什么，大胆质疑，不唯书不唯上。这一过程的重点是指导学生应用所获得的知识创造性地解决问题。

（2）环境策略。这里的环境是指学校应多给学生以创新的条件、机遇和氛围。教育学家陶行知曾激情澎湃地说："处处是创造之地，天天是创造之时，人人是创造之人。"学生创新能力的培养和发展，固然离不开知识和经验的积累，但如果不向他们提供尽可能多的创新机遇，他们的创新能力和操作能力也就得不到应有的锻炼和提高，甚至于被扼杀。学校可根据学生的不同年龄特征，通过日常生活、活动、教学和学习等途径去培养，使其创造个性逐步得到全面提高和发展，为创新能力的培养和发展创造条件。在实施这一策略时，我们应鼓励学生多"标新立异"。"标新"和"立异"都是一种创新。还可以鼓励学生多尝试一点"无中生有""异想天开"，哪怕是微不足道或幼稚可笑的，只要有利于发展创新能力，有利于现实和未来的需要，就应当受到赏识和鼓励。

（3）行为策略。创新能力的获得最终要通过行为表现出来。如果说上述两种策略是创新能力的间接培养策略的话，那么行为策略就是创新能力直接的现实的培养策略。在教学中，知识的学习不再是唯一的目的，而是手段，是认识科学本质、训练思维能力、掌握学习方法的手段。在教学中强调的是"发现"知识的过程，而不是简单地获得结果，强调的是创造性解决问题的方法和形成探究的精神。为此，我们可以采用"内容不完全教学法""发展问题教学法"和"多角度解决问题教学法"等新型教学法。与此同时，还应大力培养和发展学生的非智力因素，利用课堂以外的其他各种途径，广泛地调动学生的参与意识，让学生各尽所能、各展所长。这样，学生的应变素质、发散思维、创新能力也就在解决问题的过程中得到了培养。

第三节 高等职业技术人才的素质结构

一、素质与素质教育

1999年6月，中共中央召开了全国教育工作会议，并发布了《中共中央国务院关于深化教育改革全面推进素质教育的决定》。所谓全面推进，首先是指个体所具有的德、智、体、美各素质因素是一个整体，缺一不可，其次是要将素质教育贯彻于各级各类教育当中。按心理学的解释，素质的原意是指"人的先天的生理解剖特点"，而且"主要是感觉器官和神经系统方面的特点"。这种生理特点是人的心理发展的物质条件，属于人的先天身心品质。

这种先天的生理特点，还要通过后天社会实践来发展、成熟和补偿。没有后天的社会实践，再好的先天素质也不能决定人的心理内容与发展水平。影响人们素质发展的基本因素，包括遗传、体质、环境、教育及个体的认识与社会实践等，其中教育对人的发展具有决定性作用。由于人的生理和心理发展有其自身的规律，后天的教育和实践表现为很强的阶段性。有的心理学家认为，人的智能发展呈负加速趋势，婴幼儿时期发展速度较快，大约在14岁发展速度减缓，青年时期发展趋于成熟。这虽然不是精确的生理学理论，而且因人而异，但这个结论提醒我们，应当抓住青少年这个关键时刻，根据他们的生理和心理特点，科学合理地促进他们的身心品质和智能发展。学校的任务，主要是让他们具有以后参与社会生活和职业生活所必需的知识和能力基础，促进他们身心品质的全面发展。

什么是素质教育？教育学上的素质概念，是心理学素质概念的引申，它强调的是后天素质的养成，是先天素质和后天素质的整合。它是在先天素质的基础上，通过后天学习、训练而逐步内化养成素质。因此，我们所说的素质教育，应当是这样一种教育，它利用遗传与环境的积极影响，调动学生的主观能动性，促进学生生理与心理、智力与非智力、情感与意志等因素全面而和谐的发展，促进人类文化向个体身心品质内化，从而为学生的发展打下扎实的基础。这种基础是递进的，当个体的发展达到一个新的水平时，就同原有的基础整合而构成新的发展基础，这就形成了个体发展的良性循环。所以说，素质教育是以提高学生的整体素质为宗旨的，其目标是通过教育和训练促进学生内在的身心品质发展。在素质教育中，"发展"和"内化"是人的素质形成和提高的两个不可分割的过程。

这种建立在心理科学基础上的素质教育，是现代教育学的基石，是培养创造性人才的核心内容。只有从总体上把握素质教育的实质，才能科学准确地实施素质教育。

1. 素质教育重在培养学生的内在素养

素质的内在性，要求把教育的着眼点放在学生良好的内在身心品质的养成和发展上。这种内在身心品质的养成和发展，是通过长期的知识积累、艰苦的思考实践实现的。现代教育学强调学生的主体性，意在使学生在学习和对信息的摄取、加工、运用过程中，达到知识内化和情感意志品质的养成，形成内在的潜能。由于素质的内在性，使其难以从外在表象上进行直接检测，不能量化，只能根据个体长时间、多方面的行为表现进行间接判断。

2. 素质教育注重基本品质的培养

按照教育学的解释，人的素质是指"人在先天生理的基础上，受后天环境、教育的影响，通过自身的认识与社会实践，养成的比较稳定的身心发展的基本品质"。素质是人的先天素质和后天养成素质的融合，人的知识的积累、智力的发展、思维品质和精神情感的养成，是构成人的素质的基本方面。这种素质的基础性，为人的继续学习和发展，为从事社会生活实践，奠定了坚实的基础。

3. 素质教育强调人的全面发展

由于素质的整体性，所以素质教育特别强调人发展的整体水平，其着重点是教会学生如何做人、如何学习和如何发展。所谓高素质的人才，是指具有宽广知识基础和多方面能力的人，能够思维快捷地解决复杂实际问题的人。这种素质，随着教育层次的提高和社会实践的反复磨炼而逐步提高。

我们之所以强调素质教育的三种特性，在于提醒人们把素质教育的着眼点放在学生良好内在身心品质的养成上，为学生的终身发展打好基础，防止对素质教育概念的泛化，只是把各种外在的能够量化的行为能力，作为衡量个体素质高低的标准，反而忽视那些基本方面。教育学上的素质概念是指先天与后天的整合素质，这种比较稳定的身心基本品质，是人发展的基础。个体在这个基础上，通过教育训练和社会实践，逐步形成各种外显的行为能力，成长为各种不同能级的专门人才。并且随着知识和能力多方面的增长，还会促进个体素质的进一步发展。当前职业教育的主要危险，不在于应试教育，而在于忽视基本品质教育，因此要避免出现把正规学校教育蜕变为训练工匠的培训班的错误。

二、全面素质教育与高等职业技术教育人才培养

全面发展素质教育，是人的全面发展的必然要求，是时代的产物。21世纪是知识经济时代。它给我们展示了一个阳光灿烂的前景，也以其迅猛的变化和不确定性使我们面对极大的挑战。面对这一挑战，党和政府提出科教兴国和可持续发展战略，要求把社会经济发展建立在依靠科学技术和提高劳动

者素质的基础上，当代劳动者应当具备什么样的素质，这是职业学校面临的首要问题。研究者普遍认为，现代劳动者的素质，不应单指劳动技能，不能过分突出那些能量化的技艺指标，它还应当包括思想品德、科学文化和职业能力诸方面。现代劳动者的职业能力差别，与其说在手工技艺方面，毋宁说在知识和智力方面。一般认为，劳动者的劳动技能熟练程度取决于普通教育程度、专业知识素养和由实际工龄表现的生产经验。

职业素养和能力，就其内涵来说具有时代特征，反映了当代文化科学技术水平、社会需求变化和个性发展。在知识经济时代，生产第一线岗位操作人员已不再以体力劳动为主，其职业分布是专业技术人员处于主导地位。以美国为例。1950年劳动者队伍中蓝领占65%，1956年白领超过蓝领，现在的蓝领工人已下降到13%。从这个意义上说，知识经济是工业经济发展的必然结果，也是生产方式和价值观念根本性变革的结果。生产方式由体力劳动为主转变为以智力劳动为主，知识成为提高就业机会和竞争能力的最重要因素。因此，提高受教育程度和终身发展的能力，就成为人们普遍关注的问题。由于科学技术的快速发展和生产方式的不断变革，社会对劳动者素质的要求是全方位的，不仅要求智力和体力的全面发展，也要求人的社会适应能力和道德品质的全面提高。人人都要以满足社会对劳动需求为目标，积累知识，培养创造力，提高对社会变革的适应能力。由于一技之长的使用时间大大缩短，难以维系终身，必须随着社会需求变化学习新的技能，这就是人们通常所说的终身学习和即时学习。但是，要取得好的学习效果，必须有良好的知识和能力基础，即人们所说的必须接受全面素质教育。

产业结构升级，对技术熟练的劳动力需求变化加快，对劳动者受教育程度的要求也越来越高。根据有关数据统计，受教育程度低的人平均失业率是10.5%，而受过高等教育的人失业率只有3.8%。由于高技术产业的发展和传统产业的改造，正在造就和发展一个新兴的阶层——知识型劳动者阶层，即掌握一定科技和专业知识，又能实际动手操作的劳动者阶层。这个阶层的人员，大多受过较高层次的教育，主要是高等职业教育。这一社会需求和社会价值观的变革，促进了高等教育的大众化。

由上述可以看出，面对21世纪的挑战，高等职业教育所要培养的人才，要求的是全面发展，具有广泛、扎实的科学文化基础的人才，全面素质教育也就更加凸显出来。良好的素质是高职学生智力开发和个性发展的基础，高等职业院校教育的重心应是为学生提供接受终身教育的知识和能力基础，同时有选择地为学生提供初步的职业能力训练。那种以突出职业技能为重点，削弱综合素质教育的做法是一种短视行为，是不符合现代职业教育要求的。

三、高等职业技术人才的素质结构

随着经济、科技、社会的发展，世界各国都形成了两类高等教育。一类侧重培养学术水平较高的研究、教学及规划、决策、工程、设计等人才，另一类主要面向企业，培养在基层第一线从事与生产过程（或流通、服务等）直接有关的技术工作的人才，包括技术人员、经营管理人员、业务人员及部分智能型操作人员。此类教育即为高等职业技术教育。单一类型的高等教育无法满足社会多样化的人才需求，高等职业技术教育承担着其他教育无法取代的社会责任和教育功能，它所培养的人才规格特点与培养模式都不同于前一类高等教育。很长一段时间，我国的高等职业技术教育基本上沿袭前一类高等教育的培养模式，培养人才的规格与各行各业第一线技术人才的实际要求脱节，企业有意见，学生也苦恼，也正是这一点促使我国大力发展和改革了高等职业技术教育。教学改革要解决的根本问题就是探索有效地培养社会急需的应用型技能型人才的教学模式。其改革的根本着眼点在于，高等职业技术教育要按照社会的实际需求，以能力为本位来组织教学，即把培养符合社会需要的职业能力作为组织教学的出发点、教学过程的主线、质量考核的主要标准。这里需要说明的是：教育既有满足社会发展需要的功能，又有满足人的个性全面发展的功能。作为与经济、社会发展关系特别密切的高等职业技术教育理应把前者放在首位，但也不能忽视后者，21世纪的社会发展是以人的发展为中心，成为素质全面的高等职业技术人才，同时也是国家年青一代建设主力军自我发展、自我实现的自身需要。我国是社会主义国家，对此更应予以重视。

认真贯彻国家的教育方针，提高教育质量和办学效益，培养适应21世纪我国社会主义现代化建设要求的高素质劳动者和专门人才，是职业教育战线的重要任务。我国正处在发展的关键历史时期，社会和经济发展对职业教育的发展和改革产生了全面的、深刻的影响，并提出了更高的要求。职业教育的教育质量和办学效益，直接关系到我国21世纪劳动者和专门人才的素质及社会主义现代化进程。因此，推动职业教育教学改革，有着鲜明的时代特征和重大的战略意义。我们要坚定不移地按照教育部《关于全面提高高等职业教育教学质量的若干意见》（教高16号）文件的精神，进一步调整教育结构、积极发展职业教育，深化职业教育教学改革，加强教学基础工作，努力提高教育质量，办出职业教育特色。这既是职业教育战线落实国家战略目标的重要措施，也是职业教育自身发展完善的需要。高等职业教育既是高等教育的重要组成部分，又是职业技术教育中的高层次，它兼具两者的性质，其教育过程"包括普通教育，技术和与之有关的学科的学习，以及为获得经济、社会生活各部门的职业有关的态度、知识、技能和能力所进行的教育"。

高等职业教育的培养目标是在各行各业基层直接参与组织、实施、保障生产（流通或服务等），为社会直接提供物质产品或各种服务，并"承担具有高度技术性和负责性工作"（引自《国际教育标准分类》）的技术人员或经营管理人员。这句话的前半句是人才类型的特征，说明它与另一类高等教育的区别；后半句是人才层次的特征，说明它与中等职业教育的区别。这类人员所承担任务的特点是主要从事与科学原理、概念的应用及实际操作有关，又较为复杂、较为负责的技术性工作，其工作场所多数在现场，因此对其态度、知识、技能等均具有较高的要求。其基本素质结构为：

1. 思想政治素质

2000年《教育部关于加强高职高专教育人才培养工作的意见》指出，高职高专教育"培养拥护党的基本路线，适应生产、建设、管理和服务第一线需要的，德、智、体、美等方面全面发展的高等技术应用性专门人才"，可以说既体现了党的教育方针，又反映了高职高专教育人才的特点，是对高职高专教育人才观的一个非常好的概括。实施素质教育，就是全面贯彻党的教育方针，以提高国民素质为根本宗旨，以培养学生的创新精神和实践能力为重点，造就"有理想、有道德、有文化、有纪律"的、德智体美等全面发展的社会主义事业的建设者和接班人。全面推进素质教育，要面向现代化、面向世界、面向未来，使受教育者坚持学习科学文化与加强思想修养的统一、坚持学习书本知识与投身社会实践的统一、坚持实现自身价值与服务祖国人民的统一、坚持树立远大理想与进行艰苦奋斗的统一。高职高专作为社会主义教育的重要组成部分，必须全面贯彻党的教育方针，不仅为用人单位提供合格的技术人才,而且要培养素质全面发展的社会主义事业的建设者和接班人。在当今的国际国内形势下,要实现我国的社会主义现代化建设的战略目标,更要把德育放在首位。高等职业教育人才需要具备的思想政治素质为:

(1)热爱祖国,拥护中国共产党的领导,拥护社会主义。

(2)以习近平新时代中国特色社会主义思想为指导,有实事求是的工作作风。

(3)积极投身社会主义建设事业,努力为人民服务,有强烈的事业心和责任感,扎根生产一线。

2.职业道德素质

在高等教育共同的基本思想政治品德教育的基础上加强职业道德教育,充分重视职业态度的逐步养成。高等职业教育作为社会主义教育的重要组成部分,必须全面贯彻教育方针,不仅要为用人单位提供合格的技术人才,而且要"培养德、智、体等诸方面全面发展的社会主义事业的建设者和接班人"。在当今的国际国内形势下,鉴于青少年的实际思想道德状况,要实现我国社会主义现代化建设的战略目标,更要坚持把德育放在首位,落实国家对高等教育学生思想政治品德教育的基本要求。高职学生要通过他所从事的职业来为社会主义现代化建设服务,他的思想政治品德应具体体现在他的职业态度上。职业态度的外延比职业道德更广,它不限于工作态度,总体上包括怎么处理人与社会、人与自然的关系,具体表现在对人(集体、他人、自己)、事(工作、学习等)、物(产品、设备等)的态度。职业态度与职业工作的特点密切相关,由于高职所培养的人才需在现场与各种人、事、物打交道,并由此与自然、社会发生密切的关系,因此其职业态度就更为重要,范围也比较广泛;由于高职所培养的人才要承担技术要求较为复杂、较为负责的工作,对其职业态度的要求也更高,不仅是"顺从",更需力争达到"认同"以至"内化",使之处于自律状态。职业态度的培养需通过认知教学、情感陶冶和行为训练,通过开设必要的教养课程,加强职业道德教育,开展各种丰富多彩、生动活泼的教育活动;并通过全部教学活动、各个教学环节加强行为训练及考评反馈,逐步构成职业所要求的意识、心理素质与基本行为规范。我们认为,高等职业教育人才应具备的职业道德素质包括:①社会责任感;②敬业精神;③服务意识;④质量意识；⑤法律意识（遵纪守法）；⑥节能环保意识；⑦市场意识；⑧创新意识；等等。

3. 科学文化素质

高等职业教育所培养的人才其主要任务是运用有关的科学原理、技术去处理在组织、实施、保障生产过程（或流通、服务）中所遇到的各种较为复杂的技术性问题。因此，一方面要充分重视职业领域所要求的主干技术（可能有若干项）和与之有关学科的学习，使之具备必要的基础理论和文化素养，扎实地掌握所从事的职业领域的主干技术，能充分理解并善于理论联系实际地在工作中综合应用。不能简单地认为高职的特点就只是强化职业技能训练，"所受的教育和所掌握的技能使他们具有对工作中的技术问题做出独立判断的能力，这种能力要靠他们对这项工作的性质、原理、目的的理解，而不是单纯依靠长期的实践工作经验"。另一方面要重新认识高职理论教学的功能，主干技术及有关学科的学习不能停留在以认识世界为主要目的，过分强调学科的理论性、系统性、完整性；而应强调主要以应用为目的，教会学生如何运用所学的科学原理及技术去分析、判断、解决现场的各种技术问题。要提倡实、学融合，开发把理论、技术、技能系统地融合在一起的综合课程，使理论教学、实验、实训等有机地组合起来，如理实一体化教学、项目课程、职业活动导向教学等。

4. 业务素质

业务素质是指完成某个岗位专业工作的能力。当前，需由高等职业技术教育培养的技术型人才所分布的职业技术岗位主要有以下四类：

（1）专业技术岗位。在第一产业和第二产业的生产一线上均有此类岗位，如工厂工程师、工地施工工程师、农艺师、畜牧师、植保技术员等。其他如护士、护理师、医疗技师、轮船驾驶人员等。

（2）经营管理岗位。分布在一、二、三产业中，如城建项目经理、作业长、车间主任、建设监理、生产调度、乡镇企业负责人、证券公司经理、护理部主任及行政机关中的中、高级公务员等。

（3）经营业务岗位。这类岗位也分布在三个产业中，而在第三产业中最多。如会计、统计、信贷员、出纳、秘书、导游、广告设计人员、外汇交易人员、证券交易人员、投资咨询人员等。

（4）智能操作岗位。这类岗位主要集中于第二产业，如电力机车司机、电子计算机维修人员、数控机床编程操作维修人员、柔性加工线运行人员、电机组运行人员、CAD/CAM维修技术员、核电站机械维修人员、机器人维修技术员、电力负荷调度员等。

对不同的职业技术岗位由于其业务范围不同,具体的业务要求自然也有所不同。但就业务素质而言,至少有两点是相同的。首先,高等职业教育人才必须具有熟练的职业岗位技能。高职高专教育因为为受教育者从事的第一个工作岗位提供充分的准备,要求上岗后能较快地胜任工作,因此必须让受教育者掌握熟练的职业岗位技能。其次,高等职业教育人才必须具有较强的综合职业能力。在知识经济条件下,知识更新周期缩短,产品更新换代速度加快,必然使人们的工作性质不断变化,工作岗位不断变更,工作单位不断变换,一个人一辈子固定在一个工作岗位上已不可能。另外,生产过程的自动化,使许多工作岗位合并,工作范围被拓宽,对从业人员知识与能力要求更宽,他们应具备多方面的专业知识与能力才能完成这些工作。正是出于这些考虑,世界各国纷纷改革其职业教育内容,由原来的岗位技能培训转向更注重综合职业能力培养。

5. 身体心理素质

调查研究表明,一个人事业的成功和家庭的幸福,其原因80%取决于非智力因素(情商),只有20%取决于智力因素(智商)。21世纪人才培养是知识、能力和各种非智力因素综合作用的结果。随着科学技术的迅猛发展,人才竞争日趋激烈,社会生活节奏不断加快,对人才的身体和心理素质提出了越来越高的要求,特别是健康的心理、顽强的毅力、抗挫折的心理承受能力等心理素质,对成功胜任工作,成为现代人才尤为重要。

联合国教科文组织《关于职业技术教育的建议》修订方案中根据终身教育思想,全面考虑教育的功能,提出对职业教育的要求是"使受教育者获得在某一领域内从事几种工作所需要的广泛知识和基本技能,使之在选择职业时不致受到所受教育的限制,甚至一生中可以从一个活动领域转向另一个活动领域"。当前经济形势和科教形势发展变化十分迅速,如果我们能够正确处理各种矛盾,我们的科教事业就会有一个跨越式发展,就能更快更好地将我国建设成为社会主义现代化强国;否则我们就会再次丧失发展的机遇,其后果是十分严重的。为此,我们必须有充足的准备。就高职高专教育来说,必须站在战略的高度,顺应世界职业教育朝着全面素质结构和综合职业能力培养方向发展的潮流，造就一大批具有扎实的知识基础、全面的素质结构和较强的综合职业能力，善于将成熟的技术和管理变成现实的生产和服务，能够很好地适应社会经济快速发展的高等技术应用型专门人才。

第六章　高等职业教育人才培养方案的设计

第一节　高等职业教育人才培养方案设计的原则

一、坚持培养目标统一性和多样性相结合的原则

高等职业技术教育的培养目标是共有的，但作为各个具体的专业应结合不同的职业需要做出各自相异的表述。但这种表述应该有比较规范的格式，要明确指出培养怎样的人才。必须指出，我国各个历史时期对高等职业技术教育培养目标的阐述是个变数，并且还必将有所变化、发展，因为社会在不断地变化、发展。因此，虽然培养目标的内涵在不断丰富、日益明确，但从总体上看是基本一致的。培养目标包括类型、层次、业务规格、工作要求等要素，因此，关于高职的培养目标，我们可将它归结为如下几点：人才类型是技术应用型人才；人才层次是高等专门人才（如比技术员高一层次的高级技术员）；业务规格是为基层部门、生产第一线和工作现场服务；工作要求是在提倡创新的前提下，将技术和管理规范转变为现实的生产和服务。

二、坚持适应时代发展和综合提高的原则

把握时代脉搏是制订培养计划的前提。我们培养的人才是为社会为国家服务的，这些人才要适应时代的要求并能对时代的发展做出更大的贡献，这就要求我们在制订人才培养计划时要准确把握时代的脉搏。当今时代是一个

科技高速发展且这种发展对社会的影响越来越大的时代。当今世界正朝着多元化的方向发展。各国间激烈的竞争最终是科技和人才的竞争，科学技术的发展日新月异，科技在高度分化的同时也在高度整合，新的学科不断出现，学科间不断交叉。这种加速发展的科学技术要求人才有较高的跟踪科学技术发展的能力并有较高的综合素质，有较高的创新能力，而这仅靠传授已有的知识和技术是不够的，仅靠课堂内教学是难以完成的，它需要我们在制订人才培养计划时要强调学生科研意识、科研能力的培养，强调课内和课外、校内和校外的整体安排和指导。当今时代是一个逐渐步入新经济的时代，以现代高新技术为基础的知识密集型经济，以信息的生产、分配、交换为基础的经济，对人才在信息技术方面有较高的要求。虽然现在我们对学生的计算机知识方面有一定要求，但大部分还局限于对计算机知识本身的学习和研究，而相关的延伸则注意得不够，如电子商务、多媒体技术的应用，网络技术的应用等。但明显深度不够、探索性不够、实际应用范围和程度不够等，这就要求我们在制订人才培养计划时要注重课程体系的优化和课程内容的深化。当今时代是一个竞争日益激烈的时代，这对个人的心理素质和综合素质是一种极大的考验，为了在竞争中立于不败之地，综合素质的培养就显得格外重要，我们在制订人才培养计划时应注重学生的综合素质培养，有大教育观的思想，有终身教育的思想。因此，在科技发展日新月异、知识经济初见端倪、竞争日趋激烈的时代，仅凭教学计划是不够的，必须着眼于学生的综合素质、综合能力的培养，制订全面的人才培养计划。

三、坚持岗位职业性原则

职业性是高等职业教育区别于普通高等教育的一个重要特征，主要体现在区域性、应用性、岗位性等方面。高等职业院校一般为地方院校，投入、生源和就业均具有明显的区域性特点。因此，高等职业教育就应以区域的重点或支柱性产业为依托，紧紧围绕为区域经济服务这个根本宗旨，在专业设置、教学组织、培养目标上立足于区域经济发展的需要，增强为地方服务的直接性、有效性。就高等职业教育的教学内容而言，它以成熟先进的技术和规范的管理为主，培养学生应用技术的开发能力和规范管理的实施推广能力，理论教学为技能教学服务。在高等职业教育的教学结构中，应有较大比重的实训教学成分，而实训场地的建设是办好高等职业教育的前提条件。高等职业教育的岗位性特点体现为理论和技能教学都是围绕某一特定的岗位或岗位群体进行的，以岗位需要的职业素质为导向，培养专业化、专门化的应用型人才。

四、坚持改革与创新性原则

学科建设适应地区经济社会发展的需要，具有鲜明的针对性、灵活性、开拓性。即在人才培养方面必须根据地区经济发展的总体规划，合理安排好长、短线专业的设置，其专业设置坚持具有较强的针对性、开拓性、灵活性、实践性和超前性。

目前，中国已经融入经济全球化的进程，高职教育不仅将把传统的封闭式教育改造成为适应经济发展和社会进步以及面对个体生涯的全程开放式教育，加快发挥其终身教育的功能，提升高技术应用型人才的水平，提高国际竞争能力，而且还会给传统的教育理念、教育体制、教育方式等带来新的机遇和挑战。

（一）对人才培养结构要进行战略性调整

教育发展的一个基本规律是要适应社会经济的需要。伴随着我国经济结构、产业结构的调整和城市化的进程，第三产业对经济增长的贡献水平逐步提高。未来经济的发展，为发展中国家提供了以高新技术改造传统产业、赶超国际先进水平的难得的机遇。具体来说，就是要大力发展高职教育。调整学科专业结构，把加强对信息通信技术、计算机网络、软件开发、生物工程等高新技术产业发展急需的创新人才的培养放到突出的地位，要加快培养一批真正适应需要的财政金融、法律、贸易、管理等高层人才，特别是面向第三产业、面向企业、面向市场、面向基层，注重各类实践人才的培养，在实用性、操作性、务实性上狠下功夫。高职教育还应从适应工业化的学校教育向建设知识经济社会所必需的高质量的教育体系过渡。大力发展非学历的教育培训，扩大职前教育、健全职后教育和转岗培训机制，实行多元化办学，减少学校间的封闭性，扩大向社会成员提供多种终身学习的机会。创造弹性学习制度，下大力气完善高教法规，使高职教育更好地应对各种教育问题，以适应经济和社会发展的需要。

（二）加强师资队伍建设

首先，教师应转变教育教学思想，提高教育素养。教师应进一步认识教育发展的背景和趋势，加深对教育国际化、多元化、网络化、个性化和竞争普遍化的理解和认识，转变教育思想，改革教育观念，形成现代的教育观、教师观和学生观。其次，教师应树立终身学习的理念，不断完善专业素质结构。教师要经常更新、完善知识结构和技能，掌握现代化教育技术，学习新的教学手段和方法；除了自主学习外，还应定期或不定期地离岗学习，接受继续教育，成为学习社会的一员。最后，教师还应加强政治理论学习，提高思想教育的能力。在多元化冲击教育领域各个方面的背景下，教师应加强政治理论学习，提高理论素养，并力求选择有价值的、适合社会发展的文化并且将其纳入自身的文化体系。用先进的科学的价值观来教育学生，帮助学生树立崇高的价值理想与目标，培养学生的判断力和分析能力，自觉抵制消极落后的价值观的侵袭。

五、坚持整体优化性原则

整体优化是制订人才培养计划的核心。联合国教科文组织报告《教育——财富蕴藏其中》中提到，教育必须围绕四种基本学习能力来更新、设计和组织，这四种基本学习能力即学会认识（learning to know）、学会做事（learning to do）、学会共处（learning to live together）和学会生存（learning to be），而要达到这四种能力，就必须进行人才培养计划的重新整体优化。在人才培养计划中，教学计划是中心。但有了分块的教学计划并不等于统一的培养计划，因为培养人是系统工程，教学计划中虽然规定了学生应达到的目标和要求，关于学生所学课程包括公共选修课、限制性选修课、基础课、专业基础课、专业课及实验课和实践教学环节的要求等，但总体上来说还是以课堂教学为主，以知识的传授为主，对学生能力的培养和素质的提高关注不够。

制订教学计划但难以达到令人满意的程度，特别是对课内与课外、校内与校外、学习与实习、理论与实践、知识能力与素质等方面整体优化不够。为此，必须要做好以下几方面的工作：

（一）优化教学计划

首先要压缩课内教学总学时，留出更多的时间让学生自由的发展，但在压缩总学时又要相应地增加一定量的公共选修课，大力加强学生的文化素质教育，以改变过去存在的过弱的人文陶冶问题，对一些公共必修课，如外语、计算机、体育、高等数学、法律基础等，应有明确规定，对大学生的写作、文献资料检索、经济基础知识也应提出明确的标准，以利于学生毕业后更好的发展。其次对于实验课，应尽量减少验证性的简单的实验，增加一些较新颖的有创造性的实验，以利于培养学生的动手能力和一定的科研意识和创新能力。实践教学是部分高校的薄弱环节，尤其是学生在校外进行毕业实习或毕业设计的问题上存在一些问题。学生在校外进行毕业设计，是一项让学生将理论真实地应用于实践的工作，有利于学生更好地了解社会，更快地适应社会。提高自己真刀真枪地参加社会建设的能力，但由于学生在校外，如果学校措施不力，很容易对学生失去监督和管理，导致学生毕业设计达不到要求，因此，对学生在校外进行毕业设计应有一套比较严密又切实可行的管理办法。在优化教学计划中应注意拓宽专业基础课，淡化专业方向；在教学中应尽量减少重复过细的内容，同时与课程建设相结合，构建完整的课程体系，避免一方面各门课的课时居高不下；另一方面每门课程都追求自己的独立性和完整性，造成内容重复，降低效率。

（二）教学环节统一协调

应优化课程体系，严格按照教学计划运行，在保证教学计划的稳定时保持教学计划的灵活性。尽量避免由于师资方面的原因随意对课程进行增减。在教学管理上，强化监督机制，加强教学检查和评估。课内学时减少后，学校相应地对学生课外活动加强组织和引导，鼓励学生组建各种社团，开展丰富多彩的社团活动，举办多种多样的讲座、报告等，扩大学生的视野，拓宽学生的思路，更新学生的思维方式。更新教学内容，补充最新的内容，尽量吸纳学科发展前沿有关成果。在教学方法的改革上，提倡教师采用讨论法、提问法和启发教学等形式，同时提倡改革考核方式，将课内考核和课外考核相结合，既可以采用小论文、小报告的形式，也可以采用小制作、小实践的形式或其他形式，鼓励教师和学生共同参与改革。要求学生参与课外科技活动，组织和参加各种科技竞赛，培养学生初步的科研能力和创新能力。

六、坚持强化实践训练，突出培养应用能力的原则

理论与实践相结合是职业技术教育的本质特色，加强实践教学是实现培养目标、提高学生的职业技术素质和实践能力的根本保证。人才培养计划中要坚持职业技术教育的特色，理论学习以应用为目的，以必需、够用为度，以掌握概念、强化应用为重点，要有针对性和实用性。要突出实验、实习、社会服务等实践性教学环节，切实加强对学生的职业道德、职业能力、质量意识的教育，明确实践教学的基本标准和规范要求，积极探索具有职业技术教育特色的教学模式和评价方式。

第二节 高等职业教育人才培养方案设计的方法

一、积极开展人才需求调研

按社区发展需求设置专业，即学校的专业设置不是由学校提出能办什么专业，不能办什么专业，而是由企业等各种经济组织提出，经政府出面组织调查、论证后，由上级教育行政部门决定，学院执行。并根据社会需求的变化经常调整，因而很少出现人才供需脱节现象。专业设置突出针对性，适应社会需求的灵活性，高等职业技术教育专业设置应当针对地方经济建设与社会发展需要的特点，从职业岗位或岗位群出发，依据实际应用型岗位或岗位群的需要设置专业。

二、组织专家进行论证

由学院和同行专家制定专业培养目标。要聘请适当数量的同行专家组成专业委员会，其成员必须是从事该专业工作多年，具有丰富理论和实践经验的人。学院负责召集、主持会议，但不发表意见和参与讨论。专家委员会的主要任务是制定该专业的培养目标。首先，分析该专业的毕业生可能在一些

什么样的岗位上工作,每个岗位要履行哪些职责,每项职责又含多少可能要完成的任务。经过反复的研究、认定,最后形成职责、任务表(DACUM表)。该表集中反映出该专业的培养目标。其次,由同行专家和教育专家共同制定任务群表。在形成上述的职责、任务表后,为便于教学,由少数同行专家和学校的教育专家共同组成新的专家委员会,其主要任务为,一是分析实施教学可行性;二是制定任务表。如可行,则认定。如不可行,应分成若干专业方向或延长学制等方案,交同行专家委员会复议认定,最后将确定的职责、任务表中的各项任务进行分析、组合,使在不同职责中相近的那些任务相对集中形成任务群,从而将若干任务群汇集成为任务群表,最后由学院专业带头人制订教学计划和课程大纲。

三、选择专业具体实践

一个完整的教学计划制订后,是否符合实际情况,能否达预期的效果,还必须经过实践的检验。因此,最后是采取边实践、边总结、边改进的操作办法。可以先在一个专业或一两个班级开展试点工作,在不断取得成功经验的基础上逐步推开。

四、跟踪调研毕业生质量

要不断完善人才培养计划,就要对毕业学生的质量进行跟踪调研,在学生走向社会的实践中对人才培养计划进行论证。跟踪调研,不仅可以进一步加强学校与用人单位的联系,而且可以及时掌握社会和市场的需求,以利于进一步充实、修订和完善人才培养计划。

第三节 高等职业教育人才培养方案设计的内容

一、理论教学适度够用

高职学生毕业后从事生产、服务、管理第一线工作,要求他们的能力结构合理，综合能力强，尤其要具有较强的基础技能和职业技能。在理论教育上要充分体现"拓宽基础、变化专业、强化技能"的特点。通过对文化知识，主要是语文、数学、外语、计算机知识的学习，打好基础，因为这不但是学生从业的需要，而且是学生继续教育和自己探求、获取知识的后劲所在。专业知识包括专业基础理论知识和专业技术知识，特别强调要掌握好岗位工作所需要的知识、最新科技知识、自我获取知识的工具知识，以适应市场经济条件下职业结构和职业岗位的可能变化。就其内容应根据职业岗位需要来确定，不应像普通高等教育那样按科学系统来确定，以避免学生知识的"学科学""经典化"；也不能因强调职业性、实用性而仅注重学习专业知识，忽视其他知识的学习，从而降低了高职学生对社会的适应性。

二、加强实践教学内容

教学过程中突出的实践性高等职业技术教育的培养目标，决定了其教学过程必须突出实践性环节，要以上岗前的实际训练为主线，加强对较高层次职业岗位技能的培养训练。要注意掌握成熟技术与管理规范的培养训练，加大实践训练的比重，使学生毕业即能上岗，上岗能顶岗，顶岗能顶用。这就要求建立好校内外的实训基地，把校内技能模拟与现场技能实训紧密结合起来。学校要加大投入，把各专业实验室、模拟实验室、实习车间逐步建成校内实践基地，通过实习训练，提高学生的实践技能。校外要建立稳定的实践基地。学校要用"产学合作，互惠互利"的机制与对口行业、企业挂钩，并积极取得它们的支持，使学生到企业生产一线岗位得到校内无法得到的锻炼。学生到现场不仅仅是去学习技术、培训技能，更重要的是还可以了解市场环境，了解企业运作、管理等方面的实际问题，为毕业后上岗做好实际准备。例如，本溪冶金高等专科学校炼钢专业，与特钢公司挂钩，以签订合同形式，作为该专业固定的校外实践基地，学生在下厂期间学会18项炼钢工艺操作；自己亲自动手炼钢。毕业时学生不仅拿到了大专毕业证书，而且拿到了炼钢技术等级证书。因此，学生毕业后，很快即能顶岗，有的担任生产值班班长，有的担任工段长，受到用人单位好评。再如，浙江同济科技职业学院与浙江省江能建设有限公司一起建设了校内钳工、焊工、电工实习工场，公司派专人帮助进行工场内设备配置、选购及布置。又如，浙江水电建筑机械有限公司按照协议内容，为学校学生实习需要建立相应的联系机构与具体联系人，为学校实习学生提供50个学生的上课、住宿、用膳、课外活动等教学生活条件，由公司组织实施教学，学校按核定额度支付公司实习费及讲课费。

三、丰富素质教育内涵

在教育思想上，要以素质教育为宗旨，以能力为本位，处理好整个培养过程中，通识、通才、专才的关系，全面发展是对未来人才的普遍要求和基本要求。因此，加强综合素质的培养，注重学生的全面发展是今后高等职业技术教育教学改革的重点之一。素质教育的核心是做人，21世纪的教育不仅要学生有知识，而且要学生学会做事，更重要的是学会做人，把学生培养成有社会责任感和事业心的人，有志、有为、德才兼备的人。这正是在全国职业教育工作会议上提出的"关键能力"，即一个人的意志品质、心理承受能力、合作能力等。

素质教育必须贯穿到高等职业技术教育的各个方面。从全局上讲，教学内容和课程体系是素质教育的核心内容，但培养人才是一项复杂的系统工程，绝不能奢望仅靠教学内容和课程体系改革就能培养出适应21世纪的高素质专业人才，而必须将素质教育贯穿到高等职业教育的各个方面，形成整体合力育人的局面。

（一）加强德育教育，夯实素质教育的根基

德育教育作为素质教育的基础，肩负着培养21世纪优秀人才政治素质的重任。未来高素质各类人才的政治素质，除应具备正确的人生观、热爱祖国、坚定共产主义信念等素质外，还应具有高尚的职业道德、爱岗奉献的敬业精神、乐于助人和迎接挑战、参与竞争的意志、毅力、胆识等品质，这些素质都必须通过德育教育完成。因此，高等职业技术教育在贯彻素质教育的指导思想中，应积极研究和探索社会主义市场经济条件下德育教育的新路子、新形式、新方法，充分发挥政治理论教学的主渠道作用，以积极进取、勇于创新的精神，开创德育工作的新局面，夯实人才素质教育的根基。

（二）优化校园环境，营造素质教育的良好氛围

良好的校园环境具有耳濡目染的作用，学生在日常生活中，"性相近，

习相远",他们的人生追求、价值取向和思想品格不知不觉地在提高,使素质教育成为学生自觉的行动,起到"随风潜入夜,润物细无声"的理想教育效果。因此,高等职业技术教育贯彻素质教育的指导思想,必须从优化校园环境入手,通过采用板报、广播、第二课堂、演讲会、学术报告会、外出参观、文化比赛等多种方式,营造素质教育的良好氛围,建设良好的校风、学风,使素质教育全方位渗透、开展。

(三)改变管理模式,巩固素质教育的成果

人才培养是一项长期的系统工程,绝非一朝一夕之功,特别是在社会主义市场经济条件下,市场经济大潮对学生既有正面影响,又有负面效应。因此,在弘扬社会主义主旋律的同时,日常管理必须主动适应社会主义市场经济的要求,管理模式必须由被动封闭向主动开放转变。首先,要理顺高校与社会的关系,把学校与社会隔绝转变为学校面向社会办学,主动适应社会需要,并通过思想、科技、文化去影响社会,使高校真正同社会联系起来,其次,要完善高校内部管理机制,运用立法手段和各种规章制度,建立学校内部的管理机制、发展机制和约束机制,通过建立严格教学考评奖惩制度、日常管理制度、奖学金制度等手段,使素质教育融入高校管理和学生日常生活的各个方面,抵制各种错误思想对学生的侵蚀,在日常管理中巩固素质教育的成果。

第四节 高等职业教育人才培养方案设计的案例

以下是浙江同济科技职业学院"机电一体化"专业人才培养方案的设计案例。

一、人才培养方案设计的思路

贯彻党的教育方针。以教育思想、教育观念改革为先导,突出高职教育特色;以社会经济为需要、人才需求为目标,设计学生的知识、能力、素质

第六章 高等职业教育人才培养方案的设计

结构和培养方案，以"知识为基础，能力为中心，素质为根本"改革教学计划和课程内容，打破传统的学科教育的思维定式，拓宽专业面，补充新知识、新技术，建立与培养目标相适应的理论教学体系和实践教学体系；加强实践教学基地建设，强化师资队伍建设，抓好教材建设，落实各项配套措施，保证专业教学改革目标的实现，最终培养出既有必要的理论知识又有较强的实践能力，面向生产、建设、管理和服务等生产第一线的应用型人才。

（一）社会背景分析

人才培养首先必须设置适销对路的专业，这就要对专业设置的社会背景和人才需求预测进行分析，并且还要体现高职教育的特色。以"机电一体化"专业为例，随着自动化技术及控制技术的发展，机械设备及其产品的"机电一体化"技术含量、智能化水平在不断提高。"机电一体化"技术在加速制造业自动化进程、提高制造业竞争力、提高机械产品竞争力方面，已成为一项不可缺少的重要技术。它已成为制造业可持续发展的战略关键。

同时，随着"机电一体化"设备（机械制造业、轻工业、信息业、医疗设备等行业）的迅速普及与发展，社会对该专业的人才需求也在不断持续增长。企业迫切需要大批能掌握"机电一体化"技术的专业人才，能适应在生产、建设、管理和服务第一线的技术岗位工作。

"机电一体化"产品是采用微电子技术和计算机技术形成的新一代机电产品，"机电一体化"技术是机械技术、传感器技术、电气、电子技术、计算机技术和控制技术相互融合的一种综合性系统技术群体，它是代表当前机械产品发展方向的先进技术，也是目前国家大力支持发展的高新技术。

（二）需求预测分析

人事部门对大学毕业生需求调查信息分析表明，"机电一体化"专业毕业生需求总是排在紧缺专业之内。现在及未来5~10年内，全国范围内对"机电一体化"人才呈非常旺盛的社会需求趋势，"机电一体化"人才是社会急需人才。仅从某高等职业技术学院"机电一体化"专业毕业生就业情况看，一次就业率常常超过95%。经常出现"机电一体化"专业毕业生挑单位、挑地区的"买方"市场。

制造业急需大量"机电一体化"人才。"机电一体化"专业是以机械技术、信息技术为基础，以控制技术为核心的高新技术应用型专业，该技术适

· 143 ·

合当代企业产品的发展方向,制造业不仅需要机电一体化技术开发研究人员,更需要大批在生产一线从事制造、运行、调试、维修、营销和管理等高职毕业的技术人员。

在众多的中小型企业中"机电一体化"专业人才是最受企业欢迎的,他们能对中小型企业中的机电设备进行操作、维护和开发机电技术结合的设备及产品。工作适用性强、适应面广,为企业提高了经济效益,并极大地提高了人才的利用率。

其他一些企业(如化工、医药等),它们为了提高市场竞争力,不断要对其生产设备进行技术改造,对改造或引进的先进生产设备进行运行、维护和管理,需要的主要是"机电一体化"人才。各事业单位(政府部门、学校等)为了提高办学效率,不断购进大批自动化办公设备,也需要大量"机电一体化"人才来进行设备的运行、维护与管理。

(三)体现高等职业教育的特色

高职教育是要培养一大批具有必要的理论知识和较强实践能力,从事生产、管理、服务第一线的技术应用型专门人才,这类人才不但要懂得某个专业的基础理论与基本知识,更重要的是他们应具有某一岗位所需要的生产动作和组织能力,善于将技术意图或工程图纸转化为物质实体,并能在生产现场进行技术指导和组织管理,解决生产中的实际问题。它的质量应该突出这种人才具有他们的技术应用能力,这就是高职教育的特色之所在。具体体现为以下几点:

(1)专业设置要符合社会需求,面向本地区、本行业,面向高新技术发展的需要。培养出的学生特点应为一专多能,成为集机电智能操作、控制技术、维护与初步维修于一身的生产第一线技术员及管理者。

(2)教学活动应以专业技术应用能力为主线,"以人为本""以学生为主体"。理论教学内容分层次、分模块组织,以利于学生个性发展。实践教学以"一体化"教学模式为主,重视学生的综合职业能力和创业能力的培养。这样理论与实践两部分教学内容彼此既相对独立,分别系统化、系列化,又紧密结合、相互促进。

(3)针对"机电一体化"技术在机电行业中的运用开展理论与实践教学,兼顾电气与自动控制、计算机应用、机械设计与制造等基础能力。注重新技术的应用,每一教学模块都留有向上拓展新技术知识的空间,并保持与所学知识的结合。

总之，要优化人才培养方案，统筹安排和整体设计专业人才的知识、能力和素质结构，有效地提高教育教学质量和效率。

二、人才培养方案的设计

根据社会发展要求及经济建设对专业岗位的实际需要，确定专业人才培养目标及人才规格要求；借鉴加拿大的 CBE 理论和德国的"双元制"教育先进经验，按照"实际、实用、实践"的原则，设计学生的知识、能力、素质结构及培养计划。"机电一体化"专业以专业技术应用能力及综合素质培养为主线，构建以实用为宗旨的教学体系，突出专业理论知识和业务能力的针对性与实用性，加大实践教学环节的比例，强化岗位实用知识、技术的应用，加强素质教育。实现以"机电一体化"专业主干课程和实践环节为主体，计算机和外语为两翼的教学体系，做到面向社会，注重实用，产学结合，突出应用，提高素质，办出特色。为社会培养知识扎实、能力强、素质高的"机电一体化"技术应用型岗位人才。

（一）人才培养目标的确定

高等职业技术教育具体的人才培养目标应该是多样的，几乎覆盖社会的各行各业，但就其人才类型而言，应属技术型人才。一般地说，培养学术型人才的学术教育和培养工程型人才的工程教育都是由大学本科或本科以上层次实施；培养操作技能型人才的技能教育和培养现场技术、管理型人才的技术教育都是培养在生产第一线从事成熟技术的应用和运作的应用型人才，我国统称为"职业技术教育"，由职业中学、技术学校和中等专业学校实施。随着经济的发展、科技的进步，生产过程中技术含量不断地提高，技术教育和技能教育的层次产生高延趋势，中等职业技术教育已不能满足需要，培养现场技术、管理型人才的职业技术教育、专业教育逐步进入大专层次的高等职业教育范畴。从大多数国家的实际看，技术型人才的培养均已提高到大专层次培养，值得指出的是，普通高等专科教育在我国已有一定的发展历史，但一直是"本科压缩型"的路子，以雷同于本科的"工程师初步训练"为人才培养目标，这是整个高等教育单一人才培养规格和一种教育类型政策导向的结果。近年来，随着我国普通高等教育在层次结构、科类结构的调整及办学形式多样化改革的深入,将高等专科教育与高等职业教育归合为同一口子的教育,其专业教育主要面向某一职业领域(不仅是面对岗位或岗位群)而非学科领域,以能力为导向,专业宽度根据社会需求不同决定,渐趋缩小,针对性加强,其培养目标内涵已逐渐定位于技术应用型人才的培养。

就"机电一体化"专业而言,其培养的是能够适应现代经济建设需要,德、智、体、美诸方面全面发展,掌握必要的文化基础知识和"机电一体化"专业必需的基本理论、基本技能,具有较强的生产实践能力与管理能力,成为能在生产第一线从事"机电一体化"产品的制造、安装、调试、运行、维修、营销和管理及技术服务等方面的高等职业技术人才。

(二)专业人才的知识、能力、素质结构的建立

1. 高等职业教育技术型人才培养目标的基本特征

基于高等职业教育技术型人才的培养目标,其专业人才的知识、能力、素质结构应具有以下特征:

(1)要有适度的理论基础,要以某一职业领域而不仅是以岗位或岗位群来设计学生的知识、能力、素质结构,突出理论在实践中的应用,以增强职业的适应能力。

(2)课程设置应重视理论知识与经验技术的结合,相关的专业知识面要更宽广些,如工艺人员除需工艺知识外,尚需经济、管理等方面的相关知识,实验、实训与实习等实践环节应占较大比重,突出技术应用能力的培养。

(3)应用各种知识来解决实际问题的综合素质应提高。特别是解决现场突发性问题的应变能力、群体作业的协同能力、组织和领导群体工作的能力,是这类人才培养的极为重要的素质。

需要说明的是,对应职业领域的能力不仅指操作技能,也不等同于心理学上的能力,而是各科相关能力的综合,包括知识、技能、经验、态度等为完成职业任务、胜任岗位所需的全面素质。而且,随着社会职业岗位内涵和外延不断变化,能力也不能仅局限于胜任某一职业岗位具体工作的能力,还要使学生获得对职业岗位变动的良好适应性和可持续学习提高的基础。

2. 高等职业教育技术型人才培养目标的知识结构

（1）掌握必需的文化基础知识。

（2）掌握一定的政治理论知识和人文知识。

（3）掌握一门外语和计算机在本专业应用方面的基本知识。

（4）掌握本专业所必需的技术基础理论和专业知识。

（5）掌握一定的企业管理、市场营销方面的基本知识。

（6）了解本专业领域技术前沿和发展趋势。

（7）了解体育运动及卫生保健的基本知识。

3. 高等职业教育技术型人才培养目标能力结构

（1）专业能力：具备从事职业工作所需的专业技能。

1）具有阅读计算机、电子、电气控制线路的能力；

2）具有使用有关常用工具、计算机和电子仪器的能力；

3）具有对机电一体化设备安装、运行、检测和维修的基本能力；

4）具有一般的机械加工操作和编制一般零件工艺规程的能力；

5）具有对机电设备进行技术改造的初步能力；

6）具有能进行简单英语会话，能借助词典阅读本专业英语资料的能力。

（2）社会能力：具备从事职业活动所需的行为能力，是体现人的基本素质的关键能力。

1）具有口语表达能力、人机对话能力、英语会话与阅读能力；

2）具有获得知识的学习能力、解决问题的方法能力、分析问题的思维能力、开展活动的组织能力；

3）具有团结同志的协作能力、开拓发展的创新能力。

（3）基础能力：具备从事职业活动所需的各项基础能力。

1）具有电气与电子技术应用能力；

2）具有自动控制技术与检测技术应用能力；

3）具有计算机技术应用、机械设计与制造等基础能力。

4. 素质结构

（1）具备较好的思想道德与文化修养素质。

（2）具备健全的体魄，能吃苦耐劳，有较好的心理素质。

（3）具备较好的人际协调与创业素质。

（4）具备本专业的基础知识、专业知识及可持续发展素质。

（5）具备适应本专业岗位群工作的素质。

（三）理论教学体系的建立

理论教学体系与实践教学体系是建立学生知识、能力和素质结构的具体体现。现以"机电一体化"专业为例，提出建立其理论教学模块式体系的具体构想。

1. 建立模块式教学体系的思路

（1）通过分析"机电一体化"专业的培养目标及我们现行的"机电一体化"专业的理论教学体系，按照"实际、实用、实践"的原则和学生"知识、能力、素质结构"的要求，构建以实用为宗旨的课程体系及教学内容。设想打破传统的以学科为中心的教学体系，建立以培养学生专业技术应用能力和综合素质为主线的模块式的理论教学体系。整个理论教学体系包括若干个模块，即稳定模块、弹性模块和活动模块。

稳定模块：强调基本知识和基本概念、基本原理，包括人文素质、专业基础、计算机基础等模块，为学生必选部分。

弹性模块：强调发展与适应性，包括模块（一）（侧重机电设备检测）、模块（二）（侧重产品机电控制）、模块（三）（侧重计算机控制）。必修部分要求学生必选，三个方向模块学生至少选学其一。

活动模块：考虑学生的兴趣、爱好而设定，是学生任意选修部分。

这样设置是基于如下考虑：一方面使学生完成该专业必备的知识学习与能力培养，另一方面考虑学生个性特点，安排教学计划时有所侧重，使培养的学生有特色，就业时有一技之长。

（2）在构建理论教学体系时，突出计算机应用能力和外语应用能力的培养。

（3）在构建理论教学体系的同时提出教学方法的要求。传统的一支粉笔、一块黑板、一本教材、一叠讲稿的教学方法已不适应新的教学要求，新的教学体系信息量大、内容丰富，必须开发、研制CAI课件，运用先进的计算机辅助教学手段来完成教学任务。

2. 模块的具体内容

（1）人文素质模块：主要进行政治素质、文化修养素质、身心素质和职业道德的培养。

（2）专业基础知识模块：主要进行机电类基础知识的学习。

（3）计算机基础模块：主要进行计算机应用基础、计算机程序设计、计算机辅助设计、计算机辅助制造、微机原理及应用、计算机控制技术、计算机网络技术等基础知识的学习和应用能力的培养。

（4）弹性模块（一）：主要进行机电设备检测方面的知识学习，如检测技术、信号分析与处理、机电一体化技术与系统、机械故障诊断等知识。

（5）弹性模块（二）：主要进行机电控制技术及其应用方面的知识学习，如电气控制与PLC应用、自动化制造系统、数控技术及应用、先进制造技术概论等知识。

（6）弹性模块（三）：主要进行机电设备的计算机控制技术方面的知识学习，如人工智能和专家系统、工业机器人、智能机械、智能制造系统等知识。

（7）活动模块：主要进行工业工程概论、市场营销、环保概论、专业英语、工厂供电、心理学、应用文写作、科技文献检索等课程的选学，同时开设各类讲座，使学生扩大知识面，提高综合素质。

（四）实践教学体系的建立

实践性教学是整个专业教学体系中的重要环节，对高职教育更是如此。实践教学的目的是：验证理论知识并加深对其理解；强化学生的实践技能，使其毕业后能迅速适应工作岗位要求，培养学生专业技术的应用能力及分析问题、解决问题的能力，培养学生的创新精神。

1. 建立实践教学体系的思路

（1）初步形成基本实践能力与操作技能、专业技能应用能力与专业技能、综合实践能力与综合技能有机结合的实践教学体系。整个实践教学体系是一个循序渐进、相对独立的体系，实践性教学环节在教学计划中的比例大于45%。

（2）减少演示性、验证性实验，增加工艺性、设计性、综合性实验。

（3）加强实验室建设，改革实验教学方式。

（4）加强校外实习基地与校内实训基地建设。

（5）建立学生专业技能考评体系，对学生实行多证制。

（6）创造条件培养学生的个性和创新能力。

（7）注重培养学生综合分析问题、解决问题的能力。

（8）积极开展第二课堂活动，进一步强化学生的实践技能。

2. 建立实践教学体系的具体措施

（1）电路与电机、电子技术、机械制造基础、公差配合与技术测量等课程减少验证性实验，增加综合性实验。

（2）创造条件开放实验室，增加学生的动手机会，增强其实践动手能力。

（3）电工电子实习除常规的电工电子操作训练外，增加电子设计部分，要求学生完成设计、制作、调试等一体的内容，设计中使用Protel软件，但时间增加不多，要求学生部分利用业余时间完成。

电工电子实习结束后，学生参加维修电工中级工考核。

（4）金属加工实习保证8周，并增加创意时段。学生通过市场调研，选定一个典型的机电小产品，并对其完成设计、加工制作、装配等过程，从而进一步强化学生的实践动手能力，培养学生的工程意识和创新思维。同时，使学生初步建立市场意识、质量意识、经济意识、安全意识、环保意识等。金属加工实习结束后，学生参加钳工中级工考核。

（5）机械设计基础课程设计时间不变，但学生进行二级齿轮减速箱设计，部分学生需进行答辩，初步培养学生的口头表达能力、临场应变能力和良好的心理素质。

（6）认识实习时间不变，但增加实习内容。一方面，使学生结合现场建立对企业的运作及生产过程的初步概念；另一方面，培养学生对整个机电一体化系统的感性认识，以利于今后的学习。

（7）增加计算机控制技术实习。

（8）改毕业设计、毕业实习为毕业实践环节，探索部分学生到就业单位设计、实习的新路子。

（9）学生课余参加数学建模协会、电子兴趣小组、家电维修协会等学生社团，开展各类课外科技活动。学校组织学生参加全国大学生数学建模比赛、全国大学生电子设计竞赛，校、系组织学生开展电工电子操作比赛、科技小发明小制作竞赛等活动，进一步强化学生的实践技能，培养其团队与创新意识。

（10）学生课余参加校文化艺术系列活动及青年志愿者公益活动，进一步培养社会责任感和公德意识，以提高学生的综合素质。

（五）人才培养方案的确定

在分析学生的知识、能力和素质结构的基础上，建立了理论教学体系和实践教学体系，从而确定人才的培养方案。

1. 专业培养目标

"机电一体化"专业是培养适应 21 世纪社会主义现代化建设和经济发展需要，德、智、体、美等全面发展，具有必要的基本理论知识、较强的实践技能、良好的职业道德和健全的体魄、较高素质的高级应用型人才。学生毕业后，主要到企事业单位一线从事机电一体化领域的设计制造、安装调试、运行维护、经营营销、科技开发和生产管理等方面的工作。

2. 毕业生的业务规格

"机电一体化"专业学生主要学习自然科学与社会科学、机械学、电子学、计算机、现代制造技术以及自动控制的基本理论与技能；接受现代机电工程师的基本训练，培养机电产品设计、制造、装配、营销及设备控制、检测、维修、管理的基本能力，毕业后成为具有基本理论知识、较强实践技能和良好素质的应用型人才。

3. 学制、学期的规定和校历安排原则

（1）学制：3 年。

（2）学期：一学年安排 3 个学期。第一长学期安排 17.5 周（含新生入学教育 0.5 周）、第二长学期安排 17 周，其组成为理论教学历周（含机动 1 周），课程考试 1 周，短学期约为 4.5 周，安排在暑期，新生进校始业教育开始为一短，依次为二短、三短。理论教学原则上应于第五长学期结束时完成，第六长学期整个安排实践教学环节（含毕业环节）。

（3）校历：每年以春节（初一）为中心，前后各安排 2 个长学期，寒假安排 4 周，暑期安排 7~8 周。每学年的具体校历逐年安排，报校长办公会议通过后执行。

4. 专业培养计划

（1）课程设置及时间分配：见专业教学计划进程表。

（2）教学进程总体安排。

1）专业教学计划进程表。

2）专业实践环节教学计划进程表。

（3）培养计划的几点说明：教学活动的总周数为120周，其中理论教学为80周，独立的实践教学环节为37周。各个模块学时及百分比如下：

第七章　高等职业教育双师型教师队伍的构建

随着我国高等职业教育的快速发展，加快高职院校教师队伍建设已成为我国高职院校越来越紧迫的任务。高职院校教师队伍的素质要求既不同于普通高校，也不同于中等职业技术学校，这是由高职教育的人才培养模式所决定的。因此，高职院校的教师队伍有其独特的建设道路。根据高职院校的发展需要及根本任务，逐步培养、形成一支教育观念新、改革创新意识强、师德高尚、有较高教学水平和较强实践能力、专兼结合的双师型教师队伍是高等职业教育的必然要求。

第一节　高等职业教育的必然要求

近几年，高等职业教育的发展突飞猛进，如何建立适应高职教育发展的教师队伍成为一个极其重要的课题。本节将重点探讨双师型教师的内涵、我国高职教师队伍的现状及构建双师型教师队伍的意义。

一、双师型教师的内涵

高等职业教育不同于普通教育，主要区别集中在所培养人才的特点上，即高职教育以培养生产、服务、管理第一线实用性和应用型人才为主要目标。国际上一些发达国家的成功经验也告诉我们，培养双师型教师，是高职教育发展的一种历史趋势。一般地说，与普通学校教师相比，高职院校的教师的素质特征表现在以下方面：具有更全面的知识储备，相关专业的知识面要广；具有较高的专业技术应用的实践能力；在教学工作中能体现理论与实践的统一；具有丰富的社会常识，有较强的社会活动和交往能力。

目前"双师型"是我国职业教育界对职教师资（特别是专业教师）普遍提出的基本素质要求，但由于高职教育的情况非常复杂，对"双师型"的解释也有分歧，主要的观点有三种。第一种看法是，具有工程师、工艺师、技师、医师等技术职务的人员，取得教师资格从事高职教育、教学工作的，即可视为双师型教师。持这种观点者认为，双师型教师应来自社会招聘，高等学校不可能培养出双师型教师。第二种看法是，双师型教师没有一个统一的、具体的标准，从教学实际出发，只要既能胜任理论教学，又能指导学生实践教学的教师，就可看作双师型教师，这也是高职院校中的实际情况。第三种观点是，双师型教师反映了对高职院校教师的基本要求和高职教育教学的本质特征，可以通过一定的培养和培训来实现。从实际情况来看，以上三种观点都有一定的现实意义。首先高职院校必须积极从社会的生产、建设、服务等第一线引进或聘任大量的专兼职教师，充实高职教育教师队伍。其次，高职院校必须按照社会主义市场经济条件下高职教育的需求，通过培训和在职学习实际工作锻炼等多种形式，努力提高现有的教师队伍的素质，通过打破或模糊学科教学界限开设综合职业课程，以职业岗位（岗位群）能力培养为核心组织教学，设立"双师型"教学岗位等措施，鼓励广大教师特别是年轻教师岗位成材。最后，培养具有"双师型"素质的一代新型的高职教育师资符合我国国情和发展高职教育的要求，他们是高职院校专职教师队伍的骨干力量，是我国高等职业技术师范教育的发展方向，是高职院校教师的基本特征。

高职教育的特点决定了高职教师队伍具有自身的特色，即应是"双师型"的，这个特色不仅体现在高职教师个体，也体现在高职教师队伍的整体上。要把高职教师个体的特征充分反映到教师队伍的整体中，与高职教师队伍整体的特色相适应，在高职教师队伍的建设和管理上体现高职教育的特点，建立起适合高职教师队伍要求的管理模式。

二、我国高职教师队伍的现状

我国开展高职教育的实践时间不长，正处于探索和逐步发展时期。在高职教师队伍建设中亟待解决的问题有以下几个：

（一）对高职教育的认识水平不高

对高职教育的认识应该形成两个共识：一是从社会认知及高职的建设和发展的角度看，高职教育同样属于高等教育范畴，但也具有职业教育的属性，其培养的人才具有广泛的市场，因而有很大的发展前途。二是从现有的教师和热心从事高职教育的人才角度来看，要树立在高职教育这块热土上施展才华的信念，从产学结合的途径中找到一条社会效益和经济效益相统一的建设道路。

解决好这个问题，有待于教育管理部门建立高职教师队伍建设的制度和制定相应的政策，稳定高职院校现有的师资和吸纳各种人才从事高职教育。

（二）对高职教师队伍建设的投入不大

由于我国高职教育正处在探索和发展时期，加大对高职教育的投入是必不可少的。在高职教育投入中，极为重要的任务是对教师队伍建设的投入。这种投入包括智力和财力两方面：

（1）智力投入。由政府、教育管理部门和高职院校组织学者、专家就如何建设高职教师队伍，开展多层次、多方位的研究。研究的课题包括制定高职教师标准、高职教师队伍的规划、高职师资的来源渠道和培养的方法及途径，建立适合高职教师队伍建设的管理制度和制定有关的政策，等等。

（2）财力投入。在分析、研究和规划的基础上，有重点地进行财政投入。当前主要的投入方向应该是高职师资的培养，其中包括骨干教师的培养、教师的继续教育及高职师资培养基地的建立等。

（三）高职教师队伍结构不合理和整体素质不高

当前，我国进行高职教育的学校有各种类型，有中等专业学校的改制，有职业大学、高工专、成人高校等。因而，现有的高职教师队伍不仅存在很大的差异，也存在着结构不合理和整体素质不高的问题。从结构上而言，专业教师和实训教师中年轻教师的比例较高，缺少实践经验丰富的中年教师。从整体素质而言，高职教育的观念和教学思想还没有实现根本转变，教师的职业道德修养还有待进一步提高。不少学校教师的平均学历较低，专业教师的科技开发和技术应用能力不强，专业（学术）成果不多。

（四）高职教师的充实和来源渠道不畅通

高职院校教师队伍的稳定和教师的来源特别是高层次人才的来源，均存在着相当多的问题。主要表现如下：

（1）部分有培养潜力的青年教师（有的已经加以培养），往往由于外单位收入、住房等待遇优越而流失。

（2）没有高职自己的师资渠道，高职师资补充绝大多数来自普通高校应届毕业生，进校后还需花费相当的人力和财力给予培养。

（3）高职院校科研条件、生活条件有限，补充高层次的人才有一定困难。专业课程的硕士研究生较少，博士生更少。

（4）吸纳具有工程、生产实践经验的企业、研究所等社会人才的渠道还不畅通。

三、构建高职教育双师型教师队伍的意义

（一）现代化建设需要构建双师型教师队伍

著名的经济学家钱纳里和塞尔奎因等人在研究世界多国模型时，将经济增长划分为三个阶段、六个时期。其划分标准是：人均 GDP 在 140~280 美元，属于初级产品的生产阶段；人均 GDP 在 280~2100 美元为工业化阶段；人均 GDP 在 2100~5040 美元为发达经济阶段。其中工业化阶段又分为三个时期：人均 GDP 在 280~560 美元为工业化初始阶段；人均 GDP 在 560~1120 美元为工业化中期阶段；人均 GDP 在 1120~2100 美元为工业化高级阶段。

21 世纪，我国社会主义市场经济体制改革将进一步完善；政治体制、教育体制、科技体制改革将沿着具有中国特色的道路不断地深入；经济发展方式的转变这一艰巨的工程将进一步取得进展，并在集约化道路上不断向新的高度迈进。所有这些，都将对高职教育提出更新、更高的要求，也将提出更严峻的挑战。在 21 世纪中叶，我国将跨入世界经济发达国家的行列，高职教育作为经济发展的基础，将为我国社会主义现代化建设培养不同层次、不同专业领域的技术、技能人才，这就需要有一支"双师型"的高职教育教师队伍，才能保障人才的培养。

（二）高职教育发展的规模和速度需要构建双师型教师队伍

衡量高职教育的发展规模和速度是否合理是一个比较复杂的问题。用教育经济学的观点透视，高职教育发展的规模和速度最终要受生产力的发展水平、经济结构的制约。一种较为合理的高职教育发展规模首先是对生产力发展水平和产业结构的适应状态。从教育内部来讲，高职教育作为整个教育系统的一个子系统，其发展规模既有自身的配比问题，也有与其他类型教育合理配置问题。高职教育的发展规模应该是这样一个统一体：以适应生产力发展水平为基础，满足社会经济发展和劳动就业对各类技术、技能人才的需求为目标；既能同普通教育相互协调、相互促进，又能保障自身的结构合理、运转灵活、功能齐全、效益较高。

高职教育规模的迅速扩大和发展速度的加快，社会对技术人才要求的提高及学历高移化的趋势增加，这些都需要我们构建"双师型"的高职教育教师队伍，来适应高职教育本身发展的需要。

（三）高职教育专业结构的优化需要构建双师型教师队伍

高职教育专业结构是指不同学科领域的高职教育的构成状态。高职教育的专业结构是否合理最终要看它同生产力发展水平、产业结构是否相适应和吻合，从而对经济、社会和科学技术的发展产生了重大影响。

目前，我国高职教育在专业设置上仍然存在不合理的地方，表现在两方面：一是专业结构不尽合理，二是专业规模过小。专业规模过小表现在一些综合型高职院校专业设置多而全，但专业的规模很小，学生的数量较少，教师的数量更是有限，很难搞好专业建设，专业水平得不到提高。

专业结构不合理表现在热门专业和容易办的专业大家都争着办，一哄而上，重复建设严重。造成的结果是，学校之间争生源、争投资、争劳动力市场，一些学校被迫频繁地变换专业设置，造成教育投入上的浪费。某些开设难度较大，关系到国计民生的专业却很难得到建设和发展。

21世纪的信息革命将推动高职教育更加融入社会发展之中，高职教育应该成为连接学校和产业社会的纽带。随着经济体制改革的不断深入，我国产业结构已经发生重大的调整，为了满足经济建设发展、经济结构的不断调整和完善的要求，高职教育的专业领域需要不断地适应这种变化，并相应地进行调整、优化，使之与经济结构相适应。在城市里，特别是老工业基地，某些传统的产业将进行改造或转移,而沿海开放城市中,新兴的科技含量较高的产业及为国民经济发展服务的第三产业如雨后春笋般蓬勃发展;在农村,我国农民已逐渐摆脱贫困,解决了温饱问题以后,他们在奔小康的路上,迫切地需要技术指导,农民对科学技术的前所未有的强烈需求,都需要我们的高职教育为他们服务。可见,高职教育教师队伍的建设的任务是何等迫切。双师型教师队伍的建设也要适应这种调整和变化,适应国民经济发展的需要,才可能为经济建设培养出合格的技能、技术人才。

第二节 双师型教师的素质结构

随着科学技术的发展和人类社会的进步,许多职业岗位对从业人员的专业能力提出了更高的要求,社会对高等专门人才的需求也趋于多样化。高等职业教育作为我国高等教育领域不可缺少的重要组成部分,主要是培养从事生产、建设、服务、管理第一线工作的高等实用技术型人才。因此,相对于其他高等教育和中等教育来说,在专业设置、教学计划、课程结构等教学模式方面,尤其是在教师的综合素质、专业素质等方面有独特的要求。那么双师型高职教师应具备怎样的素质呢?

一、高尚的师德

21世纪人类社会全面进入信息时代。信息产业的发展将彻底改变人们的传统思维、传统习惯和传统工作方式,对社会的各个方面都会产生巨大而深远的影响。高职院校的学生,正处于人生的一个重要的过渡时期,其性格、思想、观念尚未成熟定型,求知欲旺盛,但辨别是非能力较差。而信息社会畅通无阻的信息渠道,铺天盖地的信息大潮在为学生成才提供良好机遇的同时,也会有很多不健康的东西对他们产生负面影响。信息社会从正反两方面影响着高职学生思想道德素质的形成。因此高职教师在引导、影响学生道德观念的建立、思想品质的健全的过程中,起着至关重要的作用,也负有极其重大的责任。

一位教育家说过:"学生的心灵,就像一卷长长的胶卷,教师的一言一行都会在上面'感光',留下永远的印记。"一个教师的师表形象如何将给学生带来很大的影响,而高尚的师德就是一本高质量的教科书。要具有高尚的师德,就要为人师表,以身示范。"要教书,先育人;要育人,先育己。"要当好教师,就得先当学生;要想教育好学生,先得教育好自己。老师的劳动目的不仅仅是传授知识和技能,更主要的是教会学生如何做人。教师的劳动手段也不单单是教材和实验室的设备,还要靠他们高尚的道德品行和高尚的人格。面对当前喧嚣的拜金主义、享乐主义的诱惑,高职教师要守住心灵的宁静,不被世俗尘埃所染,不为金钱物欲所动,具有"虽清贫,终不悔"的爱岗敬业精神;牢固树立正确的世界观、人生观和价值观,要以自己对教学工作严肃认真的态度,对科学严谨的学风、创新进取的精神及各方面的高尚情操教育、感染、引导学生。

二、较高的人文素养

教师是人类文化的产物。教师承担着传播人类优秀文化的重要任务。要完成这一历史使命,其前提是要接受文化的熏陶和文化的教育,掌握文化的主要观点,培养民族文化的认同感和归属感。教师这一职业群体促进了社会文化的发展和人类的文明进步。教师既是文化的产物,又是文化发展的主要推动力量。

人文知识的素养是高职教育教师成长的基本条件。教师的教育劳动,是借助于知识并且通过知识的传播过程来完成的。教师的人文知识素养的高低,直接关系到他所培养的高职院校的学生文化素养。高职教育教师只有通过大量的人文知识的积累,才能与其自身修养发展相适应,人类优秀的文化传统,通过教育得以继承,通过教师的劳动得以传播。

首先,教师是人类优秀文化的传播者、创造者。作为教师,主要的任务和基本的素质要求就是继承人类优秀的文化,在继承的基础上加以创新。其次,人类文化革新的需要,也使教师必须进行知识结构的更新。随着信息时代的到来,面对科学技术革命的挑战,教师必须提高自身的人文素质,才能不断接受新思想,完善自我。最后,现代高职教育教师,必须做到科学知识和人文知识的和谐发展。科学知识和人文知识的和谐发展,反映了社会和时代对高职教育教师的高层次的要求。高职教育的双师型教师只有将科学知识和人文知识不断地进行交融,并使其和谐发展,才能跟上观察世界、认识世界、研究问题方式的变革，提升人类的活动境界。

三、广博的学识

高职学生未来的工作岗位是各类专业技术、经济管理、经营业务及智能操作岗位。这些职业技术岗位对他们的要求是：（1）要有一定的理论基础；（2）具备较宽的专业知识面；（3）具备较强的综合运用理论知识解决实际问题的能力；（4）具备良好的群体合作能力和组织协调人际关系的能力。因此，高职学生应属于未来的技术型应用人才。由于市场对此类人才的需求种类非常广泛，因此在培养他们较扎实的理论基础的同时，应着重培养他们向复合型人才发展，这就要求高职教师必须具备与之相适应的广博的学识。

专业面的深度和广度是高职教师业务素质的第一要素。每个高职教师首先要具备所教专业扎实的理论基础和专业基础，同时还应具备广博的相关知识面。随着科学技术的迅速发展，新科学、新理论、新技术、新方法层出不穷，这对承担人类文明传播使命的教师来说，知识的更新显得越来越重要。这就要求教师不能把自己的教学仅仅定位于某一狭窄的专业领域，而要时时充电，即不断学习、不断提高，更新思想、更新知识，努力做到既有精深的专业知识，成为所教学科的"专才"，又能不断提高自身对本专业边缘和前沿知识及技术的掌握程度，成为本专业相关学科中的"通才"。只有这样教学时才能深入浅出、旁征博引、左右逢源、得心应手，才能培养出符合市场需求的、具有必要理论基础和较强实践能力的专门人才。

四、良好的探究能力和研究能力

高职教育改革成败的关键在于高职教育的教师，高职教育教师这一群体的专业发展水平是通过每一位教师个体的专业水平体现的。教师的职业生涯是一个连续的专业发展过程，也是终身教育的过程，即集职前教育、岗前培训和职后继续教育于一体的教育过程。

社会在进步，时代在发展，知识更新换代的速度不断加快，高职教育教师所学习的专业理论知识有可能在他刚刚走出校门从事高职教育的时候就已经有所发展，特别是一些与高科技结合紧密的专业，知识更新换代的速度会更快,因此高职教育教师不仅仅要掌握专业知识,还要有一定的理论探究能力,在自己的专业基础上,能够吸取新的研究成果,丰富自己的专业知识,不断地拓宽知识领域,完善自我,才能跟上时代前进的步伐,胜任教师的职业。

高职教育教师所从事的教学活动是一个动态复杂的过程,既包括理论教学,又包含实践能力的培养。教师在教学过程当中要善于发现问题,研究问题,解决问题。通过对教学内容的研究、对教育方法的改进来提高教育教学质量。因此教师的教育过程实际上就是教学研究过程。

五、高职院校的实践教学能力

实践教学是高职教育的一个重要环节,实践能力也是高职院校的教学目标,在教学中处于重要的地位。高职教育与普通教育的区别就在于,高职院校不仅向学生传授知识,而且注重培养学生的实践能力,高职教育与产业社会的联系最为密切。

高职教育的这种特殊性质,要求高职教育教师必须具备较强的动手操作能力,能够指导学生的实践。理论教学与实践教学是高职教育两个重要环节,事实上,我们现有的理论教师缺乏指导实践教学的经验,而实践教学的教师的理论水平尚有待提高。这也是我们高职教育师资培养的一个重要研究课题。我国高等职业技术师范教育,经过近30年的研究和探索,走出了一条适合中国国情的高职教育师资培养的新路子,即"双师型"高职师资培养的模式。事实证明,这种既具有较高的理论知识水平,又有较强的实践教学指导能力的教师,才能适应时代对高职教育教师的要求。

六、现代的学生观

每个高职学生都是一个独立的个体,一个学生就是一个独立的世界。每个学生都有其独立的人格特点和价值,不能幻想以一个统一的标准"修理"个性千差万别的学生群体,重要的是尊重每个学生的个性,因势利导,促进其自我价值的实现。已有的科学研究证实,每个学生都具有巨大的发展潜能,其智能水平并非先天决定的。教师面对某个学生,要问的不是这个学生是否聪明的问题,而是他究竟在哪些方面聪明。每个学生都有自身的优势和劣势,问题是能否扬长避短。高职教师要用积极乐观的态度看待学生的天性，相信学生的潜能并激励其发展成才，这不仅是用动态发展的眼光看待学生，而且是对学生个性的尊重。此外，学生是教育活动的主体，并非被动接受知识灌输的客体，学生的健康、全面发展是一切教育教学活动的出发点和落脚点。这就要求高职教师能时刻保持强烈的责任意识、服务意识、引导意识，始终把学生放在主体位置，在深入分析每个学生优势特长、尊重学生自我发展取向的前提下，因势利导、以人为本，把学生培养成既有集体主义意识、协作互助精神，又有自我个性、善于创新的新型人才。

七、高水平的情商

一个优秀的高职学生除应具备良好的道德品质、合理的知识结构、扎实的专业基础、较强的实践能力外，还应具备较高的情商。其情商的成长与建立过程，与在校期间高职教师的言传身教息息相关。随着我国改革开放的深入发展，教育事业也加快了向产业化发展的速度，教学水平的优劣、学生素质的高低，决定了高职院校的生存与发展，进而使每一个高职教师也面对优胜劣汰的考验。因此，为更好地教书育人和完善提高自我，高职教师必须具备较高水平的"情感智力"——情商。（1）良好的心理自控能力，充分认识自我，充分认清自己选择的职业，感受职业的神圣和责任。（2）抵制诱惑的能力。任何一种职业都会遭受他种职业的诱惑，在市场经济条件下，教师职业遭受的挑战和诱惑更多，在坚守自己的选择和进行教育改革创新的过程中，尤其需要抵制诱惑。（3）情绪调控能力。主要表现在善于理性地控制自己的情绪并积极地化解消极情绪。（4）承受挫折能力。遇到困难和挫折不怨天尤人，懂得成功和胜利只属于有坚强意志和那些不怕困难积极进取的人。（5）沟通、协调和组织管理能力。教师要理解学生的情绪，恰如其分地控制和表达自己的感情，有效地与学生沟通、协调，形成一种和谐融洽的师生关系，这样才能取得良好的教育效果。

一所高职院校的影响力和知名度主要来自其教育成果——学生的能力水平，而学生的能力水平取决于学校的教学机制和教师素质。每一个双师型教师只有通过不断完善自我、奋发进取、勤奋工作，才能为培育一代人才贡献一份业绩，为学校的发展贡献一份力量，为祖国的建设贡献一份责任。

第三节 构建双师型教师队伍的困难及对策

双师型教师是集理论水平和实践能力于一身的教师,从目前高职院校的教师教学能力结构来看,双师型教师的数量很少,理论教学和实践教学依然由相对独立的两部分结合而成,造成这种状况的原因已经不是囿于普教模式的束缚问题,而主要是缺乏一批既能从事理论教学又能指导实践教学的双师型教师队伍。教师队伍不仅是实现高职教育教学计划的关键,更是高职教育能否办出特色的关键。在构建双师型教师队伍的过程中,一些高职院校曾采取从社会上公开招聘一批双师型人才作为专职教师充实教师队伍的做法,此举对高职教育教师队伍建设和教学质量的提高发挥了积极作用。但结合我国高职教育的实际情况,需对此做法进一步提高认识。本节将着重分析构建双师型教师队伍存在的困难,探讨加强双师型教师队伍建设的对策。

一、构建双师型教师队伍存在的困难

构建具有高职教育特色的双师型教师队伍,是高职教育发展的关键。教师的思想素质、业务能力、知识结构、实践能力等方面直接影响到培养目标的质量。建设好双师型教师队伍的任务十分急迫、相当繁重,也存在诸多不利因素和困难,具体表现在以下几方面:

(一)既懂理论又能实践的人才难求

从我国实际出发,高职教育的特色要求教师既具有较高的学术水平,又具有较丰富的实践经验的双重条件,对教师提出了较苛刻的要求。这在一定程度上使热爱高职教育的人士望而生畏,限制了人才向学校的流动。虽然社会各行各业既具备教师的基本素质,又不乏实践经验的双师型人才济济,但这些人往往都是各单位的骨干力量、中流砥柱,难以向高职院校流动。即使流动也常常带有诸多附加条件,学校在相当程度上难以承受。

（二）高学历（学位）的教师补充困难

目前，高职院校的教师主要来自普通高校毕业生。高校本身就清贫，而高职院校条件更艰苦，吸引人才、留住人才也更困难。即使有些重点院校的毕业生到学校报了到，也只是把学校作为通向城市的跳板，短期内各显神通，纷纷转行，到经济收入高的单位或攻读博士。而学校送出去培养的研究生，尤其是一些来自边远城区和条件相对较差学校的研究生及送出国外培训的教师，也几乎大部分不能回到原单位工作，纷纷流失（跳槽）或在国外安家落户。

（三）学历与学位的达标影响着中青年教师

新的《高等学校教师职务条例》对晋升高级职务时对学位的要求将采取新人新办法的规定，《教师法》也有取得高等学校教师资格应当具备研究生或者大学本科毕业学历的要求，这也意味着在校工作的低学历的中青年教师和今后新补充的本科生都面临着继续攻读学历与学位的现实问题。因此，他们必然无暇顾及专业理论知识和技能的提高或投入较少的精力，这势必影响双师型教师队伍的建设。

（四）"近亲繁殖"带来低水平重复

面对重点院校和高学历（学位）毕业生难以流向高职院校及分配的毕业生专业不对口的现状，高职院校只得大量吸收本地院校或本校的毕业生，充实教师队伍。这些青年教师虽然都是从毕业生中选拔出来的比较优秀的分子，但他们的思想认识、言谈举止、知识结构及对教师职业道德的修养、教育思想、教学方法等都缺乏体会和认识，离教师职业规范还有一定差距。尤其是专业理论知识和技能还停留在学校教育水平上，缺乏实践这个环节的磨炼。同时教师本身还有一个完成自身社会化的任务，大多涉及恋爱、婚姻、家庭等一系列问题，同时还要在业务上、学历上深造和提高。他们与重点院校毕业生相比平均业务起点水平较低，基础素质相对也较差，特别是在校时所受的学术环境的熏陶也远非重点高校可比。大量引进本地院校毕业生客观上容易造成近亲繁殖和低水平重复的弊端，既不利于学术思想上的远缘杂交，也不利于形成活跃的学术氛围，更不利于双师型教师队伍的建设。

（五）人才流失严重，教师思想不稳定

随着改革的开放和经济建设的发展，社会众多企业不惜以各种优厚的物质待遇和良好的工作条件吸引人才。这对于物质条件清贫的高职院校教师来说，无疑具有巨大的吸引力和诱惑力。由于高职院校办学条件有限，待遇较低，一些有抱负的双师型中青年教师因缺乏用武之地，难以施展自己的才干，也借助人才流动的东风，跳槽改行，弃教从商。另外，隐性流失也普遍存在。一些教师身在曹营心在汉，扛着学校的招牌，把相当一部分精力放在校外有偿社会兼职活动中，从事第二职业，影响了正常的教学工作。

二、加强双师型教师队伍建设的对策

构建一支具有高职教育特色的双师型教师队伍是一项长期而艰巨的工作。面临双师型教师队伍建设的特殊困难和矛盾，出路在于通过在职培养的途径来解决，重在因校制宜，办出特色。其具体措施和对策为：

（一）高度重视，齐抓共管，促进双师型教师队伍的建设

双师型教师队伍建设是高职教育发展的关键力量，不高度重视、不抓住这个根本，必将贻误高职教育的前途与发展。过去十年来，高职院校处于创业阶段，学校领导的主要精力不得不放在学校建设方面。今后必然要以主要的精力抓教学，而教学质量的提高，关键在教师。因此，搞好双师型教师队伍建设是学校领导义不容辞的职责，要予以高度重视，采取切实可行的措施，在学校中形成尊重知识、尊重人才的思想，营造关心教师、支持教师、有利于教师队伍建设的大环境，以便吸引人才、留住人才、用好人才。尤其是学校的各级主管部门也要积极创造条件，给足政策，允许学校对教师实行双向选择，避免上面分配的学校不需要，而学校急需的又调不进来的状况，促进双师型教师队伍的健康发展。

（二）因人制宜，立足培养，促进在职教师队伍向"双师型"转化

高职教育的特点决定了很难引进既能任教学工作又有专业实践经验的师资。尤其是国内尚无专门培养双师型师资的高校，而且教师的成长需要一定

的时间。因此，加强双师型教师队伍建设的途径应以提高在职教师素质为主线，立足培养提高，辅以择优补充，采取多种渠道，重在因人制宜。如采用师父带徒弟或定期组织专业技术讲座及短期专业培训等形式，使基础课教师了解所承担的课程相关的专业技术知识，扩大知识的视野，促进基础课教师由知识型向技能型转化。对从事专业基础理论的教师，采取有计划、有目的地组织他们轮流脱产或半脱产参加校内外的职业技能岗位培训，定期或不定期地担任技能操作课教师的助手，参与学生实习的全过程，提高应用理论知识解决问题的能力。对专业技能课教师可选派到有关院校学习深造，着重提高理论素质。逐步促进基础课教师知识多元化、专业理论课教师技术化、技能课教师理论化，使教师的讲课能力、教学实践能力和动手能力向"双师型"转化。

（三）强化激励机制，优化成才环境，稳定双师型教师队伍

强化激励机制，优化成才环境主要从以下几方面进行：一是建立教师岗位挂职锻炼和专业进修培训制度。根据专业建设的需要，逐年选派中青年教师定期到有关企业或实习基地挂职锻炼一年或半年，熟悉职业工作的全过程，提高应用理论解决问题的能力，或选派中青年教师到国内重点院校定向培养，提高专业理论知识，从而使知识型与技能型两种素质兼备。并把这一制度同职务晋升、职称评聘等挂钩，形成高职院校教师素质的培养过程的自我完善和自我发展的机制。二是鼓励教师，特别是专业课教师钻研技术，对专业课教师和实习指导教师逐步实行评定教师职称与专业技术职称的双职称制度。三是鼓励教师参加科研活动，在实践中锻炼和提高教师的动手能力和解决实际问题的能力。教师的科研工作要遵循高职教育的特点，结合教学、生产实际中的问题，根据教师自身的能力和专长及客观条件与教学工作的需要，选择实用性强、周期性短、见效快的应用性课题，达到既解决教学、生产中的实际问题，又提高教师自身的理论水平和动手能力的目的。四是努力提高教师待遇，改善教师工作和生活条件，稳定双师型教师骨干队伍。

（四）改善结构，专兼结合，补充双师型教师队伍的不足

双师型教师队伍的建设应坚持以专为主、专兼结合的原则。实践证明，高职院校的专任教师不宜自给自足，小而全，普通高校已有这方面教训。

由于高职教育的特点，需不断调整专业设置，或间歇招生或停止招生。这样势必造成开设一个专业，就积累一批专业教师，因工作负荷不足，造成人才的浪费。国外高等职业教育的师资建设经验值得借鉴。如美国社区学院的教师分专职和兼职两类，专职教师占30%~50%，一般都具有博士或硕士学位，而兼职教师即使没有相应的学位，也可以聘任为教师。这一方面降低了教学成本，另一方面兼职教师大多为律师、会计师、工程师或管理人员等，他们都具有丰富的实践经验，对学生的教育也非常有用，因而在社区教育中起了很好的作用。兼职教师的出现，既有利于贯彻人才共用的原则，补充高职院校双师型教师队伍的不足，又对在职教师又形成一种压力，迫使教师努力去提高自己的教学水平、实践能力和科研能力，并且不占用学校编制，不用考虑住房、医疗、职称等一系列问题，也不会给学校造成历史包袱。

根据我国高职教育的实际，专、兼职教师可按1∶0.5聘请。但由于兼职教师具有流动性大、自由度高、在岗不在编的特点，对兼职教师也不能放任自流，需要加强对兼职教师的感情投资，关心鼓励他们安心兼职工作，使他们自觉地成为学校的一员而不是临时工，集中精力，积极投身教学工作，为培养人才尽到应有的职责，成为相对稳定、适应高职特点的双师型教师队伍的一个重要组成部分。总之，只有努力培养和造就一批双师型教师队伍，才能更好地体现高职教育的特色。

第四节　双师型教师队伍管理制度的构建

双师型教师队伍构建以后，要保持这支队伍的稳定和继续发展，就要有一套操作性强的管理制度做保障。本节将介绍双师型教师队伍的一系列管理制度。

一、建立高职教师的标准制度

至今高职教师的任职和职务晋升，仍执行着普通高校教师的标准。从现在的实际来看，已经产生了种种不利于高职教师队伍建设的后果。因此，必须建立能充分体现高职教师特点的高职教师标准制度，包括任职标准和职务晋升标准。在任职标准方面要提出高职教师能力素质的要求，在职务晋升标准方面要明确科技开发和技术应用的成果要求，以体现高职教师的技术性特点。

二、建立高职教师"双师型"职务评审制度

　　高职教育要使学生具备较强的技术应用的实际能力，高职教师自身就必须具有相应的能力。而这种能力不可能在书本上获得，只有在科技开发和技术应用的实践中取得，并通过技术革新、产品开发、设备运行的技术工作或参与生产、技术管理等工作加以提高。在高职的专业教师中实行教师系列职务和所从事的专业技术系列职务的双职务制，将高职教师的专业水平、能力和技术成果有机地结合起来，更有利于教师业务素质和高职教育质量的提高，从而推动教师队伍的建设。

　　在当前的高职院校一般都有中级职务的评审权，高级职务的评审权在教育管理部门。在高级职务晋升条件上仍是用普通高校的学术成果、科研成果和教学效果来衡量高职教师的水平。这样的高级职务评审对高职教师是很不合理的，会造成高职教师为了职称，热衷于学科学术的研究，不利于高职教育双师型教师队伍的建立。因此，要在制定高职教师职务晋升标准的基础上，把高级教师的职务评审从现有的高评委中分离出来，组建高职教师高级职务评审组，在成果条件上突出高科技、新技术开发和应用成果的水平，建立起具有高职特点的职称评审机制。

三、实行操作技能证书制度

　　高职教育是以课堂教学和实践教学的方式组织教学的。实践教学的内容是以提高学生的专业应用能力和操作能力为主的实训活动，而这样的教学活动必然伴随着教师的示范、指导和解答学生遇到的问题等，况且在课堂的教学过程中还要联系实际进行理论的传授。因此高职教师特别是专业教师除了具有较强的科技开发和技术应用能力及实际工作的经验外，还必须掌握相应的操作技能，应通过参加与从事专业技术相关的职业技能训练并进行考核，取得相应的等级证书。这不仅是高职教育教学的需要，也是提高高职教师能

力素质的需要和推动高职双师型教师队伍建设的需要。

四、建立高职师范教育体制

教师是一种具有特殊资格的职业，高职教师具有区别于其他高校教师的特点，高职教师的培养有其特殊的要求。我国当前的高职教师充实和来源渠道主要还是普通高校应届毕业生，他们接受的通常是学科理论的教育，具有"研究"和"设计"的能力，缺少高职教育所需的实践经验和多样的能力素质，也缺乏从事职业所需的技能培训和教育。因此，必须建立起适应高职教育要求的高职教师培养体系，通过成立高职师范院校、普通高校中设高职师范专业或建立高职教师培训基地等，解决来源渠道问题。

五、建立高职教师选送国外进修制度

鉴于发达国家高职教育发展远比我国早，而且无论在办学还是在新技术的教育上均比我国有经验，因此，选送骨干教师赴国外进修，不仅有助于我国高职教育的发展，而且可以提高教师的教学水平。

六、建立高职教师培养经费的投入制度

要解决高职教师队伍存在的整体素质不高和教师的来源问题，必须加大对高职教师的培训和培养的力度，主要是学历和能力的提高、带头人和骨干的培养、高职师资培养基地的建设，这些都必须有经费的投入，也就是需要建立起高职教育培养经费的投入制度。

七、建立高职教师的流动制度

从高职教师个体来看，一方面同其他人才一样需要流动实现职业的转换，以求自身的发展；另一方面也应面对职位的变更实行结构优化的现实。而这些流动的实现必须有一整套制度来保证。从高职教育的需要角度看，从其他单位吸纳高职教育需要的人才特别是具有丰富的工程、生产等实践经验者从事高职教育或兼职存在重重困难角度来看，都需要有一定的制度保证。因此，建立高职教师的流动制度，不仅是高职教师自身的需要，也是高职教师队伍

结构优化的需要。高职教师的流动制度必须体现向社会流动的合理性和吸纳社会人才的保障性。

第八章 高职国际化人才培养环境生态重构策略

当前我国国际化人才建设面临着培养模式单一、优质师资不足、国际化水平较低、师生交流互动不够等问题。因此,需在精准学校定位、完善顶层设计的基础上,多方联动推进教育供给优化、教育共享发展模式创新,责任共担,共商共建,做好"一带一路"人才培养。

第一节 国外高等职业教育教学模式及启示

国外高等职业教育历史较长,在教学模式研究方面,已取得了各具特色的成就。研究和学习国外高等职业教育教学模式,对促进我国高等职业教育办出自己的特色具有启示作用,值得借鉴。

一、主要教学模式

1. 德国:双元制

德国双元制职业教学模式,被誉为第二次世界大战后德国经济腾飞的秘密武器,受到世界各国的普遍关注,成为世界各国争相学习的楷模。"双元制"的德文为 Dualsystem,其含义是指青少年既在企业里接受职业技能方面的培训,又在学校里接受专业理论和普通文化知识的教育。双元制中的一元是职业学校,另一元是培训企业。企业和学校既是两个学习地点,同时又是两个施教单位,两地教学方式相互交叉、相辅相成,企业是实训主体,学校教育服务企业实训,企业培训时数占总学时数的 2/3,学校教学占 1/3。双元制的精髓就是学校和企业合作，突出企业培训；理论和实践结合，突出技能培训。双元制职业教育模式在教学领域突出了职业性原则，一是专业设置以职业分析为基础；二是培训目标以职业能力为本位；三是课程设计以职业活动为核心；四是教学方法以受训者为中心；五是考试考核以职业资格为标准。

2. 英国：模块教学

英国提出实施国家职业资格计划，国家职业资格包括国家专业证书（NVQ）和普通国家专业证书（GNVQ）。国家专业证书以实际工作为基础，按具体行业工程（岗位）制定技能标准，共分五个等级。NVQ培训以技能训练为主、理论学习为辅。普通国家专业证书是一种专业面放宽的理论知识和专业技能培训体系，分初、中、高三级，高级的GNVQ和NVQ三级等价。主要以全日制形式在学校进行，理论教学和技能培训的时间各占一半左右。为了保证教育质量，英国政府建立了延续教育委员会（FEFC），对职业技术学院进行宏观调控，学院的每年资金来源中，国家FEFC的投资在75%以上。在教学过程中，普遍实行模块教学，学校根据NVQ和GNVQ的要求，对所有专业资格设计相应的教学模块，一般来说每个专业资格都有10个以上的教学模块。每个模块课程的教学量为40学时，目前分解设置有6000多个教学模块，学生根据需要自由选择。完成一定数量模块的学习，经评估合格，就可获得相应级别的GNVQ或NVQ专业证书，不管其采用什么学习方式和学习多长时间。实行模块教学，学生的学习形式很灵活，考试的内容和方式也有较大的改革。主要以通过评估"证据"来确定学生的能力水平，即学生必须拿出能证明自己具有某种技能的实际"证据"来，主要是工作中的业绩材料、完成作业和阅读资料，以及实际操作技能演示等。这样就把考试内容和方式、学生的实际能力训练和就业要求密切联系起来，深受学生和雇主的欢迎。为了搞好模块教学，英国所有的职业技术学院都非常重视实验室和实习工场的建设。

3. 美国：合作教学模式

所谓合作教学，是指在培训合格劳动者这个目标下，开展学校与工商企业、服务部门等校外机构之间的合作，把学生的理论学习、实际操作或训练有机地联系起来，使其在接受学校基础知识和技能教育的同时，还到企事业部门进行相应的生产实践。美国实施高职教育的主体是多元的，但最具影响力的是美国社区学院。美国职业技术课程的开发是以职业为导向，职业技术课程目标确定的主要依据是以职业需求为导向,也就是以职业在不同时期的不同需求作为设置职业技术课程目标的主要依据。职业技术课程内容选择的主要方法是职业分析。职业分析是对一个工种或专业进行深入调查研究,并将该工种或专业所要求的操作技能、技术知识、操作频率、操作顺序、工作态度等内容一一开列出来,编成任务目录,这些工作的总过程便是职业分析,它为职业技术课程的内容及其顺序与时间分配提供依据。职业技术课程组织的主要依据是职业活动顺序、职业技术课程目标。职业技术课程组织的内容是课程内部的排序及组织结构的选择等问题。它强调以职业的自然活动顺序为课程内容排序的主要依据。职业技术课程评价的主要标准是职业目标是否实现。在教学中,注重对学生运用现代化仪器设备、电子计算机在各种生产部门和岗位上的劳动技能的培养,专业设置是在充分的社会调查基础上确定的,多数专业都开设有计算机服务技术课程。在教学模式上,美国社区学院的职业教育强调教学与生产相结合,各专业系科的实践课程学时占总学时的50%或更多,实践课由学院和企业派专人指导,学生必须到实际岗位上参加生产劳动,而且要求学生在实习期间定期返校,汇报实习情况,与教师、同学共同探讨实习中的问题,并总结经验和教训。灵活性和个性化是美国职业教育合作教学方法的特点。

4. 新加坡:教学工厂

80年代初,新加坡在学习和借鉴德国双元制精神实质的基础上,提出了职业和工艺教育的新的教学模式概念——教学工厂。这种教学模式在新加坡各理工学院和工艺教育学院广泛采用,推动了新加坡职教事业的发展。教学工厂是一种教学模式、一种教学思想,并不是在学校之下、教学之外再办一个附属工厂、教学实习工厂,或在社会上划定某一个工厂作为学校定点实习厂,让学生在学校学完理论课后再到工厂学操作,而是要把教学和工厂紧密结合起来,把学校按工厂模式办,把工厂按学校模式办,给学生一个工厂的生产环境,让学生通过生产学到实际知识和技能。教学工厂的基本做法:理工学院一、二年级学生,在工艺教育学院的一年级学生学习基本专业理论课程和进行基础技能训练;理工学院三年级、工艺教育学院二年级即最后一年,学生依自选专业方向进入有关"工业项目组"进行实际生产操作。这种工业项目组实际上就是由某个社会上的生产厂家与学校联合办的以教学和技能训练为目的的生产车间。学校从生产厂家承担工业项目,生产厂家以提供或借用的方式在学校装备一个完全和实际工厂一样的生产车间，学生在教师和师父或技术人员的指导和训练下，进行实际生产操作。教学工厂所确定的学生培养目标是培养多元技巧之人力资源，培养目标切合国家经济的发展和人力发展战略的实施。教学计划的制订是根据工业发展的需要，强调实用性，专业的设置具有敏感性和超前意识。

5. 加拿大：能力本位教育（CBE）

能力本位教育强调以职业技术能力为基础，按职业分析和工作分析得来的职业能力本身的结构方式组织教学，重视职业技能的获得，对科学知识强调相关与必需、够用即可，不强调系统获得。因此，能力本位教育是一种强调综合能力的培养、训练的教育。CBE课程大纲是通过学校邀集企业的代表，组成委员会，按照企业的需要，用层层分解的方式，确定出明确、具体、详细、可操作的培养目标，再由学校组织相关教学人员，按照教学规律，用归纳的方法制订出来。具体步骤分两步：第一步，制订课程开发（DACUM）表；第二步，制订课程大纲。DACUM表的制订首先由校方邀请有代表性的8~12名企业代表作为职业分析人员，再加上一名课程设计专家和一名秘书组成DACUM委员会。其次，DACUM委员会通过分析、分解和归纳确定从事这一职业所应具备的综合能力，每一项综合能力后面要列出其所包括的专项能力。然后把各专项能力按从简单到复杂，从识记、理解到应用进行排序，列出DACUM表。再次，对每一项专项能力进行分析，写出最终绩效和分步能力目标。最后，委员会对专项能力确定四级评分标准。课程大纲的编制。DACUM表制订时学校的教学人员不参加，编制课程大纲是由学校组织相关的教学人员对DACUM委员会编制的表和按顺序排列的各项能力，进行教学分析，确定课程大纲和培训途径。CBE的突出特点是为学生服务：学校组织教学人员，根据拟定的课程大纲给出的教学计划图，写出每一教学单元（模块）的教学目的。学校组织有关教师制订课堂教学计划，编写教材和学习指导手册。学校按教学计划图和学生计划提供教学场地、实验室、实习车间等。学生成绩考核是按学习单元（模块）考核，及格者进入下一阶段继续学习，不及格者重新学习直至掌握，毕业、结业的标准以DACUM表所列专项能力所获得的分数为标准，学生各项能力所达到的水平一目了然，为学生求职提供方便。

6. 澳大利亚：能力本位培训（CBT）

能力本位培训简称CBT，作为一种职业培训方式，它突出强调了培训结果——学生受训后实际具有的操作能力。这种培训所关注的是学生能否达到行业中具体的能力标准,而不是个人相对于同组中其他人的成绩水平。澳大利亚成立了国家培训部(NTB),由其指导开发国家能力标准,在此基础上建立起能力本位的培训体系。国家能力标准是按照就业中要求的操作标准,就其所涉及的知识、技能及其知识和技能的应用所做的明确说明。根据培训认可的国家准则(NFROT),澳大利亚培训课程委员会(ACTRAC)在1992年9月制订了关于开发合格的培训课程的方案,澳大利亚能力本位课程的开发是由澳大利亚培训课程委员会资助有关的部门来完成的。该部门首先成立培训课程开发课题组,课题组成员由雇主、工会、技术和继续教育机构(TAFE)等多方面的代表组成,调查澳大利亚科技工业的现状,准备一份现场工作技工的任务和技能清单。然后对某一领域职业群逐个开发出技工所需的能力标准,开发设计学习程序和课程框架,最后开发出能力本位课程的样板。为了便于澳大利亚全国使用这种能力本位课程,开发了相应的课程模块和评价材料。一个模块就是一项具体的学习内容,一种相对独立、可以单独测试的技能。尽管在确定课程计划时总体上有一个大致的时间安排,但每一个模块的学习是没有固定时间限制的。

二、国外高等职业教育教学模式的启示

以上发达国家高等职业教育教学模式,在长期的实践中已形成了自己的特色,对我国高等职业教育教学改革提供了许多启示。

一是以职业需求为导向,选择专业方向和培养目标。高等职业教育专业设置打破了学科本位的思想,根据科技和经济发展状况,社会对各种人才需求情况,以及岗位职业的调整变动情况,经过科学的分析论证,设置专业,确定培养目标。无论是德国的双元制、美国的合作教学模式,还是加拿大的能力本位教育、澳大利亚的能力本位培训,都无一例外地强调专业设置和培养目标的确定要符合经济的发展和社会对各种人才的需要。由政府或教育部门组织相关人员,在对社会经济发展调查研究的基础上,经过科学的分析论证,选择专业方向和培养目标。同时在专业设置上更加注重具有超前性,以适应科技和经济发展对职业岗位提出的新要求,满足市场经济对各种类型人才的动态需要,促进本国的经济发展。

二是按职业分析构建课程体系和教学内容。根据高职教育的职业性和实

用性特点，高职教育各专业课程体系和教学内容的构建，应以职业分析为基础，它不强调学科的系统性和完整性，而是突出所学知识的针对性和实用性。通过对职业的深入调查研究，确定某职业岗位或岗位群所要求的综合职业能力和科学技术知识，以此构建课程体系，确定相应的教学内容，使教学满足职业岗位的需求。学生所学的知识、技能与职业岗位的需求相一致，毕业后能很快适应就业岗位的需要。最具典型的是加拿大的能力本位教育。CBE不仅为我们提供了新的教育思想和教学模式，更重要的是它为我们提供了一套课程开发的方法——DACUM方法，从而突出体现了高职教育的鲜明特色。德国双元制的按职业活动体系设计课程、美国的以职业为导向来开发职业技术课程体系等方法，对我们构建课程体系和选择教学内容都有学习和借鉴的意义。

　　三是强调以综合职业能力的培养为重点。综合职业能力不仅仅是操作技能或动手能力，也不单是心理学的能力概念——顺利完成学习或其他活动任务的心理特征，而是指综合的称职的就业能力，它包括知识、技能、经验、态度等为完成职业任务所需的全部内容。德国双元制职业教育突出了对学生专业能力、方法能力、社会能力，以及关键能力的培养。英国模块教学强调了对学生专业技能的训练。新加坡的教学工厂、加拿大的CBE、澳大利亚的CBT等都强调了以职业技术能力或实际操作能力为基础，培养学生的综合职业能力。综合职业能力的培养是在职业分析的基础上，明确职业所应具备的综合能力，通过对能力的进一步分析和分解，形成职业能力体系，构建知识能力模块，组织教学活动。

　　四是理论与实践相结合，突出实践性教学。以培养综合职业能力为重点的高等职业教育，必然注重理论与实践相结合，重视实践性教学环节。首先是理论教学围绕培养能力开展，配合技术训练进行。理论教学是为综合职业能力培养服务的，应以"够用、实用"为原则，理论知识传授不仅是为了解、掌握，更主要的是让学生会运用，能在实际工作中应用所学知识，解决实际问题。其次是技能训练。能力培养要结合工作实际来进行，通过顶岗实践锻炼、模拟实验等，增加学生的动手机会，培养学生实际工作能力。最后是增加实践性教学环节的比例，让学生有更多的时间接触实际，参加实践，接受训练。德国的"双元制"职业教育，企业培训时数占总学时的2/3，而学校教学仅占1/3。美国社区学院各专业的实践课程学时占总学时的50%或更多，而且实践课由学院和企业派专人指导，学生必须到实际岗

第八章 高职国际化人才培养环境生态重构策略

位上参加劳动。

五是注重实习、实训基地的建设。加强实习、实训基地建设，是实现高职教育培养目标，办出特色高职教育的重要条件。其一，根据各专业的教学需要，增加教学投入，购置先进的教学仪器和实验、实训设置，加强校内实验、实训基地建设。新加坡的教学工厂，把教学和工厂紧密地结合起来，而且采用目前最先进的器材装备实验室。英国职业技术学院的学生，其技能训练主要是在校内设备先进齐全的实验室和实习工场完成的。其二，建立稳定的校外实习、实训基地。学校应大力开展与企事业单位的合作，建立稳定的实习、实训基地，充分利用合作单位的资源优势，完成教学任务，实现高职教育的培养目标。

六是采取灵活多样的教学组织形式和教学方法。在教学过程中，突出了学生的中心地位，强调为学生服务，注重调动学生学习的积极性和主动性，培养学生自我学习的能力、动手操作的能力、独立思考和独立工作的能力，教学组织形式灵活多样，对考试的内容和方式进行了重大改革，不仅注重理论知识考试，而且更加突出职业技能的考核。在教学方式上，注意运用现代教育技术和教学手段，不断提高教学质量。在教学方法的运用上，强调针对教学对象和教学内容的不同，灵活运用各种教学方法，要以问题、案例、实物为中心，努力做到教、学、做的统一。

七是强化了产学结合的人才培养途径。高职教育与经济建设紧密相连，仅依靠学校的条件很难办好高职，实现培养高级应用型人才的目标。因此，借鉴国外的高职办学经验，应大力加强学校与企事业单位的合作。通过合作，使企事业单位参与到专业的设置、课程的开发中来，企业还可以为学校提供实习、实训基地，提供兼职专业教师。同时企事业单位在合作中为自己选拔合适的人才，还可以利用学校的科研力量为自身发展服务。产学结合是办好高职教育的重要保证。

第二节　学校的定位策略

一、何为定位

我们一般认为"定位"是一个收集、挖掘、比较、选择的过程，通过它将特色归纳出种类和层次，在相互比较后，选择自身特色的一个过程。然而，"定位"作为一门理论早在1969年就被提出了，创始人杰克特劳特将"定位"定义为：如何让你在潜在客户的心智中与众不同。一般而言，人的心智只接受与其以前的知识与经验相匹配或吻合的信息，所以把焦点集中在潜在顾客而非产业，就简化了选择过程，这有助于大幅提高传播效率。宝马：驾驶；沃尔沃：安全；同济大学：建筑；河海：水利。这些企业单位仅仅用一词就占领了人们的心智，从而跻身行业顶尖序列。由此，定位的力量可见一斑。

二、定位策略

1. 定位分析

不同学院，往往录取分数不同；同一所学校，由于专业不同，录取分数也存在着一定的差距。因此，首先学校应从专业特色、与对口国家的匹配度等角度进行全面排摸和彻底分析。一是考虑到专业的稀缺性问题，可分为：属于独一无二、较为稀少、大众化和同质竞争。二是考虑到行业领先地位，可分为处于金字塔尖的领导型专业、排在第二梯队的专业、一般专业。三是考虑到专业人才的市场需求度，可分为旺盛、潜力型、一般、饱和、过剩。四是区域性优势，可分为全球、全国、全省、全市。五是对口匹配度，可分为高、中、低三档。各指标相结合，确认优势。其次，优势叠加。领先的标准至少是占据地区优势：全市第一或唯一。在确认优势专业的基础上，合并学院内部相似专业，集中优秀教师和优质资源、对接对口国，强化专业知识、职业技能培养，优化语言教学课程和方式，深化国际化实践广度和深度。专业、语言、国际化实践叠加，催生化学反应，优者更优、强者更强。最后，优势延伸。聚焦优势，精准定位，做大做强主打专业。在此基础上培育上下游专业协同，在占主导地位的专业"做加法"，彼此间相互独立，又在教师力量和资源上实现共享，形成更稳定、优势更明显的定位。

以苏州经贸职业技术学院为例，其优势专业集中在电子商务、物流管理、旅游管理、酒店管理等。依据前文的"定位、叠加、延伸"三部曲，如果以泰国作为对口国，旅游是泰国的优势产业，旅游专业无疑是经贸学院的最佳选择。另外，旅游同样也是苏州的特色产业，相互借鉴、强强联合，既能相对独立发展，又能互惠共赢。经贸学院将旅游做优做强，占据领先地位，再逐步培育酒店管理、电子商务等专业，聚集优质资源形成共生专业链。

从全国、全球高校排名变化可以看出，处于第一方阵的高校，其地位并非不可撼动。因此，学校应以"人无我有，人有我优，人优我精"为目标，通过精准定位，提升高职国际化人才的层次，增强学校的竞争力。

三、定位特色专业

专业是高职院校的名片，也是院校发展的根本。在现有专业布局的基础上，学校应对接国家战略，调整专业设置，形成自身特色，成为全国高职院校发展道路上的排头兵，占据高点。

1. 特色专业内涵

特色专业是指高职院校在专业建设的目的目标、培养模式、课程体系，与教学内容、实践教学、教学设计与教学方法、师资队伍、社会服务等方面体现出来的独特风格，培养的学生质量在整体上要优于或有别于其他院校该专业学生，并得到社会的广泛认可、有较高声誉的专业。

2. 特色专业的一般属性

（1）独到性。从院校的实际情况出发，对自身的办学基础和业已形成的专业结构及教学能力进行分析，摸清自身的特色与优势，扬长避短，选择最适合的特色方向。对其他院校特别是相同层次高职院校的相同专业建设情况进行调研，对比分析，寻找专业方向的空挡或在同类专业上寻找特色课程、特色实践方案、特色就业渠道等差异化的竞争优势，全力打造自己的特色专业。在专业建设内涵上下功夫，体现自己专业的独特性。

（2）区位性。地域性是高职院校特色专业培育中所包含的地方特色，围绕学校所在服务的行业或区域的区位优势、地缘优势、资源优势、行业优势及本地经济建设和社会发展的实际需求，本着"立足本区，辐射周边，服务战略"的思路来建设特色专业。

（3）方向性。特色专业是在人才培养过程中逐渐形成的，是办学理念与客观效果和谐统一的结果。它对人才培养质量的提升、学生综合素养的提高、专业社会影响力的扩大具有方向引领与示范辐射效应。特色专业建设的核心作用就是培养具有较强竞争力，适应社会经济发展的优秀人才。

3. 特色专业建设的内容

（1）理念特色。办学理念和专业建设观念是高职院校特色专业建设的指导思想，影响着特色专业建设的方向、进程和绩效。

（2）方案特色。培养方案不仅要科学合理，还要突出特色。

（3）师资特色。

（4）教学特色。

（5）管理特色。

特色专业的建设要有文件规范，这是在制度上对特色专业建设予以保障；其管理要不同于一般专业建设的管理，学院要对特色专业赋予系、部更大的专业建设和教学管理自主权；以管理促教学，以管理特色促教学特色，相辅相成、相得益彰。

4. 特色专业建设要求

（1）注重专业的科学设置与准确定位。特色专业应能主动适应区域经济发展的需求，根据产业集群的变化不断优化专业内涵。准确定位专业人才培养目标，关注社会对该专业人才需求的调研和就业质量的跟踪考察。

（2）注重课程体系的优化与教学内容的改革。坚持以职业能力为本位，以工作过程为导向，依据职业标准开发课程体系；以工作任务组织教学内容，并与国家职业资格标准相衔接；以典型产品和服务设计为教学活动单元；课程体系和教学内容能够体现以立德树人和职业能力培养为主线。

（3）注重实践教学设计与实施。根据职业技能培养的需要设计实践教学体系；以真实的工作任务或服务任务为载体设计实践教学项目、内容，在具有实践或仿真职业氛围的实训基地实施实践教学；由具有行业企业经历的教师或来自生产第一线的兼职教师进行教学和指导；强化毕业顶岗实习覆盖率，健全实习大纲、考核标准与办法,以确保毕业顶岗实习效果。

（4）注重专业教学团队的优化。以知识、职称、年龄、学历等为要素,合理布局特色专业教学团队的结构,提高生产第一线兼职教师的占比,突出"双师结构"教学团队建设;提升专业教师的实践教学能力,增加具有行业企业经历的教师的比例;专业带头人在行业企业有一定影响力和较高知名度,社会认可度高。

（5）注重社会服务能力的提升。根据社会、企业的需要,特色专业的教师主动承担职业技能培训和岗位培训任务,积极为落后地区的教育发展服务;主动承担技术服务与咨询项目,承担企业横向课题,利用业余时间为企业和社区服务。

（6）注重人才培养质量的提高。提升学生获得职业资格证书的比例及大赛获奖比例;以专业教育为基础,拓展实践实训的内涵和时限,以培育具备"扎实的语言应用能力,熟练的职业技能,灵动的创新思维,丰富的国际视野"人才为目标,提升人才国际化程度,提高就业竞争力。

第三节　完善国际化人才培养环境生态顶层设计

一、国家层面

教育及相关部门在深入调研的基础上,科学合理地完善机制体制建设,出台政策推动教育输出和引进。在境外办学方面,制定符合新时代要求的鼓励措施和管理规范,在扶持的同时加强监督和指导。基于"一带一路"倡议,科学预测各类国际化职业人才的需求,以"人才培养与战略发展高度契合"为原则,结合区域优势、教学特色,引导和协调各地开展教学工作,统筹规划、合理布局、均衡发展。

1. 出台政策支持

中共中央办公厅、国务院办公厅印发了《关于做好新时期教育对外开放工作的若干意见》,指出要实施"一带一路"教育行动,充分发挥教育在"一带一路"人才建设中的重要作用。教育部出台了《推进共建"一带一路"教育行动》，并先后与甘肃、宁夏、福建、广西、海南、贵州、云南、新疆8个省和区签署了"一带一路"教育行动国际合作备忘录；出台了《高等职业教育创新发展行动计划（2015—2018年）》，文件中包含了三大内容、四项基本原则和四项主要目标，制订了行动计划任务清单，旨在推动高职教育创新、健康、持续发展，并指明方向。

2. 加强东西部教育发展共享

加大东西协作工作力度，深化区域间的教育合作。各地高职院校应全面贯彻落实国务院《职业教育东西协作行动计划（2016—2020年）》，在中央确定的东西部扶贫协作框架下，积极探索盘活、扩大优质职业教育资源，增强发展能力的合作机制，深化东西部地区的教育合作，在推进职业教育充分、平衡发展上下功夫、做文章、求实效，积极发挥优质高职在全国教育共享发展的重要作用，争创东西部教育齐头并进、共同发展的新局面。

3. 联合开展人才培养和培训

加强与沿线国家人才建设的交流互动、优势互补，联合开展人才培养和培训工作。一是借鉴新加坡、印度等沿线国家在人才建设方面的经验和优势，加强经验交流和人才培养合作，同时吸引海外优秀人才机构来华指导。二是调动国内有关资源帮助沿线国家培养"一带一路"建设所需人才，帮助提升沿线国家人力资源建设水平。

4. 利用海外人才培养平台

充分发挥华人华侨和留学生作用，利用好孔子学院等海外人才培养平台。一是发挥沿线国家的华人华侨、孔子学院等海外平台对"一带一路"倡议的积极作用，协助中国企业更好地融入当地文化。二是设立"一带一路"留学基金，鼓励我国与沿线国家间的留学生互换，培养更多了解彼此语言和文化的人才。

二、地方层面

属地政府和教育部门作为教育工作的主管方，利用大数据、智库等手段和力量，调研沿线国家所需人才，根据地方优势和高职院校各自特色，把握发展方向和趋势，统筹规划地方人才培养的对策。引导属地高职院校的专业、语言、生源的布局和配比，形成各具特色、百花争艳、错位发展的格局；协调各方力量牵线搭桥，助推教师队伍、教育资源的优化，扶持中外教育互动交流，实现资源共享、相互促进；加强校企合作，促进高校和企业的深度对接，加强人才培养与企业需求匹配，引导"走出去"的企业更加关注人才建设和管理，注重人才本地化；资金扶持、拓宽融资渠道，解决境外办学资金瓶颈。

1. **省级政府**

省级政府肩负落实政府责任、建设品牌专业、出台扶持政策等重大使命，履职的好坏直接决定了国际化职业人才培养工作的优劣和成败。对接战略的眼光、超前务实的布局、切实有效的举措、宽严并济的管理是政府推进人才建设的保证，江苏在实践中做了有益探索，形成了可供借鉴的宝贵经验。江苏省政府办公厅发布了《江苏高等职业教育创新发展卓越计划》，以"服务发展，创新引领；扶优扶强，彰显特色；产教融合，协同育人；以文化人，优化治理"为原则，坚持以立德树人为根本、以能力提升为核心、以产教融合为抓手、以开放创新为突破，建设一批全国领先、特色鲜明、充满活力的高职院校，布局高职卓越发展蓝图。2017年，江苏省教育厅在继续重点推进"品牌专业"建设项目、产教深度融合实训平台项目的基础上立项"高水平骨干专业"建设项目。江苏省教育厅加强对品牌专业、骨干专业的过程引导，通过开展学术活动周、建立产教深度融合实训平台在线监测体系、加强中期检查等手段，专项建设由投入激励向绩效考核转变，由结果管理向过程引导转变，提高专项绩效。将教师发展与教学团队建设、课程教材资源开发、实验实训条件建设、学生创新创业训练、国内外教学交流合作、教育教学研究与改革六方面作为主要内容，政府加大指导和投入，支持高职教育发展。另外，地方政府、高教园、科技网等对高等职业教育给予了特别的政策支持，有力推动了高职教育与产业相融，服务区域经济发展。

2. **市级政府**

人才是第一生产力，一切发展都离不开人才，高职教育也不例外。然而既有的政策和机制体制未能完全激活高职院校引进人才的动力，苏州的"破壁引才"等做法值得借鉴。苏州市出台《关于支持高等院校、科研院所引进高层次人才的实施办法》，设立顶尖型人才（A类）、领军型人才（B类）、骨干型人才（C类），分别予以资助奖励。除市属的高职院校，凡在苏的高职院校均可享受人才新政。其中，C类人才，包括行业公认、技艺精湛的高技能、工艺人才等被纳入资助范围，更是激发了高职院校人才引进的热情。此外，苏州市政府还给予苏州工业职业技术学院等市属高校高层次人才引进政策，所有引进的高层次人才单独核编，不占学院原有事业编制。苏州出台《苏州市职业教育校企合作促进办法》《关于加快发展全市现代职业教育的实施意见》，明确提出要大力支持职业院校建设，加快培养产业所需人才。苏州市政府专函支持苏州工艺美术职业技术学院、苏州工业职业技术学院、苏州农业职业技术学院等院校创建高水平高等职业院校。此外，将苏州工艺美术职业技术学院的"中国手工艺博物馆"（实践教学基地）列入苏州市"百馆计划"，并投入1亿元进行建设；投入1.5亿元建设苏州工业职业技术学院3.5万平方米综合实训大楼。

三、学校层面

精准定位，突出主业，延伸优势，合理设置学科专业和研究机构，与其他学院错位竞争；制订本校发展规划，合理教师、资源分配，科学学制、课程设置；加强教师队伍培训，加大教育设施、设备投入，提升教育软件和硬件的质量；以我为主开展中外教育互动交流、校企合作等活动，拓展师生国际视野；对上积极争取政策，破解审批、许可难题，通过自筹、融资、扶持解决资金短板。

1. 紧贴产业，调整专业

专业设置是学院特色的集中体现，专业之于学院好比产品之于厂商，其重要地位不言而喻。调整专业结构，集中优势力量，彰显院校主业特色，逐步形成院校自身更强的竞争优势。

（1）专业调整的基本依据。

（2）专业调整的原则。

①市场导向。高职教育应该是最贴近社会经济和市场需求的高等教育，其目的是培养直接面向生产、建设、管理、服务一线从事技术应用工作的高技能人才，所以必须面向社会和市场调整专业。专业建设必须以区域经济和社会发展需求为基本导向，选择好专业的基本服务面向，使专业建设充分体现地区产业和行业企业的特点，以更好地适应市场和社会需求。

②动态调整。妥善处理好专业设置与布局中的稳定性和灵活性是办好专

业的关键。教育有连续性和周期长的特点，要形成专业特色和优势必须经过不断探索、积累和完善的长期过程。专业建设的规模、水平和质量与专业的稳定性是相互联系、不可分割的，因此专业设置要保持稳定性。高职教育受社会经济制约，区域经济结构、产业结构的变化及行业新技术、新工艺的出现必然要求对与之相适应的专业进行调整。因此，专业设置与布局在保证整体相对稳定的前提下，必须兼顾灵活性和扩展性。

③适度宽泛。随着高新技术的广泛应用、技术综合程度的提高、服务产业的蓬勃发展，原来的专业和行业之间的界限日趋淡化，产生了一系列复合型、技术含量高的职业岗位，并大量涌现以智力技能为主的智能职业岗位。在此形势下，除少数有特殊要求、人才需求稳定的职业领域设置针对性强、专业面向较窄的专业外，在专业设置和调整时应以宽为主，宽窄相济是发展的必然趋势。鉴于此，在重视面向职业岗位（群）的专业教育的同时，注重学生的综合素质和技术应用能力培养，提高他们适应就业市场变化的职业迁移能力。

④吐故纳新。保持新专业设立与老专业退出的同步，形成动态淘汰更新机制，增加复班招生的专业，压缩单班招生的专业，保持专业数量与规模的适度与合理，防止专业数量的膨胀。

2. 调整体制机制

探索混合所有制与职教集团等各种协同育人体制。充分发挥多方协同育人功能，进一步深化产教合作联盟、职教集团体制机制，积极试点混合所有制改革，营造了"政、行、企、校"良性互动、优势互补、责任共担、成果共享、合作共赢的可持续发展生态环境。一是联合行业、企业建立混合制二级学院，制定办学章程，建立制度保障学院运行、管理；二是校企共建生产型实训基地，合作开展教育培训、技术认证、对外交流、师资培养，在科研、生产等方面开展深入合作；三是联合招生、联合培养，探索系统解决招生、招工"难"问题。

3. 深化产教融合

健全与产业发展的联动机制，跨界整合，打造产教融合良好生态。集聚政、行、企、校多方资源，打造工程技术研发中心、工艺产品开发中心、技术成果转化中心、技术创新推广中心、公共技术服务中心；瞄准职业教育及产业发展关键环节精准发力，创新机制、深化改革，全力深化产教融合，加快推进职业教育现代化建设。

4. 激发内生动力

采取措施，激发院校内生发展动力，注重院校的内涵建设与常态化发展，从政府驱动改革向自主开展一流院校建设转变。在支撑国家战略等方面做出快速反应，按照高端技术技能人才培养需求确定建设目标，将一流院校建设、一流专业建设与国家创新驱动发展战略紧密融合，扩大现代学徒制、产教创新联盟、集团化办学等项目（模式）试点效应，培养重心向高端技术技能人才转移，培养专业向重点领域拓展，探索更优的学生发展路径，实现更强的服务贡献能力，切实担负起主体责任，尽快确定与自身区域经济发展水平相适应的建设规划，明确合适的发展方向、合理的增长路径和模式，形成稳中有升的动态调整机制。

四、强化语言能力建设

加强"一带一路"语言能力建设是推进倡议顺利实施的基础性工作。通过对沿线国家、国内院校、孔子学院等进行深入调研，利用大数据分析发现，"一带一路"语言种类丰富，语言人才需求迫切。国内"一带一路"语言人才培养处于起步阶段，"量少面窄"的现状不能匹配倡议建设；孔子学院、孔子课堂等机构在沿线国家所占规模较小，难以满足汉语学习需求。建议启动国家"一带一路"语言能力建设工程，加强统筹规划、强化人才培养、提升服务能力、促进国际交流，为推进"一带一路"建设奠定坚实基础。

（一）"一带一路"语言分布及语言人才需求情况

1. 沿线国家官方语言种类丰富，使用情况较为复杂

从官方语言数量来看，沿线64个国家共有52种官方语言。除波黑外，其他63个国家均在本国宪法中明确规定了本国的官方语言。从沿线国家官方语言的种类看，新加坡的官方语言种类最为复杂，包括英语、马来语、华语和泰米尔语4种，9个国家有两种官方语言，其他53个国家均只有一种官方语言。从语言使用和分布情况看，英语、俄语、阿拉伯语是主要语言。其中，东南亚的新加坡、菲律宾和南亚的印度、不丹4个国家使用英语；东北亚的俄罗斯、中亚的哈萨克斯坦、吉尔吉斯斯坦、塔吉克斯坦及中东欧的白俄罗斯5个国家均使用俄语。然而，上述多数国家也同时至少使用一种其本国通

用民族语言作为官方语言。此外，西亚和北非地区有14个国家使用阿拉伯语，其他地区还有3个国家使用马来语、2个国家使用泰米尔语。除官方语言外，各国国内使用的地区语言或少数民族语言也种类繁多。例如，菲律宾境内除了其国家通用语言和官方语言外，使用人口超过百万的民族语言就有他加禄语、宿务语、伊洛卡诺语等十几种。

2. "一带一路"语言人才需求迫切

通过对国内外互联网大数据进行分析发现，在"一带一路"人才需求方面，语言类人才分列国内媒体和网民关注度排名第一位、沿线国家媒体和网民关注热度排名第四位。其中，除英语、阿拉伯语等使用广泛的语种外，土耳其语、孟加拉语、波斯语等也受到媒体和网民的高度关注。国内外媒体和网民普遍认为，"语言互通"是"一带一路"互联互通的基础，随着"一带一路"建设的深入推进，语言人才特别是小语种人才十分短缺，语言服务能力明显不足，加强"一带一路"语言能力建设显得十分迫切。

（二）"一带一路"语言人才培养情况

1. 国内"一带一路"语言人才培养开始起步，但规模还不能满足需求

目前，结合"一带一路"建设的需求，国内各院校开始加大对语言人才的培养力度，主要表现在两方面：一方面，我国部分高校已逐步新增涉及"一带一路"沿线国家语言的专业。自"一带一路"倡议提出，我国大部分外语院校新开设了多种语言专业，其中2016年新增外语专业最多。另一方面，一些院校开始优化语言人才培养方案，"语言+X"综合性人才成为培养新重点，外语类专业学生实行"语种+专业方向"或者"小语种+英语"的培养模式。

但目前的语言人才供给还不能满足"一带一路"建设的需求，从"一带一路"沿线国家官方语言看，目前我国高校开设的外语语种以英语、俄语、阿拉伯语等为主，仍有部分语言尚未开设。而非通用语言人才更是匮乏，"国家外语人才资源动态数据库"高校外语专业招生情况统计显示，2010—2013年已招生的20个"一带一路"小语种中，11个语种的在读学生数不足100人，波斯语、土耳其语和斯瓦希里语3个语种仅50～100人，其余8个语种更不足50人。

2. 孔子学院等汉语人才培养机构快速拓展，但在沿线国家的规模相对较小

"语言是了解一个国家最好的钥匙。"近年来，随着中国经济的发展和国际交往的日益广泛，全球汉语学习需求快速提升，以教授汉语和传播中国文化为宗旨的孔子学院也获得蓬勃发展。截至2016年，全球140个国家（地区）共建立511所孔子学院和1073家孔子课堂。随着"一带一路"的深入推进，汉语在"一带一路"沿线国家也日益受到重视，但孔子学院、孔子课堂的数量却相对较少。在"一带一路"沿线国家范围内，共有134所孔子学院和130家孔子课堂，仅占全球的26.22%、12.12%，甚至有13个国家既无孔子学院，也无孔子课堂，远远不能满足"一带一路"互联互通的需求。

（三）"一带一路"语言服务机构发展情况

1. 从总体来看，语言服务机构增长迅速，但地域分布不均衡

语言服务业发展迅速，但绝大多数规模较小。语言服务业作为新兴服务业的组成部分，行业已具相当规模。从行业产值和机构数量看，均有不同程度的增长。从注册规模看，呈逐步扩大趋势，企业实力不断增强，但亿元级大型语言服务企业的数量和占比仍然较小。从服务范围来看，主要集中于北京、上海、广东，覆盖的服务地域分布相对不均衡。

2. 从语种来看，语言服务机构对沿线国家小语种涉及较少

通过对全国423家语言服务机构调研发现，"中译外"和"外译中"两种业务涉及的外语种类一致，提供中译英服务、英译中服务的企业占比最高，分别为96.93%和94.80%，其次为日语、法语。在非通用语言尤其是"一带一路"沿线国家非通用语言方面，仅有2.60%的企业提供"中译外"和"外译中"服务，占比较少，小语种的服务能力严重匮乏，制约着中国企业进入当地进行贸易合作。

（四）语言能力建设策略

语言是传承人类文明、促进文化交流的主要载体，是国家的重要战略性资源。当前，全球化和信息化使语言的功能空前拓展，语言在文化、政治、经济、科技、军事、国家安全、外交等领域的作用日益重要。世界各国包括发展中国家纷纷推出国家语言战略，提升语言战略层次，拓展战略视域，推出重大举措，努力控制高点。可以说，国家语言能力建设问题已经刻不容缓。

第八章　高职国际化人才培养环境生态重构策略

特别是随着"一带一路"建设的深入推进,对国家语言能力提出了新的紧迫需求,建议启动国家"一带一路"语言能力建设工程,着力增强语言实力,建设语言强国,为推进"一带一路"建设奠定坚实基础。

1. 加强"一带一路"语言能力建设统筹力度

一是建立国家"一带一路"语言能力建设统筹协调机制,制订"一带一路"语言专项规划,明确语言能力建设时间点、任务书和路线图。二是整合各类资源,建立国家"一带一路"多语言中心和"一带一路"语言数据库,打造"一带一路"语言研究国家级智库,加强对"一带一路"沿线各国语言,特别是小语种的研究工作。三是统筹推进汉语在沿线各国的推广应用,将汉语确定为"一带一路"建设的通用语言之一,确保汉语在"一带一路"关键领域、重要项目和重大工程相关文本和国际会议中的主导地位和作用。

2. 努力提升"一带一路"语言服务和开发利用水平

一是建立"一带一路"语言服务网络平台,推动语言技术发展,建立包括在线翻译、多语云智库、会展语言等多维语言服务体系,提高语言服务移动化、智能化水平,推动传统语言服务行业转型升级和发展壮大,形成适应我国在对外经贸合作和人文交流中所需要的语言在线服务能力。二是建立"一带一路"语言大数据共享联盟,探索语言大数据增值服务机制,为"一带一路"建设和企业"走出去"提供高品质、多语言服务支持。

3. 大力推进"一带一路"语言国际合作交流

一是建立国家"一带一路"语言博物馆,与沿线国家和有关机构共同发起"一带一路"国际语言博览会,打造全球语言集散中心和最具影响力的"一带一路"国际语言合作交流平台。二是加强孔子学院等汉语机构在沿线国家的布局,帮助海外汉语学校加快发展,使其成为"一带一路"推进汉语言文化传播及应用的服务区和加油站。三是充分发挥市场和社会的拉动作用,整合国内外企业、教育机构、智库机构、华人华侨等各方面力量,拓展"一带一路"多层次语言文化交流渠道,打造国外能看得懂、接受得了、喜欢得上的语言文化精品,促进中外文明交流互鉴。

4. 着力培养"一带一路"复合型语言人才

人才是推动发展的第一要素,是"一带一路"建设的支撑和保证,培养契合倡议的国际化职业人才,是战略建设的内在要求,也是政府、院校、企业等多元主体的任务。一是实施"一带一路"语言人才培养计划,鼓励高校合理有序、错位互补地开设"一带一路"相关语言专业;设立非通用语种人才专项培养经费,制定非通用语种人才特殊招生政策,培养和储备服务于"一带一路"的复合型语言人才。二是联合沿线国家和有关机构,建立"一带一路"语言人才库和"一带一路"语言人才国际培训基地,加强关键语言人才培养与储备。三是加强对外汉语人才培养,加快汉语教师和汉语教学志愿者队伍建设,全力满足沿线国家汉语学习需求;开展海外汉语教师普通话培训,加大国家通用语言文字培训测试的海外推广力度。

五、优化教育供给

教育的功能之一是促进经济发展,通过经济发展来满足人们对美好生活的向往。经济发展主要取决于人,人的发展依靠教育,教育质量的优劣直接决定了人才的层次。因此,优化教育"供给侧"改革是推进"一带一路"建设的关键措施,势在必行。

(一)对接国家倡议

"一带一路"倡议历史性地为高职院校、企业组织勾勒出机遇和挑战共存的发展愿景,倡议推进的过程也是各国和地区政治、文化、习俗、思维从碰撞到融合的过程,也是各类新兴产业、商务贸易衍生和发展的过程。人才建设需要多方联动,在适应新形势的基础上对接需求、制订规划。

1. 成立"一带一路"研究机构

国际化职业人才的培养涉及政府、企业、高职院校等多元主体,不仅仅是教育的责任,也是企业单位、社会组织的责任。各方力量在"一带一路"框架下,全面贯彻共同担责、共同发展的理念,设置专门机构强化对"一带一路"部署的研究,不断对沿线国家行业产业结构和发展趋势进行深入调研,推动配套政策、课程设计、教学方式、实训实践、师资力量、经费保障等育才要素的完善。江苏省围绕国家"一带一路"倡议,推动与政府、企业、院校、NGO等的多元合作,提升境外学历生培养、技术技能培训、师资培训、订单留学生培养水平,在探索推进国际合作特色化、多元化的道路上取得了丰硕成果。通过成立研究院、职教集团、国际课程研发中心等机构,推动"一

第八章 高职国际化人才培养环境生态重构策略

带一路"务实合作更为机制化、长效化，这些举措不仅有助于增强各方合作的持续性和稳定性，也将提升各方的"责任共担"意识，将"共商共建"引向深入。常州工程职业技术学院与常州市委党校共建的"一带一路"研究院利用便利条件和资源，调研分析留学目标国家的产业和经济结构，引导学生选择专业，通过考评，实施语言和专业的分类培养、分层教学，提前找好"走出去"企业，落实学生归国实习和就业安排。

2. 制定和输出职教标准

"一带一路"沿线有十大领域的人才最受关注，而各国的关注重点不尽相同。比如，俄罗斯、巴基斯坦、新加坡和菲律宾最关注国际贸易类人才建设，波兰和阿联酋最关注金融类人才建设。将关注国语言和受关注专业教育紧密衔接，再叠加与对口国家教师和学生互动交流、境外办学、合作办学、缔结联盟等措施，博采众长制定高职院校自身的职教标准，并在"走出去"的过程中输出和推广职教标准。深圳职业技术学院在加快国际化办学步伐的过程中，把服务职业教育"走出去"，为世界职业教育贡献"深圳标准"和"深圳模式"，服务"一带一路"国家当地经济、产业发展作为方向和重点。与招商局港口签署战略合作协议，双方在设立实践教学基地、联合建立"双师型教师工作室"、共同开发海外人才培训产品、服务国家"一带一路"倡议等方面开展合作；承办"招商局21世纪海上丝绸之路优才计划"（C-Blue优才计划），为来自俄罗斯、马来西亚、斯里兰卡等全球三大洲13个国家的港航专业人员开展了港航专业项目培训，这些学成归国的港航专业人员将学到的先进专业知识为本国的相关专业人才进行二次培训；与中兴通讯签订战略合作协议，双方通过共同合作在非洲、中东、东南亚等"一带一路"沿线各国建立职业教育机构，联合开发培训课程，向"一带一路"沿线国家输出优质课程资源和一流职校办学经验，同时双方还将围绕137个职业技能鉴定工种开发国际职教课程，通过中兴100多个海外工业园区向世界输出。

深职院与马来西亚高等教育部签署协议，在马来西亚设立"深圳职业技术学院—马六甲马来西亚技术大学职业技术培训中心"，将"深职模式"课程标准作为"中国方案"在马来西亚34所职业院校中全面推广实施，相应的马六甲马来西亚技术大学大专层次的学生也将有机会来深职院交流学习。在保中商业协会、普罗夫迪夫市和深职院三方的共同推动下，成立"普罗夫迪夫大学—深圳职业技术学院职业教育培训中心"，加强两校乃至两地人才交流、科学研究及优秀教育资源共享,共同培养当地中资企业所需的电子通信类技术人才。还与土耳其、匈牙利、巴基斯坦等11个"一带一路"沿线国家不断拓展交流与合作,为更多"一带一路"国家输出职教标准。

(二)创新培养模式

随着互联互通建设的推进,专业加外语的"知识型"人才已不能满足高标准的用人要求。高职院应紧跟新时代步伐,抓住机遇,大力推行"外语+专业知识+职业技能+国际视野+创新思维",即"五位一体"人才的培养。将专业知识转化为职业技能,单一语言学习融合小语种教育,区域概念拓展为国际视野,按部就班升华为创新能动,深化国际化职业人才的内涵,创新人才培养模式。

1. 优化教学体系

"工欲善其事必先利其器。"作为教学体系的重要环节,课程设计直接关乎教育效果。根据专业和外语科目本身的特点,合理安排基础、核心、选修课程的内容和课时,彰显重点、兼顾全面、适度延伸,在有限的培养时间内提高人才的质量。一是注重应用。核心课程不仅要增量,还要提能——学以致用,扩充领域提升实践应用技能。二是借鉴经验。事物都有其内在规律,顺应规律才能事半功倍。引入外国语言教学方法,再进行本国化,创新语言"接地气"教学法。借鉴外国高质量专业课教学经验,注重实用性,增加人才国际化的"成色"。三是创新能力。以启发、案例教育为基础,通过开放式教学、实务模拟等方式,改被动接受为主动思考,培养学生的分析能力、自主意识、独立思考、心智健全、创新思维等品质。四是综合能力。面对复杂的国际环境和激烈的国际竞争,建立良好的职业观,培养适应不同岗位的能力,激发灵活机动的应变能力,三者缺一不可。加强学习能力的培养是提升综合能力的不二途径。通过自学、交流、实习、实训等方式,学生掌握了学习方法,开阔了思维广度,提高了学习能力。

2. 拓宽出境渠道

在互联互通的经贸合作和人文交流中,既需要具备职业技能,又需要掌握当地语言、熟悉当地人文的尖端复合型人才,赴外语为母语的国家。学习无疑是实现这一目标的最佳选择。

首先是联合办学。这种方式在国际教育合作中较为常见,以学生互派、学分互认、短期访学、学术交流等方式,让学生享受分阶段的国内、国外学习,并可同时获取国内外文凭(或国外学习证明),充分体现资源共享、互惠共赢的要旨。

其次是出国留学。高职院校在经费允许的情况下,资助优秀学生分批出国留学,以此培养更全面、更高质的人才,进而提高学校的美誉度和竞争力,谋求学院、学生双赢。另外,教育部门或学院牵线搭桥,以定向委培的形式增加学生留学的数量,形成良性的校企合作循环,争创学校、学生、企业共赢局面。江苏省2017年高职院校生均拨款15299.30元,超过国家"2017年各地高职院校年生均财政拨款水平应不低于1.2万元"的要求。同年省属高职院校生均拨款基数为1.66万元,市属高职院校生均拨款基数为1.64万元,民办高职院校生均拨款基数为908元;国家示范(骨干)院校生均拨款基数为1.64万元,省示范院校生均拨款基数为1.64万元,普通院校生均拨款基数为1.38万元。截至2017年,江苏省属高职院校生均拨款已经超过国家目标要求。

3. 突出实训实践

实训实践是知识向能力转换的重要途径,根据国际化职业人才培养的特点,拟采取多样化、全方位的方式,提升应用能力。同时,高职学生平均企业实习财政经费补贴、企业实习责任保险补贴以及企业兼职教师人均财政补贴也予以保障,还包括企业提供的校内实践教学设备等。

(1)国内实训。国内实训可分为校内实训和校外实训。校内实训侧重于语言的强化,学校需要投入资金建设多功能实训室,应包括外语口语、同声翻译、商务谈判、文化体验等实训室,以满足强化外语教学的需求。校外实训侧重专业的应用。学校充分利用各种资源,深化校企合作、产教融合。以生产型企业、跨国公司、旅游公司、国际连锁酒店为主,也可以是大型会议中心、政府宣传接待部门,建立校外实训基地,让学生走出校园,检验和提升专业知识、外语交流的水平,也有助于形成正确务实的职业观。

苏州经贸职业技术学院以创建旅游管理省示范专业为契机,加大与本地老字号企业的合作力度,增加经费投入,加深合作层次。不断完善校内生产性实训基地建设,以松鹤楼、三万昌为代表的老字号企业加大投资力度,合作打造校内"老字号一条街",使之成为学生实习实训新平台;引企入校,共建实训基地,丰富了校企合作的形式和内涵。特别是与苏州百年老字号企业合作,对接行业标准,打造成"三位一体"的校内实训基地群,即学生学习专业技能的主课堂，教师锻炼和施展才能的主阵地，学院服务社会的主渠道。2014年，与三万昌合作共建了茶艺实训室，该实训室不单为学生提供实习实训的场所，还将其塑造成为共享型实训室，定位于茶文化创意中心及大学生创业空间，服务全校师生，成为大学生素质教育的基地。同年，与苏州松鹤楼大酒店合作共建松鹤楼中餐厅，从装修布置及餐具的LOGO等都体现松鹤楼的餐饮文化，实训室建成后除了为旅游管理专业的学生提供中餐服务的实习实训，还承担了松鹤楼员工服务培训及考工考级的任务，为松鹤楼的不断扩张及产业发展提供人才保障，实现了校企共赢发展。

（2）国外实训。在国际化职业人才培养中，国外实训不可或缺，是培养职业技能、综合能力、国际视野、创新思维的最佳途径，是衔接从学校到岗位、书本到应用的重要纽带，是人才国际化的关键步骤。通过国外实训，不仅仅是对专业和外语的深造和升华，还包括对当地政治国情、地理人文、风俗习惯的熟悉和适应，这是从事国际性事务所必备的背景知识和阅历，也是国际化职业人才的应有内涵。在操作形式上，可采用短期访学、学术交流、国际交换生、联合办学、跨国企业境外分部实习等方式，其中短期访学、国际交换生尽量争取住家形式（学生境外学习期间居住在当地在校生家里），便于短期内了解当地的人文习俗和生活习惯。在具体内容上，求同存异，本着包容互鉴的心态着重突出当地专业课程学习、当地企业实习，充分体会两国在教学模式、课程设计、企业运营上的差异，有助于完善知识结构、提高职业技能；推行轮动实习，在实习环节中，要实行不同岗位、不同企业轮动模式，丰富经历，增加适应能力；开展体验式实践，参加当地本土文化习俗活动，如节日庆典、工艺制作、传统文演等，从熟悉到认同对方的文化，增加彼此间的亲切感，奠定服务中外双边经贸往来的情感基础。

（三）提升师资力量

教师是教育的第一要素，他们的专业水准、经验阅历、责任意识决定了人才培养的质量。

1. 优化本土师资

首先，国内提升模式。一是加强培训，学校在对口领域聘请国内外顶尖教授、专家授课，丰富教师的职业素养。二是经验借鉴，邀请国内国际化人才培养成效突出的学校介绍具体做法，包括教学理念、学校定位、课程设置、师资优化等内容,消化吸收、为我所用。三是学术交流,组织教师广泛参与国内高端学术交流活动,与新思维、新方法产生脑力共振,创新教学方法。四是把握形势,以跨国企业、合作企业"进校园"的形式,通过座谈、报告等方式,就本校人才发展情况、人才类型和专业类别的需求趋势、经贸发展和商业运作模式的发展方向等内容做分析和评判,为学校人才培养提供参考。

其次,走出去模式。学校倾斜资源用于教师队伍的培养,遴选优秀教师,通过职业培训、交流学习、合作办学、考察研究等形式,分批赶赴相应的国家和学校进行深度进修,系统学习国外的先进理念和做法,储备知识、拓宽视野、提升高度、增长技能,在更高的层次上"传道、授业、解惑"。

2. 引进优质师资

一是政策支持。在"一带一路"特殊背景下,各级政府和教育部门放宽引进外籍教师的限制,制定鼓励和指导政策,激活教师人才的流动,并对学校给予帮扶和支持,营造良好的国际化职业人才培养环境。二是引进外籍师资。以优秀教师交流执教、人才引进等形式,增加外籍师资,强化学校师资队伍的建设。在外籍教师的薪酬待遇、职称评定等方面,学校应适度照顾,以稳定外教队伍、激发工作热情,进而提升外籍教师来华执教的影响力和吸引力。三是挖掘潜力。通过教育部门、驻外国使馆,充分挖掘出国留学生和华侨的潜力,以人才引进的高标准吸引其回国执教。安排一批执教意愿较强的人员,争取一批意向不明的人员,把一批目前没有执教意愿的人员作为后备,为国内高职院校充实高层次师资力量做好开篇布局。四是建设"双师型"师资队伍。政府主导、院校实施,不拘一格引进"双师型"和高层次人才,建设高水平专业师资队伍,制定技术技能大师"校企双聘"计划,支持教师到企业兼职,分批引聘大国工匠和技能大师,选聘一批企业技术带头人到高职院校担任产业教授,实现高职教师与企业专家双向流动、两栖发展。优化高职师资队伍结构,提升高层次专任教师比例。全面提高教师实践教学能力、应用技术研发水平,开展实践创新人才和技能教学大师评选,培养高职教育名师、技能大师,建设优秀教学团队。

第四节　创新教育共享发展模式

事实证明，在"一带一路"沿线，除了几个发达国家之外，我国的教育资源和质量具有明显的比较优势，作为倡议提出国，有义务输出优质教育资源，一来表明我国对推进"一带一路"建设的坚决态度，二来为践行"互惠共赢"做垂范。

一、境外办学

"一带一路"建设为我国高校创造了宝贵的发展机遇。拥有专业特色和区域优势的学校，应争取政府和教育部门的政策和支持，合理规划境外办学实施路径，走出国门为沿线国家输出优质教育资源。单独办学、联合办学、校企合作办学都是可以采用的理想模式，我国已经有一批先行者付诸行动，积累了一定的境外办学经验，为后来者提供参考，如老挝苏州大学、厦门大学马来西亚分校、柬埔寨南洋红豆学院、印中汽车学院等。与所在国家高度契合的学科专业建设是办学成功的关键，国内高校应梳理出优势专业，对照目标国的人才需求，精准布局。通过境外办学，输出优质的教育资源，援助沿线国家国际化职业人才的培养，满足"一带一路"建设对人才的迫切需求。另外，教育输出的过程同时也是文化传播的过程，而这一方式更有利于文化互认、促进民心相通。

二、吸引留学生

招收沿线各国学生来华留学，是教育输出的另一种形式。我国的高端科技，如航天、高铁、光伏、纳米等技术，在沿线国家甚至全球都处于领先地位；我国的传统工艺独树一帜，如刺绣、陶瓷等技艺，也是吸引外国留学生的主要原因之一。留学生一方面来学习我们的知识、技能、文化，另一方面也是缔结两国情感的桥梁。他们在华所体验到的人文习俗、同学友谊、师生感情使其更能知华、友华、亲华，从而认同我们的文化。因此，教育部门应统筹沿线国家来华留学工作，通过财政预算、呼吁设立"一带一路"教育专项资金、争取政府支持等方式,设立"一带一路"留学生奖学金,奖励给优秀的留学生群体。另外,在留学生留华工作方面,教育部门、人社部门、高职院校应积极牵头对口企业,丰富就业选择,营造良好的就业氛围。此外,机制保障不可或缺,通过各类合作联盟、合作机制、合作对话等形式,建立双边和多边合作模式,破除壁垒实现人才流动。

第五节 基于素质本位的高等职业教育教学模式

关于教学模式的构成,国内有"七要素""五要素"和"四要素"之分。所谓"七要素"包括教学理论基础、教学目标、教学程序、实现条件、师生角色、教学策略、教学评价;所谓"五要素"包括理论基础教学目标、操作过程、实现条件和评价等;所谓"四要素"包括教学目标、教学内容、操作过程、教学评价。

教学有法,但无定法,贵在得法。这个说法用在高等职业教育教学模式的构成上是再合适不过的。很难说"以一法定全法,以一说盖全说",根据教学模式理论和各地高等职业教育教学实践,我们认为"五要素框架"较为适合,即教学目标、教学内容、教学方法、实现条件和教学评价。一般来说,具备了上述五个方面,算是严格意义上的高等职业教育特色的教学模式。

一、高等职业教育的教学重心

当前,我国高等职业教育的教学重心正在逐步转变,出现如下趋势:

1. 从传统教育思想向现代教育思想转变

(1) 转变过窄的专业教育思想,树立全面的素质教育思想。传统的教育思想过分强调按专业对口培养人才,忽视思想道德素质、人文素质、心理素质和身体素质的培养,这样培养的人才道德、心理素质普遍不高,文化功底浅、艺术品位低、艺术修养差。因此,必须转变过去比较狭隘的专业教育思想,树立全面的素质教育思想。

(2) 以能力为中心,树立培养学生创造能力、创新精神的现代教育思想。

由于高等职业教育人才培养定位在技术应用型人才，所以在高等职业教育中，必须以能力为中心，树立培养学生创造能力、创新精神的现代教育思想。

2. 从注重理论教学向注重实践教学转变

高等职业教育确立应用型人才的培养目标，使得它所培养的人才在就业去向上与现行的本科教育有着明显的不同。高等教育具有很强的职业定向性，即明显地体现出直接为产品生产和社会的职业特征，着眼于培养企业第一线操作型和应用型的职业人才。所以，加强实践教学，大力培养学生的实际动手操作能力对于高职教育就显得尤为重要。

3. 从学科的单一化向学科的综合化、模块化转变

高等职业教育按职业岗位群设置专业，不同于普通高校"学科群"设置专业。因此，在高等职业教育中，不能再只局限于一门学科、一个专业的圈内，而要从学科专业、学校与社会、社会各行业的联系上思考问题，从单一的学科教育向综合化、整体化教育转变，以培养具有良好、全面素质和创新能力的专门人才。

4. 从单一专业教育向与人文教育相融合转变

从单一专业教育向与人文教育相融合转变，就是要彻底克服专业教育中的不良倾向：过强的功利主义、过窄的专业设置、过弱的文化底蕴。在实践中，要通过向综合性学科的转变，大力重视人文教育，开设大量的人文教育课程，以陶冶学生情操，扩大学生知识面，提高学生综合素质。

5. 从单一的教学中心向技术传播中心转变

对社会而言，单一的教学中心是远远不够的，社会主义市场经济体制的建立、社会经济的飞速发展，迫切需要大量的实用型、应用型、技术型人才，所以高等职业技术教育不仅应成为教学中心，还应成为技术传播中心，对社会，特别是对地方企业而言应有强大的技术辐射力。

二、高等职业教育的教学内容

今天，由单一的不同学科的科学家制订不同学科的教育内容的时代已成为过去，牵涉方方面面的教学内容需要更多、更广泛的人来共同关心，它要求集体的努力与决策。因此教学内容新体系的最终定型需要一个漫长而艰巨

第八章 高职国际化人才培养环境生态重构策略

的过程，下面仅是目前在确定教学内容方面表现出的趋势：

1. 重视价值观念、态度及创造能力的培养

对教育内容的认识促使人们进一步看到了进行价值观念、态度教育的重要性与必要性。正如西方著名教育家兰德希尔所说："价值的观念若不占据中心地位，价值哲学若不构成整个教学演化为现代教育的新三层了。"关于价值观、态度的教育目前在高职院校中至少可以在两个层面做些工作：一是知识价值教育。科学研究显示，人对知识的渴求与人对知识价值的认识成正比。因此，在教育中首先让学生了解知识的用途、价值大有益处，这可以刺激学生的学习热情，培养自我约束力和内在学习动机。二是认识过程的价值教育。比如，实事求是的科学方法、辨别真伪、追求真理、慎于判断等。

2. 教育中科技教育内容含量增大

科学技术是当代文化的重要组成部分，同时它们又是人们用来认识世界、改造世界的基本工具。科技的发展离不开热心和熟悉它的公众的支持，因此增强人们对科技的兴趣和理解是教育的首要任务。在科技教育过程中，以下内容不可忽视：培养学生的科学素养、科学精神；虽然科学的最新成果不能对学校教育的课程产生即时的影响，但一般教育内容应反映科学的继续发展；科技教育应该同时说明自然科学成果所带来的影响；科技教育应更重视实验工作、实际工作和在实际生活中的应用；应培养把某种学科的概念与方法转移到另一种学科之中的能力；等等。

3. 教学内容走向跨学科化和综合化

知识来源和新教育内容的增多，使人们担心学校会变成一种"过剩的、浮夸的，像电视增加节目一样增加教育材料"的机构。因此，既为了避免知识超载、混乱、分散，又能按照教育目的更好地组织合理的教育内容，同时还要了解和掌握不同学科领域的规律、特点，跨学科化与一体化是一种很好的选择。联合国教科文组织在"第二个中期规划"中也有类似的强调："面对复杂的需要，为了避免课程超前，解决的办法不是在现行内容中增添新的因素，而应考虑到有关各学科的补充性和计划中的教育目的，把所有因素有机地整合成一个新的、复合的整体。"包括我国在内的许多国家的学校都做了这方面的探索，跨学科化的优点已经开始显现。当然，跨学科并不等于取消学科的特殊性，而是要消除各学科之间的隔膜。这样的实践有待于进一步

· 199 ·

完善，对这一发展趋势应给予鼓励与支持。

从上述教学内容变化趋势来看，高等职业教育的教学内容是由知识、技能和态度三要素所组成的，基于素质本位的培养目标，对三者的选择和组合就有了新的价值取向。

三、高等职业教育的教学方法

高等职业教育教学要体现"以学为主"的教学思想，改变传统灌输式的课堂教学，加大学生自主学习的力度，变"以教为主"为"以学为主"，充分运用案例教学法、模拟现场教学、观摩教学法、讨论法、多媒体仿真教学法等教学形式，发挥学生在学习过程中的主体作用。近几年，全国高职院校在教学实践中创造了一些富有特色的教学模式。

1. 现代师徒模式

在高等职业教育教学中应大力提倡现代师徒模式，这种模式是适应学生学习直接经验，尤其是获得隐性经验的个别化教学模式。师徒模式最重要的特点，是它除了具有常规个别教学所具有的优点外，特别适合于以学习技能技巧为主的活动性较强的课程教学。隐性经验通常体现为不能言表的认知与操作技能技巧，属于不具备公共性的经验，它的学习只能通过实践来进行。向谁学习呢？只能向具备相应隐性经验的人学习，因此，隐性经验的学习过程实质上是隐性经验从行家手中向学习者传递的过程，这一过程就是师徒模式。正因如此，现代职业教育起源于现代学徒制，即使是现代职业教育相当发达的今天，职业学校尚未成为唯一的学习职业知识、技能技巧和态度的场所。在技能技巧学习过程中，波拉尼认为，"好的学习就是服从权威。你听从自己导师的指导，因为你相信他做事的方式，尽管你并不能分析和解释其实际效果。通过观察自己的导师，通过与他竞争，科研新手就能不知不觉掌握科研技巧，包括那些连导师也不是非常清楚的技巧"。波拉尼在此虽然是指科研中新手向导师的观察、模仿学习，掌握科研必需的隐性经验，但是，它和学徒在企业中学习的道理是一致的，因为二者采取的都是师徒制学习模式。"名师出高徒"肯定了师徒制课程模式在学习非语言传递的隐性经验中不可替代的重要作用。以师徒制为基本特征的德国双元制职业教育模式成为德国经济腾飞的"秘密武器"。师徒制使我国传统医学事业得以发展，出色的中医大夫一般都是通过师徒模式培养出来的。

2. 活动导向模式

所谓活动导向就是由师生共同确定的活动产品来引导教学组织过程，学生通过主动、全面的学习，达到脑力劳动和体力劳动的统一。这种方法既是杜威"从做中学"理念的实现，又是以人为本理念的体现。高等职业教育教学所要解决的一个核心问题，就是让学生形成与其所学专业相关的个人经验，这要求高等职业教育课程体现出强烈的实践性。现代职业教育可选择的模式不外乎三种：以企业为主的培训模式、双元制模式和学校模式。现阶段我国高等职业教育基本上是学校模式，从世界各国情况看，学校模式目前还是发展职业教育的主导型模式，但是，学校模式的职业教育对学生学习与职业生涯直接相关的隐性经验不太有利。我国发展高等职业教育要妥善解决这个问题，就"应采取学校与企业合作的形式……使学校与企业建立密切的关系，让企业参与教学计划的制订，企业承担义务为学生提供实训与实践的机会。学校应在精选教育与培训内容的基础上，适当延长实训时间"。对于这一点，许多高职院校已有所认识，在课程计划中保证了较长的实训与实践时间。然而，问题不在于延长实训与实践时间本身，而在于让学生能有效地学到与专业方向相关的隐性职业经验。德国的高等专业学院和企业联手，共同推动高等职业教育的发展，把专业理论教学与企业的实践培训结合起来，实行分段教学、阶梯训练型课程模式，值得我们借鉴。无论是专业理论学习还是企业的实践课程的实施都应有相应的指导教师，使学习始终在较为密切的师徒关系中进行。在我国高职院校"双师型"教师较为缺乏的情况下，应充分发挥企业科技人员的积极性，聘请他们来校担任专业课程教学。同时，当学生在实习和实践时，企业科技人员应成为学生较为固定的老师，我们也可以称他们为实习生的师傅或导师。这样的师徒关系，一则有助于学生隐性经验的增长，二则有助于指导学生的毕业实习或设计选准有价值的实践课题。

3. 特长生导师制模式

这种模式就是高职学院聘任学科（学术）带头人和科研、教研骨干教师担任导师，在入校一年以上的高职生中，选拔有一定专业特长及培养潜力的学生，通过参与导师承担的技术开发、技术服务项目、实训室建设、实训项目研发等工作，以培养学生的自主学习和实际工作能力，增加学生的学习途径培养创新精神和一技之长的教学模式，如济南铁道职业技术学院在这方面取得了一定经验。其教学方式主要是学习方式。理论学习主要采用研究性学习方式，即导师根据本课题涉及的理论知识和学生的实际水平，制订出整体学习计划和周学习安排，指定参考资料，每周进行不少于三次的辅导，解答学生在学习中遇到的疑难问题，引导学生在掌握理论知识的同时学会自主学习。学生根据导师布置的学习任务，主动去图书馆、资料室查阅资料，利用计算机应用软件到相应的机房进行图纸、电路图的设计与绘制。实践技能的培养，主要是指学生跟随导师在实验室参与技术服务项目，实训设备设计图纸的绘制、安装、调试、维护，与导师一起参与部分实训设备的设计、工艺流程的编制、元器件的采购、设备的制作等工作。

4. 研究性学习模式

研究性学习是指学生在教师指导下，从自然、社会和实际生活中自主选择和确定专题进行研究，并在研究过程中主动获取知识、应用知识和解决问题的学习活动。它是仿照科学研究过程来学习科学内容，在掌握科学内容的同时体验、理解和应用科学研究方法，形成科学研究能力的一种学习方式。其核心是要改变学生单纯、被动地接受教师知识传授的学习方式，构建开放、民主的学习环境，倡导积极主动的探究式学习，培养学生的创新精神和实践能力。

研究性学习切合高等职业院校学生的认知风格。美国教育心理学家卢森费尔德（Rosenfeld）在1998年所做的实验研究表明，具有应用性学习和工作倾向的学生，在传统的学习方式中表现平平，而在研究性学习中却常常取得"令人惊奇"的优异成绩。这说明，研究性学习更适合应用倾向的学生，而高等职业院校的学生大多属于这类学生。

高等职业院校研究性学习方式较多，常见的有"小组讨论式"和"项目作业设计"。前者一般以两张课桌为单位，每四人一组，便于在课堂上讨论交流和分工合作。后者是在某一课程的教学过程中，根据教学进度的内容和学生掌握的知识水平，设计能涵盖相关知识点并结合现实生活实际的综合性作业，也就是将作业项目化。

四、高等职业教育的教学条件

高等职业教育的基本教学条件包括师资条件、培养途径和实训基地等方面。

第八章 高职国际化人才培养环境生态重构策略

1. 高等职业教育的师资条件——"三师型"教师

师资是实现高职教学的关键,高素质的师资队伍是高职教育质量的重要保证。目前,从总体上看,高等职业教育的师资状况难以满足培养21世纪高素质创新型应用人才的需要。一方面,从事高等职业教育的师资对职业教育本身缺乏应有的认识,职业教育观念淡薄,常常用普通高等教育的眼光看待高等职业教育。表现在教学中,学生学习内容与实践相脱离,教学偏重于知识的传授,"认知"教学模式仍占主导地位,这一点在普通高校举办的高等职业教育中更为明显。另一方面,从事高等职业教育的教师职业技能状况也差强人意,有的教师缺乏一定的实际操作技能,不能有效地指导高职学生的学习与实践,实际教学也往往具有一定程度的普教化倾向。这样,高等职业教育培养目标的实现必将大打折扣。凡此种种表明,加强高等职业教育的师资队伍建设,积极培养大量的高素质特色师资,已成为促进高等职业教育健康发展的重要内容。

关于高等职业教育教师形态,目前有两种划分。一种认为要具备"双师型"素质,另一种认为要具备"三师型"素质。

其一,"双师型"素质。"双师型"是我国职业教育界对职教师资(特别是专业教师)普遍提出的基本素质要求,但由于职业教育的情况非常复杂,对"双师型"的解释也有分歧,主要的观点有三种。第一种看法是,具有工程师、工艺师、技师、医师等技术职称的人员,取得教师资格从事职业教育、教学工作的,即可视为"双师型"教师,持这种观点者认为,"双师型"教师应来自社会招聘,高等学校不可能培养出"双师型"教师。第二种看法是,"双师型"教师没有一个统一的、具体的标准,从教学实际出发,只要既能胜任理论教学,又能指导学生实践教学的教师,就可看作"双师型"教师,这也是职业学校中的实际情况。第三种观点是,"双师型"教师反映了对职业学校教师的基本要求和职业教育教学的本质特征,可以通过一定的培养和培训来实现,天津职业技术师范学院"实行双证书制,培养一体化职教师资"的教学成果,获国家普通高校教学成果一等奖,而且其"双证书"毕业生得到了职业学校的充分认可,为第三种观点提供了依据。从实际情况来看,以上三种观点都有一定的现实意义。

其二,"三师型"素质。随着职业教育内涵的不断丰富和发展,"双师型"教师已不满足教学需要,于是"三师型"教师应运而生。"三师型"教师是近两年刚提出的概念，其内涵是指不仅要当好教师，还要成为工程师、培训师。我们认为，"三师型"教师的内涵为既要是教师又要是工程师，还应是职业指导师。在联合国教科文组织召开的面向21世纪国际教育研讨会上，学者们预计，平均50%的职业可能在一代人的时间内发生变化，每3~5年就有50%的技能需要更新。更有学者指出，由于科技的进步，现存的职业大约每过15年就将更换20%，而50年后，现存的大部分职业都将不存在，取而代之的是尚不为我们所知的产业和职业。也就是说，随着时代的发展，每一个人都不可能终生从事一种职业。因而，高等职业院校教师必须针对职业的这种变化加强对高等职业院校学生的职业指导，成为高等职业教育的职业指导师。高等职业院校"三师型"教师建设途径：一是采取从企业中选聘工程师、技师、管理人员到学校经过教学业务培训后任职；二是有计划地选派教师到企业实践、考察，鼓励教师参加职业技能培训并获得有关技能考核等级证书。

2. 高等职业教育教学途径条件——产学合作教育

高等学校与产业部门结合，共同培养人才的产学合作教育是当今国际和我国高等教育改革与发展的一个重要趋势，尤其是高等职业教育。产学合作教育作为高等教育人才培养的模式，它不是一般意义上的经验概括，而是在一定理论指导下的实践过程。因此，我们只有先弄清构成这一教育模式的理论基础，才能真正把握产学合作教育的精神实质。

辩证唯物主义的认识论告诉我们，人的认识始于经验，人的正确认识的形成，往往需要经过实践与认识的多次反复才能实现。从另一个角度讲，实践是人的认识产生的源泉、发展的动力和检验的标准。人通过实践使自己的主观见于客观，变革客观事物，获得对事物的认识，通过实践验证认识的正确与否，再通过实践来修正、发展已有的认识。正如马克思所言："人的思想是否具有客观的真理性，这并不是一个理论问题，而是一个实践的问题。人应该在实践中证明自己思维的真理性，即自己思维的现实性和力量。"高等职业教育的教学过程同样是一个认识过程，亦应遵循一般认识规律，但是教育过程又是一个特殊的认识过程，它是以传承人类文明史中间接经验为主的认识过程，为此更需要我们积极创造条件，强化教学实践，为学生正确认识客观世界提供保证。因为从根本上说，一切知识来源于学习主体的实践活动，学生是在与环境的相互作用中，积极主动地作用于外界，从而使智力获得发展。

综合多年来一些理论和实践工作者的研究，我们认为，产学合作教育的基本内涵可以概括为：它是一种以培养学生的全面素质、综合能力和就业竞争力为重点，利用学校和企业两种不同的教育环境和教育资源，采取课堂教学与学生参加实际工作有机结合，培养适合不同用人单位需要的，具有全面素质和创新能力人才的教育模式。它的基本原则是产学合作、双向参与，实施的途径和方法是工学结合、定岗实践，要达到的目标是全面提高学生综合素质，适应市场经济发展对人才的需要。

世界经济合作暨发展组织（Organization for Economic Cooperation and Development，OECD）将产学合作方式与形态归纳为七类：一般来说，产学合作教育的范围、内容和方式是十分广泛的，包括专业的设置，培养目标、培养计划的制订，教学环节、教学内容的安排，教师的培养和聘任，教学设施的建设，教育资源的互相利用，教学的组织和管理，学生的培养和分配，等等。就高等职业教育培养技术应用型人才而言，产学结合工作重点是培养计划的制订，主要是按照专业所对应的职业岗位（群）或技术领域的需要确定学生的知识、能力、素质结构，教学资源的利用，实践能力的培养和职业素质的提高。产学结合教学模式主要包括三层意思：一是学生参与生产或服务，在实践中获得职业经验；二是学生在专业理论学习中获得职业经验；三是师生参与技术创新，在研究中探索职业经验。

3. 高等职业教育实践教学条件——实训基地

实训是高等职业教育实践教学的三大环节之一，它是职业技能实际训练的简称，是指在学校能控状态下，按照人才培养规律与目标，对学生进行职业技术应用能力训练的教学过程。它不等同于实验，也有别于实习，它包含实验中学校能控和实习中职业技术性的两个长处，并形成自己最闪光的特色。

实训基地是实训教学过程实施的实践训练场所，其基本功能为：完成实训教学与职业素质训导、职业技能训练与鉴定的任务，并逐步发展为培养高等职业教育人才的实践教学、职业技能培训、鉴定和高新技术推广应用的重要基地。实训基地包括两个方面：校内实训基地和校外实训基地。校内实训基地有别于实验室、实习车间，是介于两者之间的一种人才培养空间，主要功能是实现课堂无法完成的技能操作，有目的、有计划、有组织地进行系统、规范、模拟实际岗位群的基本技能操作训练。校外实训基地的建立主要通过专业教师联系校企双方达成一致后签订协议。所联系企业应考虑实训方便并具有实力和特色，在联系、实训、交往的过程中，循序渐进地与企业建立感情，并逐步开展各项合作，最后挂牌成为校外实训基地。

随着高等职业教育的大众化和社会化，其实训基地建设呈多样化趋势。

五、高等职业教育的教学评价

高等职业教育培养适应知识经济时代要求，适应 21 世纪社会发展需求的素质本位的高等应用技术人才，这就要求必须改革传统的教学质量监控评价体系，改革教学导向系统，构建全新的教学质量监控评价体系。而构建的首要前提是转变高等职业教育评价观念。我们认为，面向 21 世纪的高等职业教育、教学评价观念的转变，应该包含以下几个方面：从学科本位的评价观念转向能力本位的评价观念，从单纯对学习的评价观念转向素质本位的评价观念，从单纯对教学过程的评价观念转向教育全过程的评价观念，从知识传授型评价观念转向知识传授与创新能力结合的评价观念，从单纯对学生智力因素评价的观念转向智力因素与非智力因素结合、智商与情商结合的评价观念，从对学校的封闭型自我评价的观念转向开放型学校与社会结合的评价观念，从单纯对教师的监控评价观念转向对学校全员的监控评价观念，从定性评价观念转向定性与定量相结合的评价观念，从对教育教学质量的静态评价观念转向静态和动态结合的评价观念，从精英教育的评价观念转向大众化教育的评价观念。上述高等职业教育教学观念转变的核心是凸显高等职业教育主体性价值。也就是说，教学评价活动是一种主体性的活动。因而，我们从高等职业教育教学评价主体角度，设计出五种高等职业教育教学评价模式。

1. 自我评价模式：以学生为评价主体

自我模式借鉴泰勒的行为目标评价模式，以目标达到为评价取向，以自我评价为手段。模式中的自我指学生自己，即学生是评价自身学习及与学习有关情况（当然以评价自身学习为主）的主体。这里的目标，可分为整体目标、阶段目标、近期目标，这是学生根据学校的总体培养计划、教学质量标准及自身实际做出的，经过自身努力可以实现的目标。把目标划分为不同层次，有利于学生完成真正意义上的自主学习、自主评价。当然，学生的自我目标评价，是在教师指导下的评价活动，不可能是学生自由的评价活动。

自我目标评价模式有如下操作要领：评价主体在教师指导下学习评价基本理论、方法，掌握自我评价技术；评价主体对照教学质量标准自我诊断，

第八章 高职国际化人才培养环境生态重构策略

参考他人的意见,确立自主发展目标并自我评价该目标;评价主体参与教学活动,并随时或定期开展自我目标评价,努力使活动不断逼近发展目标;评价主体适时根据评价意见调整学习决策,逐步实现近期目标;阶段学习结束,评价主体对该阶段学习开展评价,做出评价结论;评价主体进一步总结评价实践经验,学习新的评价技术,开始新一阶段的自我目标评价。

采用自我目标评价模式进行高等职业教育教学质量评价,有助于发挥学生在教学质量形成中的积极作用,并且不受时间、场合限制,省时、省力、省财,可以在较长时间内连续操作,有助于分阶段教学质量标准的达成。但是该评价模式的结论客观性不强,如果评价主体的自我发展意识薄弱、自我评价能力欠缺,那么很容易导致评价主体在教学评价中自我封闭,不利于教学质量的提高,因此教师有必要不断加强评价指导。

2. 合同评价模式:以教师为评价主体

随着我国教师聘用制的推行,特别是在逐渐兴起的民办高等职业教育及借鉴德国双元制的高等职业学校中,教师与学校签订教学"合同",依据"合同"实施教学、评价教学,获取工作报酬的关系越来越明朗,我们更有必要以教师为评价主体建立合同评价模式。

合同评价模式中建立的"合同"应该具有法律效力,应该是教师与学校之间的法律契约。它必须对教师实施教学的各环节予以明确界定,必须有利于高等职业教育教学质量的提高。这种模式更主要的是对教师的教学实践起引导、规范作用。"合同"各方,尤其是教师和学校必须履行"合同"规定的义务,享受"合同"规定的权利。这种"合同"以学年或学期为阶段订立。

高等职业教育教学质量的合同评价模式,简单地说就是教师依教学质量"合同"评价教学质量。具体有以下几个环节:其一,教师评价学校提供的"合同"样本,修改并签订共同认可的教学质量"合同",明确权利和义务;其二,教学评价各方履行"合同"的权利和义务,通过适时评价纠正偏离"合同"的教学行为;其三,学期评价教学质量,教师依据评价结构兑现"合同";其四,教学评价各方续签或停签新的教学质量"合同"。

高等职业教育教学质量评价采用"合同"评价模式,其优势是明确评价各方权利和义务,评价方向和标准清晰,有利于提高评价活动的规范程度和达到度,其不足是在评价过程中容易忽视评价各方的主观性情感因素。要弥补这些不足，我们只有在评价过程中加强师德、师风建设，增加感情的投入，以情激情，以心换心。

3. 量化评价模式：以学校为评价主体

教学活动是双向的主观能动性的活动。其活动过程是一个"黑箱"，往往很难量化，但在高等职业学校教学管理和评价实践中，我们常常倾向于以数量来考核、评价教学，而且有大量的实践经验值得总结、借鉴。因此，我们有必要建立量化考核评价模式，为今后更好地开展高等职业教育教学质量评价活动提供有益参考。

量化考核评价模式，首先是将考核和评价结合起来，评价促考核，考核助评价；其次是将考核评价指标予以量化，便于评价主客体在日常教学中参照。

量化考核评价模式操作：在学期开学前，学校管理层根据不同评价对象提供量化考核评价方案；对各种评价对象进行讨论、修订量化考核评价方案；开学时学校即执行量化考核评价方案，在日常管理中采集量化评价数据，与此同时，各评价对象依方案实施教学和管理；学期结束学校汇集量化考核数据，形成量化考核等级及评价结论；学校使用量化考核评价的结论、结果。

量化考核评价模式将教学质量指标量化，便于管理者直接对照评分，操作简便，评价结果明确，而且因为该模式可供学校管理层评价教师、学生、教学设施、教学管理等各个被评价对象，有着较广泛的适应性。但要真正发挥量化考核评价模式的效果，要注意几点：第一，评价指标要尽量选择有代表性的指标，减少无效指标；第二，评价指标要尽量选择使之量化的指标，减少模棱两可的指标；第三，量化考核评价方案须经全体被评价对象的讨论修订，以使他们更主动地接受评价，并能对照指标自主评价，使评价成为日常管理的有效手段。

4. 增值评价模式：以专家为评价主体

开展教学质量评价的目的，是不断改进教学，提高教学质量。这种"改进"和"提高"是相对的，是在原有基础上的发展。我们无论是评价教师、评价学生，还是评价教学管理，只有在其原有基础上评价其发展的程度，评价结论才会更贴近实际，更令人信服。因此，在以学校为主体的教学质量评价模式中，我们可以依据普遍联系和发展的观点，借鉴教育评价CIPP模式，建立起以相对增值为评价取向的增值评价模式。

增值评价模式的特点：一是承认评价对象在起点的差异，注重背景评价；二是鼓励评价对象的每一个个体在教与学过程中不断努力，注重过程中努力程度评价；三是突出将教学实际效果与起点及过程努力程度联系起来，注重评价结论的相对性。

增值评价模式有如下操作要领：第一，对评价对象的背景进行评价，评价出起点状况；第二，对评价对象的阶段发展目标进行评价，评价出努力目标；第三，对评价对象在教学过程中围绕目标的实践活动进行评价，评价出努力程度；第四，对评价对象阶段教学的实际效果进行评价；第五，将第四环节的实际效果与第一、第二、第三环节的结果进行比较评价；第六，得出相对程度的增值评价结论，并予以描述；第七，反馈增值评价结论，开始新一轮的增值评价。

5. 合作评价模式：以社会为评价主体

评价与社会、经济发展密切相关的高等职业教育教学质量，除了要依照已经确立的高等职业教育教学质量标准，对学校内教、学、管理各层次予以评价外，还要接受社会、用人单位根据社会、经济发展的需要予以的评价。社会、用人单位的满意度越高，毕业生在社会上的就业适应能力、创业发展能力越强，高等职业教育的教学质量就越高，反之则相反。因此，建立以社会、用人单位为评价主体的高等职业教育教学质量合作评价模式也就势在必行。

合作评价模式操作要领如下：第一，学校主动向社会、用人单位征询对教学质量的意见；第二，社会、用人单位建立评价组织，确定评价指标、方案、方法；第三，社会、用人单位会同学校展开教学质量评价活动，收集第一手信息；第四，社会、用人单位整合评价信息，形成评价结论，反馈评价意见；第五，学校根据反馈意见调整教学质量标准，改进教学与评价。

合作评价模式打破了学校单一、封闭的教学质量评价系统，使得高等职业教育教学活动、教学质量评价活动更加开放，更加有利于提高满足学生个人成长需要和社会发展的教学质量，提高高等职业教育的育人效益、社会效益。但是，社会、用人单位的评价指标如果定得过高，则容易挫伤高等职校的积极性；反之，又不易形成高水平的教学质量，因而采用评价模式评价教学质量，确定评价指标很重要。

参考文献

[1] 张继涛，屈省源，潘斌，童中春主编.高职教育人才培养体系的改革与创新研究 以电梯工程技术专业为例 [M].北京：化学工业出版社，2021：9.

[2] 龚芸，李可，徐江.职业教育集团背景下 高职人才培养模式研究 [M].北京：冶金工业出版社，2020：11.

[3] 刘康民.高职教育供给侧改革研究 [M].北京：北京理工大学出版社，2020：9.

[4] 杨豪虎，张娴.智能制造与职业教育 [M].合肥：合肥工业大学出版社，2020：9.

[5] 人才培养视角下高职院校教育体系的构建研究 [M].哈尔滨：哈尔滨出版社，2020：8.

[6] 产业结构调整与高职专业建设发展研究 [M].长春：吉林科学技术出版社，2020：8.

[7] 陈增红，杨秀终编著.职业教育产教融合人才培养模式研究 [M].北京：中国社会科学出版社，2020：8.

[8] 孟凡超.高等职业教育教学改革研究与实践 [M].东营：中国石油大学出版社，2020：3.

[9] 陈强.高职教育立德树人理论创新研究 [M].昆明：云南大学出版社，2020.

[10] 陈敏.中高职贯通教育人才培养模式实践探索 [M].上海：立信会计出版社，2019：10.

[11] 马书燕，郭淑英，马金贵.高职院校园林技术专业"双创"教育人才培养模式研究 [M].哈尔滨：东北林业大学出版社，2019：6.

[12] 刘剑飞.基于高职院校技术技能人才培养的思政教育教学效果提升研究 [M].长沙：中南大学出版社，2019：5.

[13] 沈阳职业技术学院发展实践研究成果丛书编委会编著.高职院校人

才培养与教学改革创新研究[M].沈阳：辽宁人民出版社，2019：3.

[14]余雅."互联网＋教育"时代高职商务英语创新人才培养模式研究[M].长春：吉林出版集团股份有限公司，2019：1.

[15]骆少明，江洧主编；陶红，李铁副主编.新时代广东高职教育发展研究[M].长春：北方妇女儿童出版社，2018：12.

[16]尹合栋.MOOC背景下教师职业技能教育资源生态重构研究[J].重庆第二师范学院学报，2018，（2）：99-103.

[17]张坤，沈言锦.工业革命与产业变革背景下重构我国高等职业教育人才培养模式研究[J].中国教育技术装备，2020，（9）：132-133，136.

[18]李梦卿，邢晓."双高计划"背景下高等职业教育人才培养方案重构研究[J].职业技术教育，2020，（8）.

[19]李谢玲.生态文明建设背景下的环境专业高等职业教育人才培养模式探讨[J].饮食科学，2018，（10）：202.

[20]许标.高等职业教育人才培养模式改革的制度环境研究[J].留学生，2016，（9）：208.

[21]黎丹妮.高等职业教育人才培养模式改革的制度环境研究[J].城市建设理论研究（电子版），2013，（9）.

[22]高等职业教育工学结合人才培养模式实施的体制环境研究[J].职教论坛，2014，（19）：69.

[23]陈志平.高等职业教育人才培养目标与课程体系优化对策[J].黑龙江科学，2022，（5）：96-97.

[24]董桂红.高等职业教育人才培养模式创新的路径选择[J].商情，2021，（19）：226.

[25]邱磊，张玉光.高等职业教育人才培养的价值取向研究[J].中国成人教育，2021，（8）：17-20.

[26]魏世龙.高等职业教育人才培养模式研究[J].当代旅游，2019，（2）：104.

[27]尚新花.构建高等职业教育人才培养模式的分析与思考[J].中文科技期刊数据库（文摘版）教育，2021，（6）：229，232.

[28]坚葆林，王富强."一带一路"倡议下我国高等职业教育人才的培养[J].文教资料，2020，（23）：95-96.

[29]马佳宏，李雪.我国高等职业教育人才培养的成就、问题与对策[J].

教育探索，2020，（9）：41-47.

[30] 马佳宏，李雪.高等职业教育人才培养：机遇、挑战与应对[J].成人教育，2020，（8）：67-71.

[31] 张飞飞.高等职业教育人才培养目标下的课程体系建设[J].今日财富，2020，（7）：187-188.

[32] 成立娟.生源多样化背景下高等职业教育人才培养模式改革探析[J].成才，2022，（21）：24-25.

[33] 朱永坤.高等职业教育人才培养目标的层次性困境及体系构建[J].职教通讯，2022，（12）：41-51.

[34] 盛婉莹."双一流"视域下高等职业教育人才培养质量提升策略研究[J].职业技术，2022，（9）：60-65.